Ciencia de datos a través de Python

Técnicas de aprendizaje no supervisado

César Pérez López

Instituto de Estudios Fiscales (IEF)
Universidad Complutense de Madrid

Ciencia de datos a través de Python

Técnicas de aprendizaje no supervisado

grupo editorial

Ciencia de datos a través de Python.
Técnicas de aprendizaje no supervisado

César Pérez López

ISBN: 978-84-1903-474-8
IBERGARCETA PUBLICACIONES, S.L., Madrid 2024

Edición: 1.ª
Impresión: 1.ª
N.º de páginas: 324
Formato: 17 x 24 cm

Thema: UYQ Inteligencia artificial

Ciencia de datos a través de Python. Técnicas de aprendizaje no supervisado

César Pérez López

1.ª edición, 1.ª impresión

ISBN: 978-84-1903-478-8
Imagen de cubierta: cortesía de Isabel Capella

Deposito Legal: M-XXXXX-2024

OI: 0364/2024
Impresión: Imprime Tu Letra S.L.

IMPRESO EN ESPAÑA - PRINTED IN SPAIN

ÍNDICE

## Capítulo 1

PRIMEROS CONCEPTOS EN CIENCIA DE DATOS

1.1 CIENCIA DE DATOS

El concepto de Ciencia de Datos es muy extenso, pero de modo muy general podría decirse que su finalidad es extraer el conocimiento inmerso en grandes conjuntos de datos. La Ciencia de datos necesita de las Nuevas Tecnologías de la Información (*Computer Scinece/IT*), de las Matemáticas y la Estadística (*Math and Statistics*) y del Conocimiento del negocio (*Business Knowledge*), tal y como se indica en la figura siguiente:

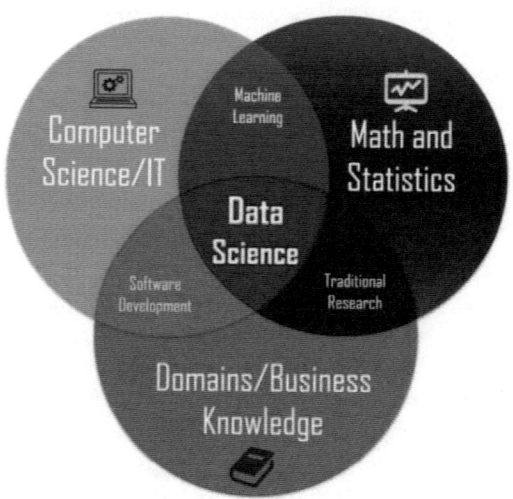

El desarrollo del software (*Software Development*), el aprendizaje automático (*Machine Learning*) y la investigación tradicional (*Traditional Research*) son elementos a tener muy en cuenta cuando hablamos de la Ciencia de Datos.

La ciencia de datos es un campo interdisciplinario que utiliza métodos, algoritmos, procesos y sistemas para extraer conocimiento y conclusiones a partir de datos estructurados y no estructurados. Combina elementos de estadística, informática, matemáticas y técnicas de análisis para resolver problemas, hacer predicciones y generar valor a partir de los datos. Se apoya en grandes volúmenes de datos (*big data*) para descubrir patrones, tendencias y relaciones que pueden ser utilizadas para la toma de decisiones en diversas industrias.

1.2 EL PROCESO DE LA CIENCIA DE DATOS

En base al conocimiento que tiene en el campo en el que se trabaja, el científico de datos se plantea preguntas que pueden resolverse mediante grandes bases de datos. Para contestar a estas preguntas se sigue el proceso habitual de la Ciencia de Datos que consta habitualmente de los siguientes pasos:

1) *Obtención de los datos*: Es la primera etapa donde los datos son capturados desde múltiples fuentes (bases de datos, sensores, redes sociales, etc.). Los datos masivos suelen venir de múltiples fuentes u orígenes de datos (Variedad), pueden ser de volúmenes diversos (Volumen), se generan rápidamente (Velocidad) y, a al ser tantos, hay que comprobar que sean correctos (Veracidad). Son las cuatro "uves" del Big Data.

2) *Preprocesamiento y exploración de los datos*: Se realiza un tratamiento inicial de los datos, donde se limpian y filtran aquellos datos que no cumplen criterios de calidad, no son de interés para el estudio, contienen errores, etc. Involucra el manejo de datos faltantes, la detección y tratamiento de valores atípicos y la eliminación de ruido o inconsistencias en la información. En la exploración de los datos se utilizan técnicas estadísticas y de visualización para entender las características principales de los datos y detectar patrones iniciales.

3) *Transformación e integración*: Es fundamental la transformación de los datos en un formato adecuado para el análisis. Es necesario homogeneizar los datos que provienen de múltiples fuentes para que sean comparables entre ellos. A veces conviene estandarizar los datos a aplicar cualquier otra transformación matemática que los haga más uniformes. También puede ser necesario tratar la correlación entre los datos antes de los análisis mediante técnicas de reducción de la dimensión.

4) *Análisis de los datos o Machine Learning*: Las técnicas de análisis de datos o Machine Learning (aprendizaje automático) tienen como finalidad procesar los datos usando diferentes algoritmos y métodos estadísticos para obtener resultados que respondan a las preguntas planteadas por los científicos de datos. En esta fase se implementan modelos matemáticos, estadísticas avanzadas, y algoritmos de aprendizaje automático (*Machine Learning*) para predecir o clasificar comportamientos futuros, realizar agrupamientos o descubrir patrones ocultos. La modelización predictiva juega un papel importante en esta fase, incluidas las técnicas de clasificación y regresión. También los algoritmos descriptivos son muy importantes, incluyendo técnicas de clasificación y segmentación.

5) *Interpretación de los datos*: Es en este punto donde el científico de datos evalúa el resultado del análisis y aplica la experiencia que tiene en el campo para entender, completar y corregir la información que obtiene por parte del ordenador.

6) *Validación de los datos*: Analizar si la información es robusta o cambia por sesgos propios de los datos es una tarea vital. En esta fase se evalúan los modelos en términos de precisión, robustez y capacidad para generalizar nuevos datos. Es clave evitar el sobreajuste o subajuste de los modelos. Dependiendo de las técnicas de análisis de datos utilizadas, se usarán instrumentos como intervalos de confianza, contrastes de hipótesis, matrices de confusión y curvas ROC para validar los resultados

7) *Diseñar nuevos análisis o experimentos en caso necesario*: En el procedimiento científico esta parte es la que se define como "Validar la hipótesis". En caso de que los datos no hayan sido validados o se necesite más información para poder obtener resultados concluyentes a las preguntas planteadas por los científicos de datos, se incluyen mayor número de datos en los análisis o se reformulan los algoritmos para realizar otras preguntas a los datos.

8) *Visualizar y presentar gráficamente los resultados de los datos*: Es un proceso fundamental en cualquier trabajo con grandes bases de datos, el graficar de forma completa y con la mayor cantidad de capas posibles la información resultante. Las gráficas son formas rápidas de interpretar los datos para tomar decisiones y la tendencia en todos los artículos científicos y en la vida cotidiana en general, es a ir complicando y completando la cantidad de información que se ha obtenido en una única imagen.

1.3 CLASIFICACIÓN DE LAS TÉCNICAS DE CIENCIA DE DATOS

Al enfrentarse a la realidad de un estudio, el investigador dispone habitualmente de muchas variables medidas u observadas en una colección de individuos, pretende estudiarlas conjuntamente, y acude al Análisis de Datos. Se encuentra frente a una diversidad de técnicas y debe seleccionar la más adecuada a sus datos, pero, sobre todo, a su objetivo científico.

El investigador tendrá que considerar si asigna a todas sus variables una importancia equivalente, es decir, si *ninguna variable se destaca como dependiente principal* en el objetivo de la investigación. Si es así, porque maneja simplemente un conjunto de diversos aspectos observados y coleccionados en su muestra, puede acudir para su tratamiento en bloque a lo que podría llamarse *técnicas descriptivas o del análisis de la interdependencia (técnicas de aprendizaje no supervisado en el lenguaje del Machine Learning).*

Y puede hacerlo con dos orientaciones diferentes: por una parte, para *reducir la dimensión de una tabla de datos excesivamente grande* por el elevado número de variables que contiene y quedarse con unas cuantas variables ficticias que, aunque no observadas, sean combinación de las reales y sinteticen la mayor parte de la información contenida en sus datos. También deberá tener en cuenta el tipo de variables que maneja. Si son *variables cuantitativas*, las técnicas que le permiten este tratamiento son el *Análisis de Componentes Principales* y el *Análisis Factorial*, y si son *variables cualitativas*, acudirá al *Análisis de Correspondencias*. La otra orientación posible ante una colección de variables, sin ninguna destacada en dependencia, sería la de *clasificar sus individuos en grupos más o menos homogéneos en relación al perfil* que en aquéllas presenten, en cuyo caso utilizará el *Análisis de Clústeres*, en que los grupos, no definidos previamente, serán configurados por las propias variables que utiliza.

Si no fuera científicamente aceptable una importancia equivalente en las variables que maneja, porque *alguna variable se destaca como dependiente principal* en el objetivo de la investigación, habrá de utilizar *técnicas multivariantes predictivas o del análisis de la dependencia (técnicas de aprendizaje supervisado en el lenguaje del Machine Learning)* considerando la variable dependiente como variable explicada por las demás variables independientes explicativas, y tratando de *relacionar todas las variables* por medio de una posible ecuación o modelo que las ligue. El método elegido sería entonces la *Regresión*, generalmente con todas las variables cuantitativas. Una vez configurado el modelo matemático se podrá llegar a *predecir el valor de la variable dependiente* conocido el perfil de todas las demás. Si la variable dependiente fuera cualitativa dicotómica (1,0; sí o no) podrá ser utilizada como clasificadora, estudiando su relación con el resto de variables clasificativas a través de una ecuación de *Regresión Logística*. Si la variable dependiente cualitativa observada constatara la asignación de cada individuo a grupos previamente definidos (dos, o más de dos), puede ser utilizada para *clasificar nuevos casos en que se desconozca el grupo a que probablemente pertenecen*, en cuyo caso estamos ante el *Análisis Discriminante*, que resuelve el importante problema de asignación en función de un perfil cuantitativo de variables clasificativas. Si la variable dependiente es cuantitativa y las explicativas son cualitativas estamos ante los *modelos del análisis de la varianza*, que puede extenderse a los *modelos loglineales* para el análisis de tablas de contingencia de dimensión elevada.

Las técnicas de *Machine Learning* enseñan a los ordenadores a hacer lo que es natural para los humanos: aprender de la experiencia. Los algoritmos de Machine Learning utilizan métodos computacionales para extraer información directamente de los datos sin depender de una ecuación predeterminada como modelo. Los algoritmos mejoran su rendimiento de forma adaptativa a medida que aumenta el número de muestras disponibles para el aprendizaje. Ya sabemos que el aprendizaje automático utiliza dos tipos de técnicas: el aprendizaje supervisado, que entrena a un modelo con datos conocidos de entrada y salida para que pueda predecir resultados futuros, y el aprendizaje no supervisado, que encuentra patrones ocultos o estructuras intrínsecas en los datos de entrada.

1.3.1 Técnicas descriptivas o de aprendizaje no supervisado

Ya sabemos que en estas técnicas no hay variables dependientes ni independientes, por eso se denominan técnicas la interdependencia o técnicas descriptivas. El aprendizaje no supervisado encuentra patrones ocultos o estructuras intrínsecas en los datos. Se utiliza para extraer inferencias de conjuntos de datos que consisten en datos de entrada sin respuestas etiquetadas. La segmentación es la técnica de aprendizaje no supervisada más común. Se utiliza para encontrar patrones ocultos o agrupaciones en los datos. Las aplicaciones para la agrupación incluyen análisis de secuencia de genes, investigación de mercados, el análisis de preferencias, etc.

Uno de los principales métodos utilizados en el aprendizaje no supervisado es el análisis de conglomerados o análisis clúster. El análisis de conglomerados se utiliza en el aprendizaje no supervisado para agrupar o segmentar conjuntos de datos con atributos compartidos a fin de extrapolar las relaciones algorítmicas. El análisis de conglomerados es una rama del aprendizaje automático que agrupa los datos en segmentos homogéneos dentro de sí según las variables de clasificación. El análisis de conglomerados identifica los puntos comunes de los datos y reacciona en función de la presencia o ausencia de dichos puntos comunes en cada nuevo dato. Este enfoque ayuda a detectar puntos de datos anómalos que no encajan en ninguno de los grupos (detección de anomalías).

El análisis clúster puede mejorarse aplicando determinadas redes neuronales como puede ser la red de Kohonen, mapas autoorganizativos SOM, etc.

Otro de los métodos importantes en aprendizaje no supervisado es la reducción de la dimensión. Las técnicas de reducción de la dimensión (Análisis de Componentes Principales, Análisis Factorial, etc.) se utilizan para transformar conjuntos de variables acusadamente correladas a otro grupo menor de variables equivalentes no correladas, lo que facilita la aplicación posterior de técnicas que no admiten fuerte correlación entre sus variables.

Las técnicas de reducción de la dimensión suelen ser técnicas previas al análisis de conglomerados u otras técnicas de segmentación. La correlación introduce ruido en la aplicación de muchas técnicas como la regresión, el análisis clúster, etc. Este ruido se mitiga aplicando previamente reducción de la dimensión a las variables.

El escalamiento multidimensional es otra técnica no supervisada muy importante, sobre todo por su aplicación en el análisis de preferencias, investigación de mercados y logística.

Si trabajamos con variables categóricas y queremos relacionar sus categorías hay técnicas no supervisadas muy adecuadas como son el análisis de correspondencias simples y múltiples y los modelos logaritmo lineales.

Las redes neuronales para clasificación, procesamiento de imágenes y reconocimiento de patrones también constituyen herramientas de aprendizaje no supervisado muy importantes

Las técnicas descriptivas o de aprendizaje no supervisado más utilizadas en el análisis de datos son las siguientes:
- Análisis exploratorio de datos
- Reducción de la dimensión
- Análisis en componentes principales
- Análisis factorial
- Análisis de correspondencias simples
- Análisis de correspondencias múltiples
- Escalamiento multidimensional
- Análisis de correlaciones
- Análisis de asociaciones
- Redes neuronales (SOM Kohonen, etc.)
- Reconocimiento de patrones
- Detección de anomalías
- Autoencoders
- Procesamiento de imágenes
- Redes neuronales convolucionales (redes CNN)

La mayoría de estas técnicas de análisis no supervisado se desarrollan a lo largo de este libro desde un punto de vista metodológico y desde un punto de vista práctico con aplicaciones a través del software Python.

1.3.2 Técnicas predictivas o de aprendizaje supervisado

El objetivo del aprendizaje supervisado es construir un modelo que haga predicciones basadas en la evidencia en presencia de la incertidumbre. Un algoritmo de aprendizaje supervisado toma un conjunto conocido de datos de entrada y respuestas conocidas a los datos (salida) y entrena un modelo para generar predicciones razonables para la respuesta a nuevos datos. El aprendizaje supervisado utiliza técnicas de clasificación y regresión para desarrollar modelos de predicción.

- *Las técnicas de clasificación predicen respuestas categóricas*, por ejemplo, si un correo electrónico es genuino o no deseado, o si un tumor es canceroso o benigno. Los modelos de clasificación clasifican los datos de entrada en categorías. Las aplicaciones típicas incluyen imágenes médicas, reconocimiento de voz e imágenes y puntuación de créditos.

- *Las técnicas de regresión predicen* respuestas continuas, por ejemplo, cambios de temperatura o fluctuaciones en la demanda de energía. Las aplicaciones típicas incluyen la predicción de la carga eléctrica, riesgo, fraude, etc.

Las técnicas predictivas o de aprendizaje supervisado más utilizadas em el análisis de datos son las siguientes:

$$
\textit{Aprendizaje supervisado} \begin{cases} \textit{Regresión} \begin{cases} \textit{Modelos lineales} \\ \textit{Regresión en cadena} \\ \textit{Regresión LASSO} \\ \textit{Elastic Net Regression} \\ \textit{Regresión bayesiana} \\ \textit{Regresión SGD} \\ \textit{Regression SVD} \\ \textit{Regresión de Huber} \\ \textit{regresión robusta} \end{cases} \\ \\ \textit{Clasificación} \begin{cases} \textit{Análisis discriminante} \\ \textit{Árboles de decisión} \\ \textit{Regresión logística} \\ \textit{Redes neuronales} \\ \textit{Support Vector Machine} \\ \textit{Nearest Neighbors} \\ \textit{Naive Bayes} \\ \textit{redes neuronales bayesianas} \end{cases} \end{cases}
$$

Una panorámica más completa de las técnicas de análisis multivariante de datos desde la óptica del Machine Learning sería la siguiente:

Machine Learning
- Supervised Learning
  - Regression
    - Linear Models
    - Ridge Regression
    - LASSO Regresion
    - Elastic Net Regression
    - Bayesian Regression
    - SGD Regression
    - SVD Regression
    - Huber Regression
    - Robust Regression
  - Classification
    - Discriminant Analisys
    - Decision Trees
    - Logistic Regression
    - Neural Networks
    - Support Vector Machine
    - Nearest Neighbors
    - Naive Bayes
    - Bayesian Neural Neworks
- Unsupervised Learning
  - Clustering
  - Dimension Reduction
  - Principal Components Analysis
  - Multidimensional Scaling
  - Exploratory Data Analysis
  - Neural Networks
  - Pattern Recognition
  - Markov Chaines
  - Ensemble Methods
  - Gaussian Proces Classification

## Capítulo 2

REDUCCIÓN DE LA DIMENSIÓN MEDIANTE COMPONENTES PRINCIPALES.

2.1 INTRODUCCIÓN A LAS TÉCNICAS DE REDUCCIÓN DE LA DIMENSIÓN

En el trabajo actual, el investigador dispone habitualmente de muchas variables medidas u observadas en una colección de individuos y pretende estudiarlas conjuntamente, para lo cual suele acudir al análisis estadístico de datos univariante y multivariante. Entonces se encuentra frente a una diversidad de técnicas y debe seleccionar la más adecuada a sus datos, pero, sobre todo, a su objetivo científico.

Al observar muchas variables sobre una muestra es presumible que una parte de la información recogida pueda ser redundante o que sea excesiva, en cuyo caso los *métodos multivariantes de reducción de la dimensión* (análisis en componentes principales, análisis factorial, análisis de correspondencias, etc.) tratan de eliminarla.

Estos métodos combinan muchas variables observadas para obtener pocas variables ficticias que las representen con la mínima pérdida de información.

2.2 ANÁLISIS EN COMPONENTES PRINCIPALES

El análisis en componentes principales es una técnica de análisis estadístico multivariante que se clasifica entre los métodos de simplificación o reducción de la dimensión y que se aplica cuando se dispone de un conjunto elevado de variables con datos cuantitativos persiguiendo obtener un menor número de variables, combinación lineal de las primitivas, que se denominan componentes principales o factores, cuya posterior interpretación permitirá un análisis más simple del problema estudiado. Su aplicación es directa sobre cualquier conjunto de variables, a las que considera en bloque, sin que el investigador haya previamente establecido jerarquías entre ellas, ni necesite comprobar la normalidad de su distribución. Se trata por tanto de una técnica para el análisis de la interdependencia (en contraposición con las técnicas de la dependencia).

El análisis en componentes principales permite describir, de un modo sintético, la estructura y las interrelaciones de las variables originales en el fenómeno que se estudia a partir de las componentes obtenidas que, naturalmente, habrá que interpretar y «nombrar». El mayor número posible de componentes coincide, como veremos, con el número total de variables. Quedarse con todas ellas no simplificaría el problema, por lo que el investigador deberá seleccionar entre distintas alternativas aquéllas que, siendo pocas e interpretables, expliquen una proporción aceptable de la varianza global o inercia de la nube de puntos que suponga una razonable pérdida de información. Esta reducción de muchas variables a pocas componentes puede simplificar la aplicación sobre estas últimas de otras técnicas multivariantes (regresión, clústeres, etc.).

El método de componentes principales tiene por objeto transformar un conjunto de variables, a las que denominaremos variables *originales interrelacionadas,* en un nuevo conjunto de variables, combinación lineal de las originales, denominadas *componentes principales.* Estas últimas se caracterizan por estar incorrelacionadas entre sí.

En cuanto al interés que tiene esta técnica, en muchas ocasiones el investigador se enfrenta a situaciones en las que, para analizar un fenómeno, dispone de información de muchas variables que están correlacionadas entre sí en mayor o menor grado. Estas correlaciones son como un velo que impiden evaluar adecuadamente el papel que juega cada variable en el fenómeno estudiado. El análisis de componentes principales permite pasar a un nuevo conjunto de variables, las componentes principales, que gozan de la ventaja de estar incorrelacionadas entre sí y que, además, pueden ordenarse de acuerdo con la información que llevan incorporada. Como medida de la cantidad de información incorporada en una componente se utiliza su varianza. Es decir, cuanto mayor sea su varianza mayor es la información que lleva incorporada dicha componente. Por esta razón se selecciona como primera componente aquélla que tenga mayor varianza, mientras que, por el contrario, la última es la de menor varianza.

En general, la extracción de componentes principales se efectúa sobre variables *tipificadas* para evitar problemas derivados de escala, aunque también se puede aplicar sobre variables expresadas en *desviaciones* respecto a la media. Si p variables están tipificadas, la suma de las varianzas es igual a p, ya que la varianza de una variable tipificada es por definición igual a 1. El nuevo conjunto de variables que se obtienen por el método de componentes principales es igual en número al de variables originales. Es importante destacar que la suma de sus varianzas es igual a la suma de las varianzas de las variables originales. Las diferencias entre ambos conjuntos de variables estriban en que, como ya se ha indicado, las componentes principales se calculan de forma que estén incorrelacionadas entre sí. Cuando las variables originales están muy correlacionadas entre sí, la mayor parte de su variabilidad se puede explicar con muy pocas componentes. Si las variables originales estuvieran completamente incorrelacionadas entre sí, entonces el análisis de componentes principales carecería por completo de interés, ya que en ese caso las componentes principales coincidirían con las variables originales.

Merece hacer hincapié en que las componentes principales se expresan como una combinación lineal de las variables originales. Desde el punto de vista de su aplicación, el método de componentes principales es considerado como un método de *reducción,* es decir, un método que permite *reducir* la dimensión del número de variables que inicialmente se han considerado en el análisis. Es vital abordar las técnicas usuales para determinar el número de componentes principales a retener. Ésta es una cuestión importante, ya que ese conjunto de componentes retenidas es el que se utilizará en análisis posteriores para representar a todo el conjunto de variables iniciales.

No obstante, puede considerarse el método de componentes principales como un método para la reducción de datos, y tratar otros problemas como el de rotación de factores, contrastes, etc. en el método de análisis factorial que implica una mayor formalización. En este sentido, el método de componentes principales se inscribe dentro de la estadística descriptiva.

2.3 OBTENCIÓN DE LAS COMPONENTES PRINCIPALES

En el análisis en componentes principales se dispone de una muestra de tamaño n acerca de p variables $X_1, X_2, ...X_p$ (tipificadas o expresadas en desviaciones respecto de su media) inicialmente correlacionadas, para posteriormente obtener a partir de ellas un número k≤p de variables incorrelacionadas $Z_1, Z_2, ...Z_p$ que sean combinación lineal de las variables iniciales y que expliquen la mayor parte de su variabilidad.

La primera componente principal, al igual que las restantes, se expresa como combinación lineal de las variables originales como sigue:

$$Z_{1i} = u_{11}X_{1i} + u_{12}X_{2i} + \cdots + u_{1p}X_{pi}$$

Para el conjunto de las n observaciones muestrales esta ecuación puede expresarse matricialmente como sigue:

$$
\begin{bmatrix} Z_{11} \\ Z_{12} \\ \vdots \\ Z_{1n} \end{bmatrix} =
\begin{bmatrix} X_{11} & X_{21} & \cdots & X_{p1} \\ X_{12} & X_{22} & \cdots & X_{p2} \\ & & \vdots & \\ X_{1n} & X_{2n} & \cdots & X_{pn} \end{bmatrix}
\begin{bmatrix} u_{11} \\ u_{12} \\ \vdots \\ u_{1p} \end{bmatrix}
$$

En notación abreviada tendremos: $Z_1 = X u_1$

Tanto si las X_j están tipificadas, como si están expresadas en desviaciones respecto de su media muestral, la media de Z_1 es cero, esto es, $E(Z_1) = E(X u_1) = E(X)u_1 = 0$

La varianza de Z_1 será:

$$
V(Z_1) = \frac{\sum_{i=1}^{n} Z_{1i}^2}{n} = \frac{1}{n} Z_1' Z_1 = \frac{1}{n} u_1' X' X u_1 = u_1'\left[\frac{1}{n} X'X\right] u_1 = u_1' V u_1
$$

Si las variables están expresadas en desviaciones respecto a la media, la expresión $\frac{1}{n} X'X$ (**matriz de inercia**) es la matriz de covarianzas muestral a la que denominaremos V (caso más general) y para variables tipificadas $\frac{1}{n} X'X$ es la matriz de correlaciones R.

La primera componente Z_1 se obtiene de forma que su varianza sea máxima y sujeta a la restricción de que la suma de los pesos u_{1j} al cuadrado sea igual a la unidad, es decir, la variable de los pesos o ponderaciones $(u_{11}, u_{12}, ..., u_{1p})'$ se toma normalizada.

Se trata entonces de hallar Z_1 maximizando $V(Z_1) = u_1' V u_1$, sujeta a la restricción $\sum_{j=1}^{p} u_{1i}^2 = u_1' u_1 = 1$

Para resolver este problema de optimización con restricciones se aplica el método de los multiplicadores de Lagrange considerando la función lagrangiana:

$$
L = u_1' V u_1 - \lambda(u_1' u_1 - 1)
$$

Derivando respecto de u_1 e igualando a cero, se tiene:

$$\frac{\partial L}{\partial u_1} = 2Vu_1 - 2\lambda u_1 = 0 \Rightarrow (V - \lambda I)u_1 = 0$$

Se trata de un sistema homogéneo en u_1, que sólo tiene solución si el determinante de la matriz de los coeficientes es nulo, es decir, $|V-\lambda I|=0$. Pero la expresión $|V-\lambda I|=0$ es equivalente a decir que λ es un valor propio de la matriz V.

En general, la ecuación $|V-\lambda I|=0$ tiene n raíces $\lambda_1, \lambda_2, ..., \lambda_n$, que puedo ordenarlas de mayor a menor $\lambda_1 > \lambda_2 > ... > \lambda_n$.

En la ecuación $(V-\lambda I)u_1 = 0$ podemos multiplicar por u_1' a la derecha, con lo que se tiene $u_1'(V-\lambda I)u_1 = 0 \Rightarrow u_1'Vu_1 = \lambda \Rightarrow V(Z_1) = \lambda$. Por lo tanto, para maximizar $V(Z_1)$ he de tomar el mayor valor propio λ de la matriz V.

Tomando λ_1 como el mayor valor propio de V y tomando u_1 como su vector propio asociado normalizado ($u_1'u_1=1$), ya tenemos definido el vector de ponderaciones que se aplica a las variables iniciales para obtener la primera componente principal, componente que vendrá definida como:

$$Z_1 = X u_1$$

La segunda componente principal, al igual que las restantes, se expresa como combinación lineal de las variables originales como sigue:

$$Z_{2i} = u_{21}X_{1i} + u_{22}X_{2i} + \cdots + u_{2p}X_{pi}$$

Para el conjunto de las n observaciones muestrales esta ecuación puede expresarse matricialmente como sigue:

$$\begin{bmatrix} Z_{21} \\ Z_{22} \\ \vdots \\ Z_{2n} \end{bmatrix} = \begin{bmatrix} X_{11} & X_{21} & \cdots & X_{p1} \\ X_{12} & X_{22} & \cdots & X_{p2} \\ & & \vdots & \\ X_{1n} & X_{2n} & \cdots & X_{pn} \end{bmatrix} \begin{bmatrix} u_{21} \\ u_{22} \\ \vdots \\ u_{2p} \end{bmatrix}$$

En notación abreviada tendremos: $Z_2 = X u_2$

Tanto si las X_j están tipificadas, como si están expresadas en desviaciones respecto de su media muestral, la media de Z_2 es cero, esto es, $E(Z_2) = E(X u_2) = E(X)u_2 = 0$.

La varianza de Z_2 será:

$$V(Z_2) = \frac{\sum_{i=1}^{n} Z_{2i}^2}{n} = \frac{1}{n} Z_2' Z_2 = \frac{1}{n} u_2' X' X u_2 = u_2' \left[\frac{1}{n} X' X \right] u_2 = u_2' V u_2$$

La segunda componente Z_2 se obtiene de forma que su varianza sea máxima sujeta a la restricción de que la suma de los pesos u_{2j} al cuadrado sea igual a la unidad, es decir, la variable de los pesos o ponderaciones $(u_{21}, u_{22}, ..., u_{2p})'$ se toma normalizada ($u_2' u_2 = 1$).

Por otra parte, como Z_1 y Z_2 han de estar incorrelacionados se tiene que:

$$0 = E(Z_2' Z_1) = E(u_2' X' X u_1) = u_2' E(X' X)u_1 = u_2' V u_1$$

También sabemos que $V u_1 = \lambda_1 u_1$ (ya que u_1 es el vector propio de V asociado a su mayor valor propio λ_1). Si multiplicamos por u_2' a la derecha tenemos:

$$0 = u_2' V u_1 = \lambda_1 u_2' u_1 \Rightarrow u_2' u_1 = 0$$

con lo que u_2 y u_1 son ortogonales.

Se trata entonces de hallar Z_2 maximizando $V(Z_2) = u_2' V u_2$, sujeta a las restricciones $u_2' u_2 = 1$, $u_2' V u_1 = 0$.

Para resolver este problema de optimización con dos restricciones se aplica el método de los multiplicadores de Lagrange considerando la función lagrangiana:

$$L = u_2' V u_2 - 2\mu(u_2' V u_1) - \lambda(u_2' u_2 - 1)$$

Derivando respecto de u_2 e igualando a cero, se tiene:

$$\frac{\partial L}{\partial u_2} = 2V u_2 - 2\mu V u_1 - 2\lambda u_2 = 0$$

Dividiendo por 2 y premultiplicando por u_1' tenemos:

$$u_1' V u_2 - \mu u_1' V u_1 - \lambda u_1' u_2 = 0$$

y como $Vu_1 = \lambda_1 u_1$ (ya que u_1 es el vector propio de V asociado a su mayor valor propio λ_1), entonces $u'_1 V = \lambda_1 u'_1$, y podemos escribir la igualdad anterior como:

$$\lambda_1 u'_1 u_2 - \mu V[Z_1] - \lambda u'_1 u_2 = 0$$

Pero:

$$u'_1 u_2 = 0 \Rightarrow \mu V[Z_1] = 0 \Rightarrow \mu = 0$$

De donde:

$$\frac{\partial L}{\partial u_2} = 2Vu_2 - 2\lambda u_2 = 0 \Rightarrow (V - \lambda I)u_2 = 0$$

Se trata de un sistema homogéneo en u_2, que sólo tiene solución si el determinante de la matriz de los coeficientes es nulo, es decir, $|V - \lambda I| = 0$. Pero la expresión $|V - \lambda I| = 0$ es equivalente a decir que λ es un valor propio de la matriz V.

En general, la ecuación $|V - \lambda I| = 0$ tiene n raíces $\lambda_1, \lambda_2, ..., \lambda_n$, que puedo ordenarlas de mayor a menor $\lambda_1 > \lambda_2 > ... > \lambda_n$.

En la ecuación $(V - \lambda I)u_2 = 0$ podemos multiplicar por u_2' a la derecha, con lo que se tiene $u_2'(V - \lambda I)u_2 = 0 \Rightarrow u_2' V u_2 = \lambda \Rightarrow V(Z_2) = \lambda$. Por lo tanto, para maximizar $V(Z_2)$ he de tomar el segundo mayor valor propio λ de la matriz V (el mayor ya lo había tomado al obtener la primera componente principal) .

Tomando λ_2 como el segundo mayor valor propio de V y tomando u_2 como su vector propio asociado normalizado ($u_2' u_2 = 1$), ya tenemos definido el vector de ponderaciones que se aplica a las variables iniciales para obtener la segunda componente principal, componente que vendrá definida como:

$$Z_2 = X u_2$$

De forma similar, *la componente principal h-ésima* se define como $Z_h = X u_h$ donde u_h es el vector propio de V asociado a su h-ésimo mayor valor propio. Suele denominarse también a u_h *eje factorial h-ésimo*.

2.4 VARIANZAS DE LAS COMPONENTES

En el proceso de obtención de las componentes principales presentado en el apartado anterior hemos visto que la varianza de la componente h-ésima es:

$$V(Z_h) = u'_h V u_h = \lambda_h$$

Es decir, la varianza de cada componente es igual al valor propio de la matriz V al que va asociada.

Si, como es lógico, la medida de la variabilidad de las variables originales es la suma de sus varianzas, dicha variabilidad será:

$$\sum_{h=1}^{p} V(X_h) = traza(V)$$

ya que las varianzas de las variables son los términos que aparecen en la diagonal de la matriz de varianzas covarianzas V.

Ahora bien, como V es una matriz real simétrica, por la teoría de diagonalización de matrices, existe una matriz ortogonal P ($P^{-1}=P'$) tal que P'VP=D, siendo D diagonal con los valores propios de V ordenados de mayor a menor en la diagonal principal. Por lo tanto:

$$traza(P'VP) = traza(D) = \sum_{h=1}^{p} \lambda_h$$

Pero:

$$traza(P'VP) = traza(VPP') = traza(V.I) = traza(V)$$

Con lo que ya podemos escribir:

$$\sum_{h=1}^{p} V(X_h) = traza(V) = traza(P'VP) = traza(D) = \sum_{h=1}^{p} \lambda_h = \sum_{h=1}^{p} V(Z_h)$$

Hemos comprobado, además, que la suma de las varianzas de las variables (*inercia total de la nube de puntos*) es igual a la suma de las varianzas de las componentes principales e igual a la suma de los valores propios de la matriz de varianzas covarianzas muestral V.

La proporción de la variabilidad total recogida por la componente principal h-ésima (*porcentaje de inercia explicada por la componente principal h-ésima*) vendrá dada por:

$$\frac{\lambda_h}{\sum_{h=1}^{p} \lambda_h} = \frac{\lambda_h}{traza(V)}$$

Si las variables están tipificadas, $V = R$ y $traza(V) = traza(R) = p$, con lo que la proporción de la componente h-ésima en la variabilidad total será λ_h/p.

También se define el **porcentaje de inercia explicada por las k primeras componentes principales (o ejes factoriales)** como:

$$\frac{\sum_{h=1}^{k}\lambda_h}{\sum_{h=1}^{p}\lambda_h} = \frac{\sum_{h=1}^{k}\lambda_h}{traza(V)}$$

2.5 MATRIZ FACTORIAL O MATRIZ DE CARGAS FACTORIALES DE LAS COMPONENTES

Se denomina matriz factorial de las componentes principales a la matriz de correlaciones entre las componentes Z_h y las variables originales X_j.

Consideramos los vectores muestrales relativos a Z_h y X_j respectivamente:

$$X_j = \begin{bmatrix} X_{j1} \\ X_{j2} \\ \vdots \\ X_{jn} \end{bmatrix} \qquad Z_h = \begin{bmatrix} Z_{h1} \\ Z_{h2} \\ \vdots \\ Z_{hn} \end{bmatrix}$$

La covarianza muestral entre Z_h y X_j viene dada por:

$$Cov(X_j, Z_h) = \frac{1}{n} X'_j Z_h$$

El vector X_j se puede expresar en función de la matriz X utilizando el vector de orden p, al que denominamos por δ, que tiene un 1 en la posición j-ésima y 0 en las posiciones restantes. La forma de expresar X_j en función de la matriz X a través del vector p es la siguiente:

$$X'_j = \delta' X' = \begin{bmatrix} 0 & \cdots & 1 & \cdots & 0 \end{bmatrix} \begin{bmatrix} X_{11} & \cdots & X_{1i} & \cdots & X_{1n} \\ \vdots & & \vdots & & \vdots \\ X_{j1} & \cdots & X_{ji} & \cdots & X_{jn} \\ \vdots & & \vdots & & \vdots \\ X_{p1} & \cdots & X_{pi} & \cdots & X_{pn} \end{bmatrix}$$

Teniendo en cuenta que $Z_h = X u_h$ podemos escribir:

$$Cov(X_j, Z_h) = \frac{1}{n} X'_j Z_h = \frac{1}{n} \delta' X' X u_h = \delta' V u_h = \delta' \lambda_h u_h = \lambda_h \delta' u_h = \lambda_h u_{hj}$$

Por lo tanto, podemos escribir la correlación existente entre la variable X_j y la componente Z_h de la siguiente forma:

$$r_{jh} = \frac{Cov(X_j, Z_h)}{\sqrt{V(X_j)}\sqrt{V(Z_h)}} = \frac{\lambda_h u_{hj}}{\sqrt{V(X_j)}\sqrt{\lambda_h}}$$

Si las variables originales están tipificadas, la correlación entre la variable X_j y la componente Z_h es la siguiente:

$$r_{jh} = \frac{\lambda_h u_{hj}}{\sqrt{V(X_j)}\sqrt{\lambda_h}} = \frac{\lambda_h u_{hj}}{\sqrt{\lambda_h}} = u_{hj}\sqrt{\lambda_h}$$

2.6 PUNTUACIONES O MEDICIÓN DE COMPONENTES

El análisis en componentes principales es en muchas ocasiones un paso previo a otros análisis, en los que se sustituye el conjunto de variables originales por las componentes obtenidas. Por ejemplo, en el caso de estimación de modelos afectados de multicolinealidad o correlación serial (autocorrelación). Por ello, es necesario conocer los valores que toman las componentes en cada observación.

Una vez calculados los coeficientes u_{hj} (componentes del vector propio normalizado asociado al valor propio h-ésimo de la matriz $V = X'X/n$ relativo a la componente principal Z_h), se pueden obtener las puntuaciones Z_{hj}, es decir, los valores de las componentes correspondientes a cada observación, a partir de la siguiente relación:

$$Z_{hi} = u_{h1} X_{1i} + u_{h2} X_{2i} + \cdots u_{hp} X_{pi} \qquad h = 1...p \quad i = 1...n$$

Si las componentes se dividen por su desviación típica se obtienen las componentes tipificadas. Por lo tanto, si llamamos Y_h a la componente Z_h tipificada tenemos:

$$Y_h = \frac{Z_h - E(Z_h)}{\sqrt{V(Z_h)}} = \frac{Z_h}{\sqrt{\lambda_h}} \qquad h = 1...p$$

Por lo tanto, las puntuaciones tipificadas serán:

$$\frac{Z_{hi}}{\sqrt{\lambda_h}} = \frac{u_{h1}}{\sqrt{\lambda_h}} X_{1i} + \frac{u_{h2}}{\sqrt{\lambda_h}} X_{2i} + \cdots \frac{u_{hp}}{\sqrt{\lambda_h}} X_{pi} \qquad h = 1...p \quad i = 1...n$$

expresión que puede escribirse como:

$$Y_{hi} = c_{h1} X_{1i} + c_{h2} X_{2i} + \cdots c_{hp} X_{pi} \qquad c_{hi} = \frac{u_{hi}}{\sqrt{\lambda_h}} \qquad h = 1...p \quad i = 1...n$$

La matriz formada por los coeficientes c_{hi} suele denominarse matriz de coeficientes de puntuaciones de los factores (*factor score coefficient matrix*).

2.7 NÚMERO DE COMPONENTES PRINCIPALES A RETENER

En general, el objetivo de la aplicación de las componentes principales es reducir las dimensiones de las variables originales, pasando de p variables originales a $m<p$ componentes principales. El problema que se plantea es cómo fijar m, o, dicho de otra forma, ¿qué número de componentes se deben retener? Aunque para la extracción de las componentes principales no hace falta plantear un modelo estadístico previo, algunos de los criterios para determinar cuál debe ser el número óptimo de componentes a retener requieren la formulación previa de hipótesis estadísticas.

2.7.1 Criterio de la media aritmética

Según este criterio se seleccionan aquellas componentes cuya raíz característica λ_j excede de la media de las raíces características. Recordemos que la raíz característica asociada a una componente es precisamente su varianza.

Analíticamente este criterio implica retener todas aquellas componentes en que se verifique que:

$$\lambda_h > \overline{\lambda} = \frac{\sum_{j=1}^{p} \lambda_h}{p}$$

Si se utilizan variables tipificadas, entonces, como ya se ha visto, se verifica que $\sum_{j=1}^{p} \lambda_h = p$, con lo que para variables tipificadas se retiene aquellas componentes tales que $\lambda_h > 1$.

2.7.2 Contraste sobre las raíces características no retenidas

Se puede considerar que, las p-m últimas raíces características poblacionales son iguales a 0. Si las raíces muestrales que observamos correspondientes a estas componentes no son exactamente igual a 0, se debe a los problemas del azar. Por ello, bajo el supuesto de que las variables originales siguen una distribución normal multivariante, se pueden formular las siguientes hipótesis relativas a las raíces características poblacionales:

$$H_0: \lambda_{m+1} = \lambda_{m+2} = ... = \lambda_p = 0$$

El estadístico que se considera para contrastar esta hipótesis es el siguiente:

$$Q^* = \left(n - \frac{2p+11}{6} \right) \left((p-m)Ln\overline{\lambda}_{p-m} - \sum_{j=m+1}^{p} Ln\lambda_j \right)$$

Bajo la hipótesis nula H_0, el estadístico anterior se distribuye como una chi-cuadrado con $(p$-m+2)(p$-$m$+1)/2$ grados de libertad. Este contraste se deriva del contraste de esfericidad de Barlett para la existencia o no de una relación significativa entre las variables analizadas que se utiliza en la validación del modelo de análisis multivariante de la varianza.

Para ver la mecánica de la aplicación de este contraste, supongamos que inicialmente se han retenido m raíces características (por ejemplo, las que superan la unidad) al aplicar el criterio de la media aritmética. En el caso de que se rechace la hipótesis nula H_0, implica que una o más de las raíces características no retenidas es significativa. La decisión a tomar en ese caso sería retener una nueva componente, y aplicar de nuevo el contraste a las restantes raíces características. Este proceso continuaría hasta que no se rechace la hipótesis nula.

2.7.3 Prueba de Anderson

Si los valores propios, a partir del valor $m+1$, son iguales, no hay ejes principales a partir del eje $m+1$, en el sentido de que no hay direcciones de máxima variabilidad. La variabilidad en las últimas $(n-m)$ dimensiones es esférica. Para decidir este hecho se debe testearse la hipótesis siguiente:

$$H_0: \lambda_{m+1} = \lambda_{m+2} = \ldots = \lambda_p$$

Si esta hipótesis es cierta, el estadístico:

$$\chi^2 = -(n-1)\sum_{j=m+1}^{p} Ln\lambda_j + (p-m)(n-1)Ln\left(\frac{\displaystyle\sum_{j=m+1}^{p} Ln\lambda_j}{(p-m)}\right)$$

sigue una distribución chi-cuadrado con $(p-m)(p-m+1)/2-1$ grados de libertad, siempre y cuando el número de individuos n sea grande. Si para un m fijado, χ^2 es significativo, debe rechazarse la hipótesis H_0. $\lambda_1, \ldots, \lambda_n$ representan los valores propios calculados sobre la matriz de covarianzas muestral.

Esta prueba sólo es válida si las variables $X_1, \ldots, X_n$ son normales con distribución conjunta normal.

2.7.4 Prueba de Lebart y Fenelón

Tanto esta prueba como las dos siguientes obedecen a una concepción más empírica que racional del problema. La formulación matemática de lo que pretenden demostrar está pobremente justificada en términos de inferencia estadística.

La idea general es la siguiente: a partir de una cierta dimensión (número de componentes a retener), la restante variabilidad explicada es debida a causas aleatorias (ruidos) que perturban la información contenida en la tabla de datos inicial. En esencia, este "ruido" es debido a fluctuaciones del muestreo (desviaciones de la normalidad, errores de medida, gradientes de dependencia entre los individuos, etc.). Asimilando el ruido a variables independientes, la significación de la dimensión m queda resuelta cuando la varianza explicada supera claramente a la varianza explicada por el ruido. La varianza explicada por las primeras m componentes viene expresada por $V_m = \lambda_1 + \ldots + \lambda_m$.

La prueba de Lebart y Fenelon consiste en realizar k análisis sobre n variables independientes para un tamaño muestral n. Ordenando las varianzas explicadas en cada análisis tenemos que $V_m^{i_1} < V_m^{i_2} \cdots < V_m^{i_k}$.

La probabilidad de que se verifique una ordenación fijada es $1/k!$. Consideremos el suceso: "la varianza explicada por el k-ésimo análisis supera a la varianza de los demás", es decir, $V_m^{i_1} < V_m^{i_2} \cdots < V_m^{i_{k-1}} < V_m^{k}$. Como podemos formar $(k-1)!$ permutaciones en el conjunto $(1,...,k-1)$, la probabilidad de este suceso vendrá dada por $(k-1)! / k! = 1/k$.

Consideremos entonces el nivel de significación $\alpha = 0.05$. Sea V_m la varianza explicada por el análisis real cuya dimensión queremos estudiar. Generemos $k-1 = 19$ ($1/k = 0,05 \Rightarrow k = 100/5 = 20$) análisis con variables independientes generadas al azar. Si V_m procede de variables independientes, la probabilidad de que supere a las varianzas explicadas por los análisis simulados es $1/20 = 0.05$. De este modo tenemos una prueba no paramétrica para decidir la significación de V_m al nivel $\alpha = 0,05$. Si V_m supera a la varianza explicada por los 19 análisis simulados, se puede afirmar, con probabilidad de error 0,05, que la dimensión m es significativa en el sentido dado anteriormente. De manera análoga, para un nivel de significaci6n 0,01 deberíamos simular $k-1 = 99$ análisis ($1/k = 0,01 \Rightarrow k = 100/1 = 100$).

El valor critico de V_m, a partir del cual la varianza explicada es significativa, se obtiene por simulación de datos generados al azar. Lebart y Fenelon publican gráficas y tablas de V_m para $1 \leq m \leq 5$ en función del número de observaciones n y el número de variables p.

2.7.5 Prueba del bastón roto de Frontier

Frontier asimila la descomposición de la variabilidad total $VT = \lambda_1 + ...+ \lambda_p$ al romper un bastón de longitud VT en p trozos por $p-1$ lugares del mismo elegido al azar. Ordenando los trozos del bastón, de longitudes $L_1 \geq ... \geq L_p$, se demuestra que:

$$E(L_p) = \frac{1}{p^2}, \quad E(L_{n-1}) = \frac{1}{p}\left(\frac{1}{p} + \frac{1}{p-1}\right), \quad E(L_j) = \frac{1}{p}\sum_{i=0}^{p-j}\frac{1}{j+1} \quad j = 1,\cdots,p$$

Hemos supuesto que $VT = 1$ para normalizar el problema. Si expresamos estos valores medios, cuya suma es 1, en porcentajes de la longitud total, obtenemos el modelo teórico de la descomposición de la varianza en p componentes obtenidas al azar. Por ejemplo, para $p = 4$ tenemos $E(L_1) = 0.5208$, $E(L_2) = 0.2708$, $E(L_3) =$

0.1458 y $E(L_4) = 0.0625$. Por lo que los porcentajes acumulados de varianza de las componentes serán 52,08%, 52,08+27.08=79,16%, 52,08+27,08+14.58=93,74% y 52,08+27,08+14,58+6,25=100%.

Las m primeras componentes son significativas si explican claramente mayor varianza que los m primeros valores medios del modelo del bastón roto. Se considera que las demás componentes descomponen la varianza residual al azar.

2.7.6 Prueba ε de Ibáñez

Esta prueba consiste en añadir a las p variables observables del problema una variable ε formada por datos generados al azar. Se repite entonces el análisis de componentes principales con la nueva variable añadida. Si a partir de la componente $m+1$ la variable ε queda resaltada en la estructura factorial (la saturación o carga de ε en la componente $m+1$ es alta), el número significativo de componentes no puede ser superior a m, pues las demás componentes explicarían una variabilidad inferior a la que es debida a la variable arbitraria ε. Ibáñez da solamente una justificación empírica de esta prueba, comparando los resultados de un análisis sin variable ε con otro análisis con variable ε, y concluyendo que las componentes deducidas de ambos son prácticamente las mismas. Seguidamente ilustra la prueba ε sobre otros análisis con datos experimentales publicados por el propio Ibáñez. La prueba ε sólo llega a proporcionar una cota superior para la dimensión m.

2.7.7 El gráfico de sedimentación

El gráfico de sedimentación se obtiene al representar en ordenadas las raíces características y en abscisas los números de las componentes principales correspondientes a cada raíz característica en orden decreciente. Uniendo todos los puntos se obtiene una Figura que, en general, se parece al perfil de una montaña con una pendiente fuerte hasta llegar a la base, formada por una meseta con una ligera inclinación. Continuando con el símil de la montaña, en esa meseta es donde se acumulan los guijarros caídos desde la cumbre, es decir, donde se sedimentan. Por esta razón, a este gráfico se le conoce con el nombre de gráfico de sedimentación. Su denominación en inglés es *scree plot*. De acuerdo con el criterio gráfico se retienen todas aquellas componentes previas a la zona de sedimentación.

2.7.8 Retención de variables

Hasta ahora todos los contrastes han estado dedicados a determinar el número de componentes a retener. Pero, la retención de componentes, ¿puede afectar a las variables originales? Si se retiene un número determinado de componentes, ¿qué hacer si alguna variable está correlacionada muy débilmente con cada una de las componentes retenidas? Si se plantea un caso de este tipo, sería conveniente suprimir dicha variable del conjunto de variables originales, ya que no estaría representada por las componentes retenidas. Ahora bien, si se considera que la variable a suprimir juega un papel esencial en la investigación, entonces se deberían retener componentes adicionales en el caso de que algunas de ellas estuvieran correlacionadas de forma importante con la variable a suprimir.

2.8 LA REGRESIÓN SOBRE COMPONENTES PRINCIPALES Y EL PROBLEMA DE LA MULTICOLINEALIDAD

La regresión sobre componentes principales sustituye el método clásico de ajuste lineal, cuando las variables exógenas del modelo son numerosas o fuertemente correlacionadas entre sí (multicolinealidad).

Consideremos el modelo lineal general $Y = X\beta + e$ con las hipótesis clásicas de normalidad de los residuos, $E(e) = 0$, $V(e) = \sigma^2 I$, pero con problemas de correlación entre las variables exógenas del modelo. Designaremos por $\hat{y}$ el vector de n valores de la variable endógena centrada, y por $\hat{X}$ la matriz conteniendo en columnas los p vectores de n valores, de las variables exógenas centradas. Designaremos estas columnas por $\hat{x}_1, \hat{x}_2, \cdots, \hat{x}_p$. Si los vectores $\hat{x}_1, \hat{x}_2, \cdots, \hat{x}_p$ no son linealmente independientes (multicolinealidad en el modelo $Y = X\beta + e$, el vector $\hat{\beta} = (\hat{X}'\hat{X})^{-1}\hat{X}'\hat{y}$ de los coeficientes estimados de la regresión no podrá ser calculado, ya que la matriz $\hat{X}'\hat{X}$ no será inversible.

Si algunos de los vectores $\hat{x}_1, \hat{x}_2, \cdots, \hat{x}_p$ tienen ángulos pequeños entre sí (dicho de otra forma, si los coeficientes de correlación muestral entre ciertas variables exógenas son cercanos a 1) el vector $\hat{\beta}$ se conocerá, pero con mala precisión. En este caso las contribuciones de cada uno de los coeficientes son difíciles de discernir. En efecto, si la matriz $\hat{X}'\hat{X}$ es «casi singular», algunos de sus valores propios serán próximos a 0. La descomposición de $\hat{X}'\hat{X}$ en función de vectores y valores propios se escribe como:

$$\hat{X}'\hat{X} = \sum_{\alpha=1}^{p} \lambda_\alpha u_\alpha u'_\alpha$$

ya que $\hat{X}'\hat{X}$ es una matriz simétrica definida positiva con valores propios λ_α relativos a vectores propios u_α ortogonales, cuya diagonalización permite escribir:

$$\hat{X}'\hat{X} = (u_1, \cdots, u_p) \begin{pmatrix} \lambda_1 & 0 & \cdots & 0 \\ 0 & \lambda_2 & \cdots & 0 \\ \vdots & \vdots & \ddots & \vdots \\ 0 & 0 & \cdots & \lambda_p \end{pmatrix} \begin{pmatrix} u_1 \\ \vdots \\ u_p \end{pmatrix}$$

Además:

$$\hat{X}'\hat{X} = \sum_{\alpha=1}^{p} \lambda_\alpha u_\alpha u'_\alpha \Rightarrow (\hat{X}'\hat{X})^{-1} = \sum_{\alpha=1}^{p} \frac{1}{\lambda_\alpha} u_\alpha u'_\alpha$$

La casi nulidad del menor valor propio λ_p de $\hat{X}'\hat{X}$ puede expresarse como:

$$\lambda_p = V(Z_p) = V(\hat{X} u_p) = \frac{1}{n}(\hat{X} u_p)'(\hat{X} u_p) \cong 0 \Rightarrow \hat{X} u_p = 0$$

indicando la casi colinealidad de los vectores columna de $\hat{X}$. En estas condiciones, el vector de los coeficientes de ajuste mínimo cuadrático se escribe como:

$$\hat{\beta} = (\hat{X}'\hat{X})^{-1} \hat{X}'\hat{y} = \left(\sum_{\alpha=1}^{p} \frac{1}{\lambda_\alpha} u_\alpha u'_\alpha \right) \hat{X}'\hat{y}$$

y la estimación de su matriz de varianzas covarianzas será:

$$\hat{V}(\hat{\beta}) = S^2 (\hat{X}'\hat{X})^{-1} = S^2 \sum_{\alpha=1}^{p} \frac{1}{\lambda_\alpha} u_\alpha u'_\alpha$$

lo que permite ver que uno o varios valores propios casi nulos hacen impreciso el ajuste.

Se eliminaría el problema de la casi colinealidad de los vectores columna de $\hat{X}$ suprimiendo $p-q$ vectores u_k ($k = q+1$, $q+2$,..., p) correspondiente a los valores propios λ_k más pequeños de $\hat{X}'\hat{X}$.

En estas condiciones, el vector de los coeficientes de ajuste mínimo cuadrático se escribe como:

$$\hat{\beta}^* = (\hat{X}'\hat{X})^{-1}\hat{X}'\hat{y} = \left(\sum_{\alpha=1}^{q}\frac{1}{\lambda_\alpha}u_\alpha u'_\alpha\right)\hat{X}'\hat{y} \qquad q < p$$

y la estimación de su matriz de varianzas covarianzas será:

$$\hat{V}(\hat{\beta}^*) = S^2\sum_{\alpha=1}^{q}\frac{1}{\lambda_\alpha}u_\alpha u'_\alpha$$

Una vez diagonalizada la matriz $\hat{X}'\hat{X}$, el cálculo de los coeficientes de ajuste referidos a $(u_1, u_2,..., u_q)$ se realiza considerando las componentes principales tipificadas:

$$z_\alpha = \frac{1}{\sqrt{\lambda_\alpha}}\hat{X}u_\alpha \quad \text{para} \quad \alpha = 1, 2,..., q$$

El modelo inicial $Y = X\beta + e$ se ha ajustado ahora mediante $\hat{y} = Zc + d$ donde $Z = (z_1,..., z_q)$ es la matriz (n,q) cuyas columnas son los q vectores propios unitarios y ortogonales z_α asociados a los mayores valores propios de $\hat{X}'\hat{X}$, y donde c es el vector de los q nuevos coeficientes hallados mediante:

$$c = (Z'Z)^{-1}\hat{X}'\hat{y}, \quad V(c) = S^2(Z'Z)^{-1}$$

Pero como $Z'Z = I_q$ ya que $Z = (z_1,..., z_q)$ con z_α ortogonales y unitarios, podemos escribir:

$$c = (Z'Z)^{-1}Z'\hat{y}, \quad V(c) = S^2(Z'Z)^{-1} = S^2 I = \left(\frac{1}{n-q-1}\sum_{i=1}^{n}d_i^2\right)I$$

Por lo tanto, los coeficientes c están incorrelacionados y tienen todos la misma varianza, estimada por S^2.

2.9 LA REGRESIÓN ORTOGONAL Y LAS COMPONENTES PRINCIPALES

La regresión ortogonal es un método utilizado para determinar una *relación lineal* entre p variables las cuales *a priori* juegan papeles análogos (no se hace la distinción, como en el modelo lineal, entre variables endógenas y exógenas). Más concretamente, se buscan los coeficientes tales que aseguren la *más pequeña dispersión* de esta combinación lineal de las variables.

Sea u un vector de p coeficientes $(u_1, \cdots, u_p)$, sea $\hat{X}$ la matriz (n, p) de observaciones centradas por columnas, y sea $S = \hat{X}' \hat{X} / n$ la matriz de covarianzas muestrales de las p variables. La varianza de la combinación lineal de las variables $Z = \hat{X} u$, definida por u, es la cantidad $V(Z) = V(\hat{X} u) = \dfrac{1}{n} (\hat{X} u_p)'(\hat{X} u_p) = u'Su$.

Bajo este punto de vista, el análisis en componentes principales determina la combinación lineal $Z_1 = \hat{X} u_1$, de u_1, con *máxima variancia* λ_1, siendo λ_1 el mayor valor propio de S, y u_1 el vector propio unitario asociado ($u'_1 u_1 = 1$).

$$\lambda_1 = V(Z_1) = V(\hat{X} u_1) = \frac{1}{n} (\hat{X} u_1)'(\hat{X} u_1) = u'_1 S u_1$$

La misma filosofía, aplicada a la búsqueda de la combinación lineal de variables con *varianza mínima*, nos lleva a retener el vector propio u_p de S asociado al más pequeño valor propio λ_p, siendo éste, por otra parte, el valor de esta varianza mínima:

$$\lambda_p = V(Z_p) = V(\hat{X} u_p) = \frac{1}{n} (\hat{X} u_p)'(\hat{X} u_p) = u'_p S u_p$$

Luego, tomando los coeficientes de la regresión ortogonal como las componentes del vector propio u_p de S asociado al más pequeño valor propio λ_p, tenemos caracterizado el mejor ajuste en el sentido de los mínimos cuadrados a la nube de las n observaciones, habiendo definido así el *hiperplano de regresión ortogonal* (hiperplano de $p - 1$ dimensiones).

Se puede generalizar el análisis mediante la búsqueda de un *subespacio* de regresión ortogonal de $p-q$ dimensiones. Este plano estará caracterizado por ser ortogonal a los q vectores propios de S asociados a los q menores valores propios. Estos vectores propios sucesivos definirán una sucesión de combinaciones lineales de las variables, incorrelacionadas, y de varianza mínima.

2.10 INTERPRETACIÓN GEOMÉTRICA DEL ANÁLISIS EN COMPONENTES PRINCIPALES

Se puede realizar una representación gráfica de la nube de puntos $X_1, \ldots, X_p$, columnas de la matriz $X_{(n,p)}$ de casos-variables resultante de medir las variables $X_1, \ldots, X_p$ sobre una muestra de tamaño n. Si únicamente se consideran dos variables, una nube de puntos en un plano puede ser asimilada, de forma simple, a una elipse como envolvente de todos ellos. Si se manejaran tres variables, la Figura en relieve resultante sería un elipsoide. Y si fueran más de tres (*p*), sería necesario un esfuerzo de generalización para imaginar un hiperelipsoide p-dimensional. En general, los ejes principales de estas Figuras o cuerpos geométricos presentarán una inclinación espacial cualquiera respecto a los ejes que representan las variables originales, es decir, no tienen por qué ser paralelos a éstos. Si lo fueran, en un caso hipotético, las proyecciones del elipsoide sobre los planos que definen dos a dos las variables (Figura 2-1) representarían la máxima dispersión de los puntos de la nube (máximas «sombras» del elipsoide) y las variables originales, cada una por sí sola, contendrían la máxima información de la nube en una de las *p* dimensiones.

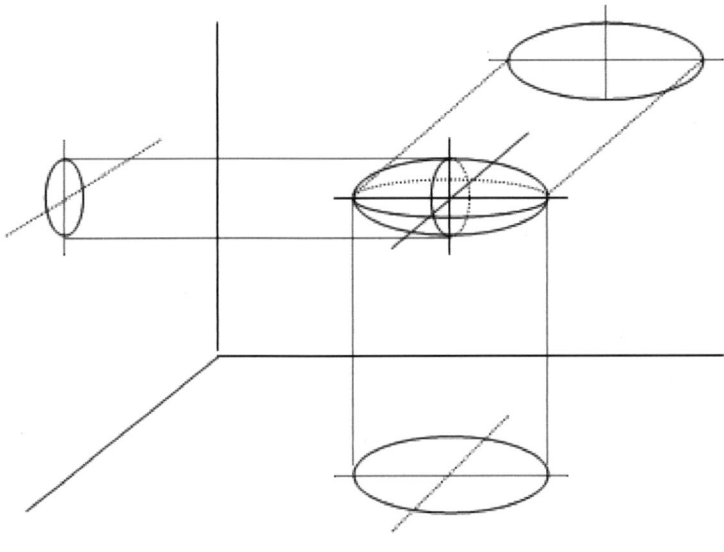

Figura 2-1

Como, además, los ejes son perpendiculares, la dispersión que condensa una de las variables no tiene nada que ver con la que condensan las demás, de modo que cada una recoge la parte de información que no pueden recoger las otras, como ocurre fotografiando un objeto desde tres direcciones perpendiculares.

Pero como la nube, en general, es espacialmente oblicua, las variables originales no recogen solas la información optimizada (máxima «sombra» o dispersión); y habrá otros *p* ejes (también entre sí perpendiculares y transformados de los ejes iniciales), que serán precisamente los ejes reales del elipsoide, que sí optimizarán la información. Las ecuaciones de estos nuevos ejes serán, como siempre en geometría analítica, combinaciones lineales de las *p* variables iniciales, que los posicionarán en el espacio. Y se calcularán bajo las condiciones matemáticas de que pasen por el centro de gravedad de la nube, que sean perpendiculares entre sí, que el primero de ellos (el más largo) haga máxima (derivada = 0) la dispersión de la nube sobre él, que el segundo (el siguiente en importancia) haga máxima la dispersión en un plano perpendicular al primero, y así los demás, hasta obtener los p nuevos ejes. Para dos (y hasta para tres) variables iniciales, este cálculo es abordable por métodos habituales de geometría analítica. Pero cuando son más de tres, se llega a tal magnitud de cálculos que es preciso sistematizar la técnica matemática convencional recurriendo a la única herramienta que lo hace posible: el cálculo matricial.

Si los nuevos ejes obtenidos se cortan, como debe ser, en el centro de gravedad de la nube, sus ecuaciones, al no pasar por el origen 0, tendrán un término constante (ordenada en el origen). Pero, como a efectos de información recogida en las proyecciones del elipsoide, no importa más que la dirección de ellos, se puede obligar a que pasen por 0 con lo que todos sus términos independientes desaparecen. Sus ecuaciones representan nuevas variables ficticias, combinación lineal de las reales, que deberán ser interpretadas, y, si tienen sentido, etiquetadas o nombradas. Se trata de variables sintéticas (***componentes principales***) que, aunque no han sido medidas en los individuos, sí pueden ser calculadas a través de los valores que éstos presenten en todas las variables originales. En cada una de estas p *componentes principales* habrá algunas variables que contribuyan más a su configuración, o sea, «pesarán» más en su diseño. Este peso viene dado por los valores de los coeficientes de las variables originales en la ecuación de la componente. Y otras variables pesarán menos, revelando una menor influencia de ellas en la componente. Algunas de estas componentes, precisamente las últimas que surjan en el cálculo de la progresivamente menor dispersión perpendicular, pueden proyectar escasa dispersión de la nube desde esas direcciones. (El elipsoide, si fueran tres dimensiones, puede ser tan «aplanado», visto desde la última componente, que considerarlo como una elipse al ser tan estrecho hará perder escasa información). Desechando estas últimas componentes, previa cuantificación, que permite el cálculo, de la poca información perdida, se habrá simplificado la dimensión del problema que pasa de p variables iniciales a k, si bien cada una de las componentes conservadas mantiene en su ecuación a todas las variables originales.

Se puede ver así al elipsoide p-dimensional que contiene toda la información del problema estudiado, desde unas cuantas (k) direcciones principales que presentan k puntos de vista simplificados que el investigador deberá, si puede, interpretar. La adecuada interpretación de estas nuevas variables sintéticas va a depender de que cada una de ellas agrupe con más peso algunas de las variables originales de significado parecido, y con menos peso, las demás. (Por ejemplo, un componente que apareciera con coeficientes altos para la talla y el peso, y bajos para la presión arterial y el colesterol, podría definirse o etiquetarse como una nueva variable llamada tamaño, que no ha sido medida en el estudio).

Pero no siempre será tan destacada la selección útil de variables en las ecuaciones de los componentes principales y, en consecuencia, no resultará fácil la identificación o interpretación de los k «puntos de vista». En tal caso, se debe sacrificar la ubicación óptima de los componentes (ejes ideales del elipsoide), haciéndolos rotar algo (poco, o incluso mucho) para que, perdiendo en la dispersión que cada uno explica, pero no en la dispersión total explicada, ganen en agrupación verosímil de variables y, por tanto, en interpretabilidad práctica. Esta *rotación* última del proceso puede mejorar mucho la utilidad del Análisis de componentes principales en la consecución perseguida de un equilibrio entre la reducción de las dimensiones del problema estudiado y la más fácil interpretabilidad de lo que se conserva.

Esta idea intuitiva geométrica es equivalente a la representación matemática que hemos utilizado para la obtención de las componentes principales $Z_1,...,Z_k$, como combinación lineal de las p variables iniciales $X_1,...,X_p$ de la forma siguiente:

$$Z_1 = u_{11}X_1 + u_{12}X_2 + \cdots u_{1p}X_p$$
$$Z_2 = u_{21}X_1 + u_{22}X_2 + \cdots u_{2p}X_p$$
$$\vdots$$
$$Z_p = u_{p1}X_1 + u_{p2}X_2 + \cdots u_{pp}X_p$$

donde los u_{ij} representan los *pesos o cargas factoriales* de cada variable en cada componente. Existirán tantos componentes $Z_1,...,Z_k$ como número de variables, definidas por p series de coeficientes $u_1 = (u_{11},...,u_{1p})$, ..., $u_p = (u_{p1},...,u_{pp})$. Cada componente explica una parte de la varianza total, considerada ésta como una manera de valorar la información total de la tabla de datos. Si se consigue encontrar pocos componentes (k), capaces de explicar casi toda la varianza total, podrán sustituir a las variables primitivas con mínima pérdida de información. De esta forma se dispondrá de unas variables ficticias que, siendo pocas, contienen a todas las originales. Este es el objetivo del análisis en componentes principales: simplificación o reducción de la tabla inicial, de nxp a nxk. Naturalmente, si en vez de seleccionar k componentes principales, se tomaran los p posibles, no existiría pérdida alguna de información, pero no se habría conseguido simplificar el problema.

2.11 EL HIPERELIPSOIDE DE CONCENTRACIÓN

Según hemos visto anteriormente, una *interpretación geométrica clásica de los componentes principales* puede consistir en la sustitución de la nube de puntos por la elipse que mejor se ajusta (si fueran dos variables), por el elipsoide (si fueran tres) o por «hiper-elipsoides» (si fueran más de tres). Los ejes principales de estos hiperelipsoides corresponderían a las componentes principales, con centro en el centro de gravedad de la nube, ya que recogen la mayor inercia o dispersión de las proyecciones de la nube original de datos sobre ellos. Los autovectores asociados a las componentes definen las direcciones de los ejes principales del hiperelipsoide que encierra la nube de puntos en el espacio.

La primera componente (eje principal Z_1) hace máxima la inercia de la nube de puntos proyectada sobre él. La segunda componente (eje principal Z_2) hace máxima la inercia de la nube proyectada sobre él y no sobre el primero, puesto que son perpendiculares. Todas las demás componentes, tantas como variables, se obtienen de forma correlativa, manteniendo el criterio de perpendicularidad (en espacio multidimensional) entre todas ellas, y sobre cada componente se proyecta la parte de dispersión que no podría proyectarse sobre ningún otro. La nube real de puntos, hasta ahora asimilada a un elipsoide que la envuelve, no adoptará en general esta forma tan regular, por lo que sus ejes principales, ya no definidos geométricamente, deberán ser ubicados por optimización matemática. A continuación, se presenta un elipsoide de concentración en el caso de tres dimensiones (Figura 2-2).

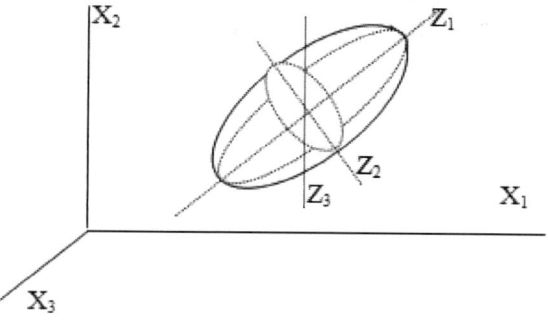

Figura 2-2

El primer eje principal, que como todos los demás ha de pasar por el centro de gravedad de la nube, será aquél que haga máxima (derivada = 0) la inercia de la nube de puntos proyectada sobre él. Una vez fijado, se elegirá el segundo de entre todas las posiciones que en el espacio puede tomar un eje perpendicular al primero por el centro de gravedad, bajo la condición de que la restante dispersión de la nube sobre él proyectada sea máxima. Y, así, sucesivamente.

La magnitud de los cálculos implicados en este proceso obliga a recurrir al cálculo matricial, herramienta matemática habitual que con la ayuda de técnicas automáticas de proceso de datos facilita la resolución de estos problemas en espacios multidimensionales. El cálculo ha demostrado, además, que la varianza (dispersión relativa) de la nube de puntos explicada por cada componente optimizada es el concepto matricial denominado valor propio (λ) asociado a esa componente.

Sabiendo que la *inercia total de la nube* es la suma de las varianzas de las p variables, la proporción de varianza total que recoge cada componente (*porcentaje de inercia explicada por la componente principal h-ésima*) será el porcentaje que representa su valor propio frente a este total, es decir:

$$\frac{\lambda_k}{\lambda_1 + \cdots + \lambda_p} \times 100$$

También se puede considerar el *porcentaje de inercia explicada por las k primeras componentes principales (ejes factoriales o factores)* que se define como:

$$\frac{\lambda_1 + \cdots \lambda_k}{\lambda_1 + \cdots \lambda_p} \times 100$$

Ahora bien, como generalmente se parte de la matriz de correlaciones (matriz de covarianzas de las variables estandarizadas), y como la varianza de cada variable estandarizada es 1, la varianza total de la nube será igual a p. En este caso, la proporción de varianza total que recoge cada componente será el porcentaje que representa su valor propio frente a este total, es decir:

$$\frac{\lambda_k}{p} \times 100$$

El *porcentaje de inercia explicada por las k primeras componentes principales (o ejes factoriales)* será ahora:

$$\frac{\lambda_1 + \cdots \lambda_k}{p} \times 100$$

Una vez definidos los nuevos ejes perpendiculares o componentes, se pueden calcular las nuevas coordenadas de los puntos de la nube sobre ellos, obteniéndose así una nueva tabla de casos-componentes *(n x p),* todavía de las mismas dimensiones que la original. Cada coordenada de un caso sobre uno de los ejes se calcula por la función lineal de todas las variables originales. Hemos visto que el cálculo matricial permite la obtención conjunta inmediata de estas coordenadas. Las proyecciones de todos los casos sobre cada nuevo eje tienen, lógicamente, media cero y varianza igual al valor propio relativo a ese eje. El hecho de que las componentes principales estén centradas sobre la nube implica que las proyecciones de los puntos sobre ellas se repartan a ambos lados del origen, y explica que aparezcan valores positivos y negativos. Son, pues, distancias relativas a efectos comparativos, ya que se trata de proyecciones de datos centrados respecto a la media.

Hasta este momento el proceso se limita a definir unos nuevos ejes perpendiculares que sustituyen a los de las variables primitivas y, sobre ellos, una nueva tabla de datos. Sin embargo, este proceso no simplifica la dimensión del problema. Un caso extremo puede ayudar a entender la posibilidad de simplificación: Imagínese que el elipsoide de la Figura anterior fuera muy aplanado, en cuyo caso uno de sus ejes sería muy corto (muy poca dispersión). En el proceso de cálculo descrito, ese componente habría sido el último en ser obtenido.

Su eliminación, por consiguiente, convertiría el elipsoide casi plano en una elipse, prácticamente con el mismo contenido informativo, pero con una dimensión menos. Se trata por tanto de seleccionar k de entre estos p componentes, de modo que, la reducción de la dimensión no suponga una excesiva pérdida de información. El problema está en cuántos componentes retener. La respuesta (no única) va a depender, tal y como ya se ha estudiado anteriormente, de las características del fenómeno estudiado, de la precisión exigida y, sobre todo, de la posibilidad y verosimilitud de interpretación de las componentes principales retenidas, equilibrio no siempre fácil de conseguir, y para el cual el investigador debe esmerar su sentido crítico.

De todas formas, se recomienda el seguimiento de unas directrices basadas en primer lugar en la retención de aquellos componentes cuyo valor propio, calculado a partir de la matriz de correlaciones, sea mayor que 1, lo que significa que explican más varianza que cualquier variable original estandarizada. Así se habrán elegido componentes mejores que variables en capacidad explicativa. En segundo lugar, puede adoptarse como directriz la retención de cuantos componentes sean precisos para garantizar conjuntamente un mínimo porcentaje, preestablecido por el investigador, de la dispersión global de la nube. Incluso pueden adoptarse como directrices la retención de los componentes que, individualmente, superen un porcentaje preestablecido o la retención de un número fijo de componentes, independientemente de su capacidad explicativa.

2.12 MATRIZ DE CARGAS FACTORIALES, COMUNALIDAD Y CÍRCULOS DE CORRELACIÓN

La dificultad en la interpretación de los componentes estriba en la necesidad de que tengan sentido y midan algo útil en el contexto del fenómeno estudiado. Por tanto, es indispensable considerar el peso que cada variable original tiene dentro del componente elegido, así como las correlaciones existentes entre variables y factores. Un componente es una función lineal de todas las variables, pero puede estar muy bien correlacionado con algunas de ellas, y menos con otras. Ya hemos visto que el coeficiente de correlación entre una componente y una variable se calcula multiplicando el peso de la variable en esa componente por la raíz cuadrada de su valor propio:

$$r_{jh} = u_{hj} \sqrt{\lambda_h}$$

Se demuestra también que estos coeficientes r representan la parte de varianza de cada variable que explica cada factor. De este modo, cada variable puede ser representada como una función lineal de los k componentes retenidos, donde los pesos o cargas de cada componente o factor (*cargas factoriales*) en la variable coinciden con los coeficientes de correlación. El cálculo matricial permite obtener de forma inmediata la tabla de coeficientes de correlación variables-componentes (px k), que se denomina ***matriz de cargas factoriales***. Las ecuaciones de las variables en función de las componentes (factores), traspuestas las inicialmente planteadas, son de mayor utilidad en la interpretación de los componentes, y se expresan como sigue:

$$Z_1 = r_{11}X_1 + \cdots + r_{1p}X_p \qquad X_1 = r_{11}Z_1 + \cdots + r_{k1}Z_k$$
$$Z_2 = r_{21}X_1 + \cdots + r_{2p}X_p \qquad X_2 = r_{12}Z_1 + \cdots + r_{k2}Z_k$$
$$\vdots \qquad\qquad \Rightarrow \qquad\qquad \vdots$$
$$Z_k = r_{k1}X_1 + \cdots + r_{kp}X_p \qquad X_p = r_{1p}Z_1 + \cdots + r_{kp}Z_k$$

Por las propiedades del coeficiente de correlación se deduce que la suma en horizontal de los cuadrados de las cargas factoriales de una variable en todos los factores (componentes) retenidos es la parte de dispersión total de la variable explicada por el conjunto de k componentes. Esta suma de cuadrados se denomina ***comunalidad***. Por ejemplo, para la primera variable, la comunalidad será $r^2_{11} + ... + r^2_{k1} = V(X_1) = h_1^2$. Por consiguiente, la suma de las comunalidades de todas las variables representa la parte de inercia global de la nube original explicada por los k factores retenidos, y coincide con la suma de los valores propios de estas componentes. La comunalidad proporciona un criterio de calidad de la representación de cada variable, de modo que, variables totalmente representadas tienen de comunalidad la unidad. También se demuestra que la suma en vertical de los cuadrados de las cargas factoriales de todas las variables en un componente es su valor propio. Por ejemplo, el valor propio del primer componente será $r^2_{11} + ... + r^2_{1p} = \lambda_1$. Todas estas demostraciones se realizarán de modo formal en el capítulo siguiente.

Es evidente que, al ser las cargas factoriales los coeficientes de correlación entre variables y componentes, su empleo hace comparables los pesos de cada variable en la componente y facilita su interpretación. En este mismo sentido, su representación gráfica puede orientar al investigador en una primera aproximación a la interpretación de los componentes. Como es lógico, esta representación sobre un plano sólo puede contener los factores de dos en dos, por lo que se pueden realizar tantos gráficos como parejas de factores retenidos. Estos gráficos se denominan ***círculos de correlación***, y están formados por puntos que representan cada variable por medio de dos coordenadas que miden los coeficientes de correlación de dicha variable con los dos factores o componentes considerados. Todas las variables estarán contenidas dentro de un círculo de radio unidad (Figura 2-3).

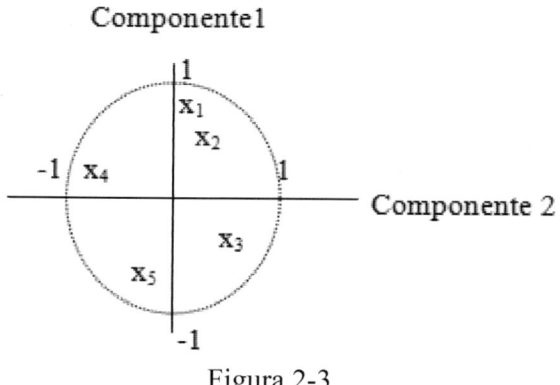

Figura 2-3

2.13 ROTACIÓN DE LAS COMPONENTES

Es frecuente no encontrar interpretaciones verosímiles a los factores (componentes) obtenidos, ya que se ha organizado el estudio partiendo de un primer componente principal que condensaba la máxima inercia de la nube.

Sin embargo, no tiene por qué coincidir esta máxima inercia del primer factor, que condiciona el cálculo de los restantes, con la óptima interpretación de cada uno de los componentes. Sería deseable, para una más fácil interpretación, que cada componente estuviera muy bien relacionada con pocas variables (coeficientes de correlación r próximos a 1 ó - 1) y mal con las demás (r próximos a 0). Esta optimización se obtiene por una adecuada *rotación de los ejes* que definen los componentes principales. Sería tolerable sacrificar la no coincidencia del primero de ellos con el eje principal del elipsoide, si así mejorara la interpretabilidad del conjunto. Rotar un conjunto de componentes no cambia la proporción de inercia total explicada, como tampoco cambia las comunalidades de cada variable, que no son sino la proporción de varianza explicada por todos ellos. Sin embargo, los coeficientes, que dependen directamente de la posición de los componentes respecto a las variables originales (cargas factoriales y valores propios), se ven alterados por la rotación.

Se puede comprobar que la rotación así descrita equivale a rotar los componentes en el círculo de correlación. Por ejemplo, en el Gráfico anterior puede observarse cómo una rotación que acercara la primera componente a las variables x_1

y x_2 conseguiría una proyección (carga factorial) máxima sobre ella de dichas variables, y mínima en la componente 2 que se mantendría perpendicular al ser arrastrada en el giro. Los nuevos ejes rotados tendrán una correlación con los correspondientes primitivos, que será menor cuanto mayor sea el ángulo de giro.

Existen varios tipos de rotaciones, que serán analizadas en profundidad en el próximo capítulo. Las más utilizadas son la rotación VARIMAX y la QUARTIMAX.

La rotación VARIMAX se utiliza para conseguir que cada componente rotado (en vertical, en la matriz de cargas factoriales) presente altas correlaciones sólo con unas cuantas variables, rotación a la que suele aplicarse la llamada *normalización de Kaiser* para evitar que componentes con mayor capacidad explicativa, que no tienen por qué coincidir con la mejor interpretabilidad, pesen más en el cálculo y condicionen la rotación. Esta rotación, la más frecuentemente utilizada, es adecuada cuando el número de componentes es reducido.

La rotación QUARTIMAX se utiliza para conseguir que cada variable (en horizontal, en la matriz de cargas factoriales) tenga una correlación alta con muy pocos componentes cuando es elevado el número de éstos. Tanto Varimax como Quartimax son **rotaciones ortogonales**, es decir, que se mantiene la condición de perpendicularidad entre cada uno de los ejes rotados. Sin embargo, cuando las componentes, aún rotadas ortogonalmente, no presentan una clara interpretación, cabe todavía la posibilidad de intentar mejorarla a través de **rotaciones oblicuas**, que no respetan la perpendicularidad entre ellos. Piénsese en espacios multidimensionales para comprender la complejidad de los cálculos necesarios. De entre las diversas rotaciones oblicuas desarrolladas, la PROMAX, aplicada normalmente sobre una VARIMAX previa, es la más utilizada dada su relativa simplicidad.

En las soluciones oblicuas varían, lógicamente, no sólo los valores propios sino también las comunalidades de las variables y se mantiene, por supuesto, la varianza explicada por el modelo. Además, es importante tener en cuenta que la no perpendicularidad entre los ejes surgida tras una rotación oblicua produce una correlación entre ellos antes inexistente, por lo que la parte de varianza de una variable explicada por una componente no es ya independiente de los demás factores. Deberá valorarse esta relación en la interpretación de los componentes. No se puede decir que una rotación sea mejor que otra, ya que desde un punto de vista estadístico todas son igualmente buenas. La elección entre diferentes rotaciones se basa en criterios no estadísticos, ya que la rotación preferida es aquélla más fácilmente interpretable. Si dos rotaciones proponen diferentes interpretaciones no deben ser consideradas discordantes sino como dos enfoques diferentes de un mismo fenómeno que el investigador deberá analizar. La interpretación de una componente es un proceso subjetivo al que la rotación puede restar parte de subjetividad.

2.14 EL CASO DE DOS VARIABLES

El análisis de las componentes principales constituye un caso de reducción de variables, que visto geométricamente, es un problema de reducción de dimensión. Supóngase, para facilitar su representación gráfica, dos variables aleatorias X_1 y X_2, por ejemplo, edad y presión arterial sistólica. Una serie de observaciones de estas variables se puede representar en una gráfica bidimensional por una nube de puntos, donde cada punto representa una observación. El problema de las componentes principales se puede plantear del siguiente modo: ¿Se puede encontrar una variable, función lineal de ambas, que represente adecuadamente la "información" contenida en las dos? La Figura siguiente presenta el conjunto de observaciones de las variables X_1 y X_2, donde los valores que toman las variables en cada observación (coordenadas de un punto de la gráfica) son las proyecciones ortogonales sobre los ejes respectivos (Figura 2-4).

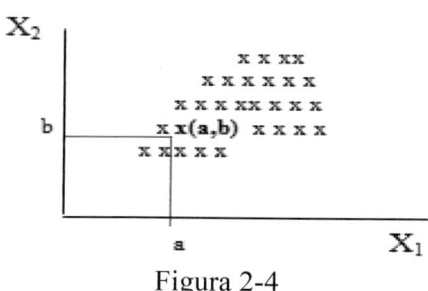

Figura 2-4

Una nueva variable, función lineal de ambas (por ejemplo, la recta de regresión que ajusta la nube de puntos), será un nuevo eje en el mismo plano y, el valor que esa variable tome para cada observación será la proyección del punto correspondiente sobre dicho eje. Se tratará, por tanto, de encontrar, si es posible, el eje más adecuado, es decir, aquél sobre el que se obtenga una representación lo más parecida posible a la nube original, esto es, aquél donde las distancias entre los puntos, que indican las diferencias entre las observaciones, mejor se conserven.

En la Figura que se presenta a continuación se observan dos ejes de ajuste para la misma nube de puntos (Figura 2-5). Comparando las Gráficas A y B de la Figura, parece más adecuado el eje representado en A que el representado en B. Los puntos p y q, que en la representación original están muy alejados entre sí (corresponden a individuos con edades y presiones arteriales muy diferentes), se mantienen más alejados en el eje A que en el B y, en general, ocurre lo mismo con cualquier par de puntos, aunque siempre podremos encontrar algún par específico para el que la distancia se mantenga mejor en el eje B.

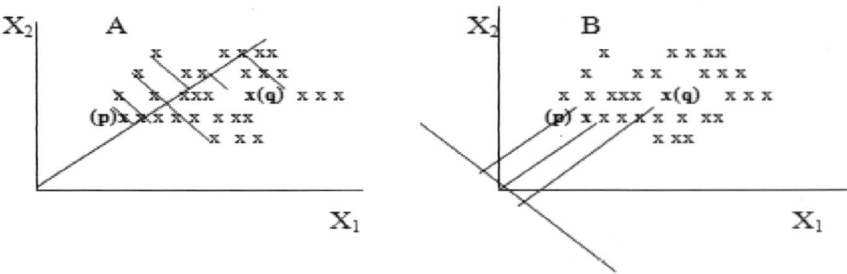

Figura 2-5

El eje *A* representa mejor la dispersión de los datos originales, y esto establece un criterio para definir el mejor eje como aquél sobre el que la varianza proyectada (medida de la dispersión) sea máxima. La siguiente cuestión a considerar es si este eje representa adecuadamente la dispersión original. Una medida de la dispersión del conjunto de variables originales es la suma de las varianzas de cada una de las variables, habitualmente llamada inercia.

Por consiguiente, una medida de la calidad de la representación que la nueva variable consigue, es la razón entre la varianza proyectada y la inercia inicial (la *inercia total de la nube* es la suma de las varianzas de las p variables $X_1,...,X_p$). En este ejemplo se ha podido encontrar un eje mejor que otros, en términos de máxima varianza, porque las variables están correlacionadas (en la Gráfica, los puntos tienden a estar en la dirección de la recta de regresión). Si las variables no estuvieran correlacionadas, los puntos tendrían una disposición homogénea en el plano y no habría ningún eje sobre el que la varianza proyectada fuese mayor que sobre otros (un eje paralelo a la recta de regresión mantendría toda la varianza). El mejor eje será, por lo tanto, aquél sobre el que se proyecte una mayor cantidad de varianza, y en este sentido podremos concretar el término *Información* para identificar la información contenida en una variable con su varianza.

Una vez hallado el nuevo eje de ajuste, es decir, la variable que mejor resume o *reduce* a las dos iniciales X_1 y X_2, vamos a calcular el valor que toma dicha variable para cada punto u observación en el plano, que ya sabemos que es la proyección del punto sobre el nuevo eje.

Un eje se define por un vector unitario U que tiene la dirección del eje, y cuyo módulo es la unidad. Si u_1 y u_2 son sus componentes en los ejes X_1 y X_2, se tiene que $u_1^2 + u_2^2 = 1$, que en notación matricial puede expresarse como $U'U=1$, siendo $U = (u_1, u_2)'$. La Figura 2-6 aclara lo expuesto.

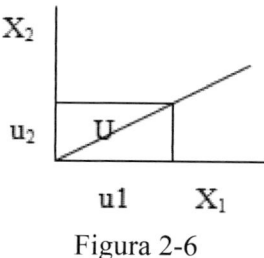

Figura 2-6

Una observación con respecto a las variables X_1 y X_2, se representa por un punto $x(a,b)$ cuyas coordenadas en el plano son a y b, es decir, $x = (a,b)'$. La coordenada de ese punto respecto al nuevo eje será $z = U'x$ (producto escalar de los vectores U y x) y representa la proyección del punto sobre el nuevo eje. La Figura 2-7 aclara estos conceptos.

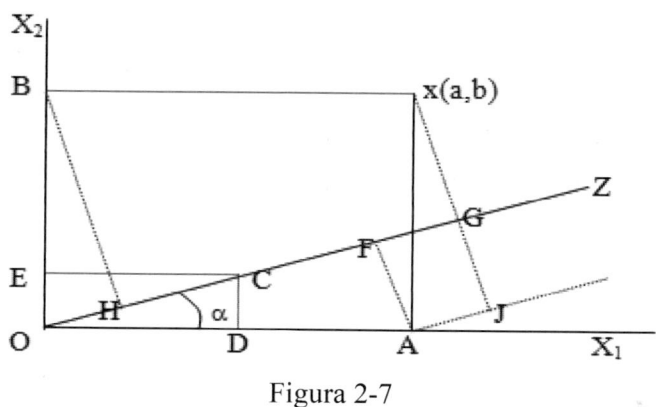

Figura 2-7

Las coordenadas del punto x en los ejes originales son, respectivamente, $a = OA$ y $b = OB$. Las coordenadas del vector unitario U ($OC = 1$) en los ejes originales son $u_1 = OD$ y $u_2 = OE$. La coordenada del punto x en el nuevo eje Z es $z = OG = OF+FG$. En el triángulo OFA (rectángulo en F) se tiene que $cos(\alpha) = OF/OA$, y en el triángulo ODC (rectángulo en D) se tiene que $cos(\alpha) = OD/OC = OD$, con lo que $OF/OA = OD \Rightarrow OF = OD*OA = u_1a$. Realizando el mismo razonamiento en los triángulos OHB y OEC se encuentra que $OH = OB*OE = u_2b$. Ahora bien, los triángulos OBH y AXJ son iguales (ambos son rectángulos, el ángulo B es igual al ángulo X por estar comprendidos entre paralelas, y el lado OB es igual a AX) con lo que $OH = AJ$. Además, como $FGJA$ es un rectángulo, entonces $AJ = FG$, con lo que $OH = FG$. Por consiguiente, $z = OF+FG = u_1a+u_2b$, que en notación matricial puede expresarse como sigue:

$$z = U'x = (u_1 \; u_2)\begin{pmatrix} a \\ b \end{pmatrix} = u_1 a + u_2 b$$

Por lo tanto, de la interpretación geométrica de las componentes principales se deduce que dada la variable bidimensional $X = \begin{pmatrix} X_1 \\ X_2 \end{pmatrix}$, se trata de buscar una nueva variable $Z = U'X$, siendo $U = \begin{pmatrix} U_1 \\ U_2 \end{pmatrix}$ con la condición $U'U = 1$, de tal manera que la varianza de Z sea máxima. Pero $Var(Z) = U'\Sigma U$ siendo Σ la matriz de varianzas covarianzas de X, con lo que el problema de componentes principales es encontrar $Z = U'X$ maximizando $U'\Sigma U$ con la condición de que $U'U = 1$. A partir de aquí ya se consideraría todo el aparato algebraico presentado anteriormente para la obtención matemática de las componentes principales.

La principal dificultad del análisis de componentes principales, supuesto un programa de computador con un algoritmo eficiente para diagonalizar matrices, es la interpretación de los factores. Si un factor presentara correlaciones parecidas con muchas variables sería difícil interpretarlo y, generalmente, esto es lo que ocurre. Para resolver esta dificultad se pueden "girar" los factores hasta conseguir que se "parezcan" a alguna variable y así facilitar su interpretación. Esto, en términos no geométricos, significa generar otros factores que, presenten coeficientes de correlación lo más altos posibles con alguna de las variables. Volviendo a la interpretación geométrica de los factores como un sistema de ejes ortogonales, la rotación de los factores es, simplemente, un giro de dichos ejes.

Básicamente hay dos modos de rotación esenciales: *ortogonal* en que los factores se mantienen ortogonales después de la rotación y, por tanto, no garantiza que todos sean fácilmente interpretables y *oblicua* en que cada factor se gira por separado, garantizándose la máxima interpretabilidad de cada uno de ellos, pero, a cambio, perdiéndose la independencia entre ellos.

Dentro de la rotación ortogonal, que es la más usada, hay varios métodos dependiendo del criterio con el que se selecciona el ángulo de giro, entre otros: *varimax* que trata de conseguir que cada factor tenga una correlación alta con unas pocas variables y *quartimax* que trata de conseguir que cada variable tenga una correlación alta con unos pocos factores. Para facilitar la interpretación geométrica de la rotación de los factores, realizaremos la representación gráfica para el caso de dos variables X_1 y X_2 y dos factores F_1 y F_2 que se presenta en la Figura 2-8:

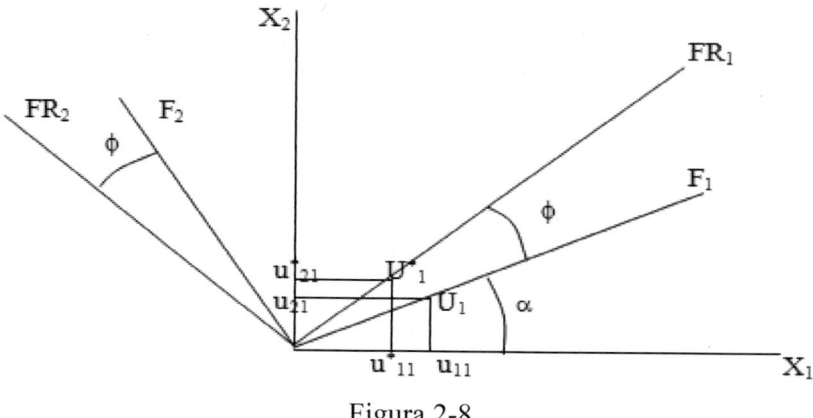

Figura 2-8

Una rotación ortogonal está definida por el ángulo ϕ que gira cada factor (el mismo para todos). Habrá que encontrar una transformación que convierta el vector U_1, de componentes u_{11} y u_{21} y que define el eje del factor F_1, en el vector U^*_1, de componentes u^*_{11} y u^*_{21} y que define el factor rotado FR_1. Esta transformación será, en una rotación ortogonal, la misma para todos los factores. Teniendo en cuenta que tanto U_1, como U^*_1, son unitarios tenemos lo siguiente:

$$u_{11} = \cos(\alpha) \qquad u^*_{11} = \cos(\alpha+\phi) = \cos(\alpha)\cos(\phi) - \text{sen}(\alpha)\text{sen}(\phi)$$
$$u_{21} = \text{sen}(\alpha) \qquad u^*_{21} = \text{sen}(\alpha+\phi) = \text{sen}(\alpha)\cos(\phi) + \cos(\alpha)\text{sen}(\phi)$$

con lo que se tiene:

$$u^*_{11} = u_{11}\cos(\phi) - u_{21}\text{sen}(\phi)$$
$$u^*_{21} = u_{11}\text{sen}(\phi) + u_{21}\cos(\phi)$$

que en formato matricial se expresa como sigue:

$$\begin{pmatrix} u^*_{11} \\ u^*_{21} \end{pmatrix} = \begin{pmatrix} \cos(\phi) & -\text{sen}(\phi) \\ \text{sen}(\phi) & \cos(\phi) \end{pmatrix} \begin{pmatrix} u_{11} \\ u_{21} \end{pmatrix}$$

luego la transformación que convierte el vector U_1, de componentes u_{11} y u_{21} y que define el eje del factor F_1, en el vector U^*_1, de componentes u^*_{11} y u^*_{21} y que define el factor rotado FR_1, puede expresarse como $U^*_1 = R\ U_1$, siendo R la matriz de la rotación, que viene dada por:

$$R = \begin{pmatrix} \cos(\phi) & -\operatorname{sen}(\phi) \\ \operatorname{sen}(\phi) & \cos(\phi) \end{pmatrix}$$

Cualquier vector se transforma en su rotado multiplicando sus coordenadas por la matriz R. Es de destacar que los nuevos vectores transformados de los vectores propios de la matriz de covarianzas en la rotación ya no son vectores propios de la matriz de covarianzas, y los nuevos valores propios asociados a los vectores propios transformados por la rotación no coinciden con la varianza de los nuevos factores. Sin embargo, las rotaciones ortogonales conservan las comunalidades de cada variable, así como la suma de las varianzas de los factores.

La matriz U cuyas columnas son los dos autovectores se transformará en $U^*=RU$, de donde se deduce (multiplicando a la derecha por la matriz ortogonal U') que $U^*U'=R$. En el caso general en que el número de variables p es mayor de dos, la rotación está definida por una matriz similar R cuadrada de orden p, en la que aparecen los cosenos de las proyecciones del ángulo ϕ sobre los distintos planos. Los nuevos factores rotados se calculan mediante:

$$Z^* = (U^*)'X = (RU)'X = U'R'X$$

Las varianzas de los nuevos factores rotados serán:

$$Var(Z_i^*) = (U_i^*)'\Sigma U_i^* = (RU_i)'\Sigma RU_i = U_i'R'\Sigma RU_i$$

y la matriz de varianzas covarianzas con los nuevos factores es:

$$U^* = \Sigma U^* = \Sigma RU$$

El problema esencial en la rotación de los factores es encontrar la matriz R más adecuada, y es en esta tarea donde difieren los distintos métodos de rotación ortogonal. Por ejemplo, el método *varimax* elige la matriz R de modo que sea máxima la suma:

$$S = \sum_{i=1}^{k} S_i \quad \text{con} \quad S_i = \frac{p\sum_{j=1}^{p}\left(r_{ji}^2\right)^2 - \left(\sum_{j=1}^{p}r_{ji}^2\right)^2}{p^2} \quad \text{para } i = 1,...,k$$

con el objeto de simplificar cada factor para que sus cargas factoriales (coeficientes de correlación entre los factores y las variables) sean altas sólo con algunas variables y pequeñas con el resto. En este método se maximiza la suma de las cargas factoriales cuadráticas de los factores (o *simplicidades S_i*) que, tal y como se han definido, serán grandes cuando haya cargas factoriales extremas y pequeñas para cargas factoriales con valores próximos.

Una variación de este método es la *normalización de Kaiser*, que es igual al *varimax*, pero dividiendo cada carga factorial cuadrática r^2_{ij} por la comunalidad h^2_j de la variable X_j. De esta forma se evita que los factores con sumas de cargas factoriales más altas tengan más peso.

Por lo tanto, en el método de *normalización de Kaiser* se elige la matriz R de forma que sea máxima la suma:

$$S = \sum_{i=1}^{k} S_i \quad \text{con} \quad S_i = \frac{p \sum_{j=1}^{p} \left(\frac{r^2_{ji}}{h^2_j} \right)^2 - \left(\sum_{j=1}^{p} \frac{r^2_{ji}}{h^2_j} \right)^2}{p^2} \quad \text{para } i = 1,...,k$$

Otro método de rotación ortogonal es el método quartimax, que pretende que cada variable tenga una correlación alta con muy pocos factores. Para ello, maximiza la varianza de las cargas factoriales para cada variable, en lugar de para cada factor, con la condición de que se mantengan las comunalidades de cada variable. Se demuestra que esto es equivalente a hacer máxima la suma:

$$Q = \sum_{i=1}^{k} \sum_{j=1}^{p} r^4_{ij}$$

2.15 PROPIEDADES MUESTRALES DE LAS COMPONENTES PRINCIPALES

Supongamos que partimos de N observaciones independientes obtenidas como muestra aleatoria de una normal n-dimensional (μ, Σ) expresadas como sigue:

$$
\begin{matrix}
X_{11} & X_{21} & \cdots & X_{n1} \\
X_{12} & X_{22} & \cdots & X_{n1} \\
\vdots & \vdots & \ddots & \vdots \\
X_{1N} & X_{2N} & & X_{nN}
\end{matrix}
$$

Si designamos la estimación de Σ (con valores propios $\lambda_1, \lambda_2, ..., \lambda_n$) por S, los vectores propios estimados a partir de S por $b_1, b_2, ..., b_n$ y los valores propios estimados a partir de S por $l_1, l_2, ..., l_n$, se demuestra que cuando N es grande se cumple lo siguiente:

- l_i se distribuye independientemente de los elementos que componen b_i.

- $\sqrt{n}\left(l_i - \lambda_i\right)$ se distribuye normalmente con media cero y varianza $2\lambda_i^2$ e independientemente del resto de los autovalores.

- $\sqrt{n}\left(b_i - u_i\right)$ se distribuye de acuerdo con una normal multivariante con vector media cero y matriz de varianzas covarianzas $\lambda_i \displaystyle\sum_{\substack{h=1 \\ h \neq 1}}^{n} \frac{\lambda_h}{(\lambda_h - \lambda_i)^2} u_h u_h'$.

- La covarianza del elemento h-ésimo de u_i y del S-ésimo elemento de u_j es:

$$\frac{\lambda_i \, \lambda_j}{(\lambda_i - \lambda_j)^2} u_{ih} u_{jS} \quad i \neq j$$

A partir de los resultados anteriores pueden establecerse contrastes de hipótesis y construirse intervalos de confianza. Tenemos los siguientes resultados:

- $\dfrac{\sqrt{n}\left(l_i - \lambda_i\right)}{\sqrt{2}l_i} \to N(0,1) \Rightarrow l_i \pm z_{\alpha/2}\sqrt{2/n}\,l_i$ es intervalo de confianza de nivel α de l_i.

- La región crítica del contraste $H_0: \lambda_i = \lambda_i^0$ contra $H_1: \lambda_i \neq \lambda_i^0$ es $\left| \dfrac{\sqrt{n}\left(l_i - \lambda_i^0\right)}{\sqrt{2}\lambda_i^0} \right| > z_{\alpha/2}$

- Como $\displaystyle\sum_{i=1}^{k} \lambda_i$ es la varianza retenida por los k factores, interesa contrastar la hipótesis de que si los factores que no se han retenido realmente explican menos varianza que una cantidad prefijada τ. Se contrastará entonces $H_0: \displaystyle\sum_{i=k+1}^{p} \lambda_i = \tau$ contra $H_1: \displaystyle\sum_{i=k+1}^{p} \lambda_i < \tau$, para lo que se usa el estadístico $\displaystyle\sum_{i=k+1}^{p} \sqrt{n}(l_i - \lambda_i)$ de media 0 y varianza $2\displaystyle\sum_{i=k+1}^{p} \lambda_i^2$, siendo la región crítica $\displaystyle\sum_{i=k+1}^{p} l_i < \tau - z_\alpha \sqrt{\dfrac{2}{n} \displaystyle\sum_{i=k+1}^{p} l_i^2}$, y siendo un intervalo de confianza para $\sum\limits_{i=k+1}^{p} \lambda_i$ al nivel α el definido como

$$\sum_{i=k+1}^{p} l_i \pm z_{\alpha/2} \sqrt{\frac{2}{n} \sum_{i=k+1}^{p} l_i^2}$$

- Puede contrastarse la hipótesis nula de que la multiplicidad del valor propio λ_k es r, o lo que es lo mismo, que r autovalores intermedios son iguales (H_0: $\lambda_{q+1} = \lambda_{q+2} = \ldots = \lambda_{q+r}$) mediante el estadístico definido como

$$T = -N \sum_{k=q+1}^{q+r} Ln(l_k) + NrLn\left(\frac{1}{r} \sum_{k=q+1}^{q+r} l_k\right)$$

que se distribuye según una chi-cuadrado con

$$NLn\left[\left(\frac{1}{r} \sum_{k=q+1}^{q+r} l_k\right) \bigg/ \prod_{k=q+1}^{q+r} l_k\right] \text{ grados de libertad.}$$

## Capítulo 3

COMPONENTES PRINCIPALES CON PYTHON

3.1 ANÁLISIS DE COMPONENTES PRINCIPALES A TRAVÉS DE PYTHON

El análisis en componentes principales se realiza fácilmente a través de los comandos de Python. Se comienza importando las librerías de Python necesarias y el archivo de datos. En este caso se trata de un archivo con variables económicas y de población de los barrios de Madrid de nombre *zonasmad.xlsx*. Las variables son población total (*pt*), población menor de 14 (*p14*), población mayor de 10 años (*p10*), jubilados (*p65*), analfabetos (*anal*), nivel de educación superior (*nes*), ocupados (*ocu*), ocupados en la industria (*ocuin*), ocupador en servicios (*ocuser*), técnicos (*tec*), personal directivo (*pd*) y trabajadores manuales (*tm*). Estas variables, inicialmente correladas, hay que reducirlas a un grupo menor de variables incorreladas mediante componentes principales. Mostraremos también el contenido del archivo.

```
import numpy as np
import pandas as pd
from sklearn.decomposition import PCA
from sklearn.preprocessing import StandardScaler
import matplotlib.pyplot as plt
data=pd.read_excel('C:\DATOSAM\zonasmad.xlsx')
df = pd.DataFrame(data)
print(df)
```

		b	pt	p14	p65	p10	...	ocuin	ocuser	tec	pd	tm
0	Centro	166.5	23.3	38.1	152.8	...	7.6	41.7	8.8	0.8	10.3
1	Arganzuela	121.1	23.5	18.4	106.1	...	7.6	28.6	7.2	0.6	8.4
2	Retiro	126.0	27.2	16.8	109.2	...	6.3	30.1	10.4	1.9	4.7
3	Salamanca	180.0	30.5	33.4	162.1	...	7.6	45.1	16.1	2.6	5.4
4	Chamartín	180.0	30.5	16.1	130.3	...	7.2	35.8	14.5	2.8	4.8
5	Tetuán	164.2	31.3	23.5	145.1	...	9.6	37.9	9.6	1.1	12.2
6	Chamberi	182.7	29.4	35.0	165.4	...	7.5	46.4	17.1	2.4	6.1
7	Fuencarral	176.2	51.3	15.6	142.2	...	10.3	38.7	11.1	1.6	14.3
8	Moncloa	108.4	23.4	13.4	94.2	...	5.3	26.0	8.7	1.4	5.5
9	Latina	289.5	79.5	23.1	239.7	...	17.7	59.8	10.4	1.3	26.4
10	Carabanchel	255.9	60.5	24.1	218.3	...	19.4	50.1	7.5	1.0	28.2
11	Villaverde	195.0	48.5	16.1	166.1	...	19.3	30.7	3.7	0.5	26.3
12	Mediodía	171.7	49.3	11.1	139.9	...	13.3	28.1	2.9	0.3	22.9
13	Vallecas	186.2	42.2	20.3	159.8	...	13.6	32.5	3.1	0.3	23.8
14	Moratalaz	145.9	40.8	10.9	121.4	...	16.5	49.0	11.6	2.1	19.7
15	Ciudad Lineal	135.1	55.3	21.9	201.5	...	16.5	49.0	11.6	2.1	19.7
16	San Blas	137.7	32.1	10.3	118.5	...	12.2	24.1	2.9	0.2	18.2
17	Hortaleza	167.9	51.4	10.1	132.6	...	12.3	33.7	7.9	1.4	15.8

Ahora eliminamos la columna que contiene los nombres de los barrios de Madrid para que el dataframe sea numérico completamente.

```
df1=df.drop('b',axis=1)
print(df1)
```

	pt	p14	p65	p10	anal	nes	ocu	ocuin	ocuser	tec	pd	tm
0	166.5	23.3	38.1	152.8	4.2	21.4	54.1	7.6	41.7	8.8	0.8	10.3
1	121.1	23.5	18.4	106.1	2.0	16.5	69.4	7.6	28.6	7.2	0.6	8.4
2	126.0	27.2	16.8	109.2	1.2	28.1	39.9	6.3	30.1	10.4	1.9	4.7
3	180.0	30.5	33.4	162.1	1.2	45.3	57.5	7.6	45.1	16.1	2.6	5.4
4	180.0	30.5	16.1	130.3	1.3	39.3	48.1	7.2	35.8	14.5	2.8	4.8
5	164.2	31.3	23.5	145.1	4.2	24.2	52.3	9.6	37.9	9.6	1.1	12.2
6	182.7	29.4	35.0	165.4	1.8	47.2	59.4	7.5	46.4	17.1	2.4	6.1
7	176.2	51.3	15.6	142.2	3.6	21.6	95.6	10.3	38.7	11.1	1.6	14.3
8	108.4	23.4	13.4	94.2	1.5	32.5	34.6	5.3	26.0	8.7	1.4	5.5
9	289.5	79.5	23.1	239.7	6.0	22.7	86.6	17.7	59.8	10.4	1.3	26.4
10	255.9	60.5	24.1	218.3	7.3	16.6	77.4	19.4	50.1	7.5	1.0	28.2
11	195.0	48.5	16.1	166.1	8.3	9.0	56.6	19.3	30.7	3.7	0.5	26.3
12	171.7	49.3	11.1	139.9	9.8	5.5	48.5	13.3	28.1	2.9	0.3	22.9
13	186.2	42.2	20.3	159.8	10.3	7.2	53.7	13.6	32.5	3.1	0.3	23.8
14	145.9	40.8	10.9	121.4	3.9	10.1	73.7	16.5	49.0	11.6	2.1	19.7
15	135.1	55.3	21.9	201.5	4.3	28.2	73.7	16.5	49.0	11.6	2.1	19.7
16	137.7	32.1	10.3	118.5	6.0	6.3	41.4	12.2	24.1	2.9	0.2	18.2
17	167.9	51.4	10.1	132.6	4.0	15.5	51.6	12.3	33.7	7.9	1.4	15.8

Ahora estandarizamos los datos para facilitar los cálculos del Análisis de componentes principales PCA (este paso no sería estrictamente necesario)

```
scaler = StandardScaler()
df1_scaled = scaler.fit_transform(df1)
```

Ahora aplicamos PCA y especificamos el número de componentes principales que queremos conservar.

```
pca = PCA(n_components=3)
pca_result = pca.fit_transform(df1)
```

A continuación, formamos un dataframe con las puntuaciones de las componentes principales y vemos su contenido.

```
pca_df1 = pd.DataFrame(pca_result, columns=['PC1', 'PC2', 'PC3'])

print("\nPCA result:")
print(pca_df1)
```

```
PCA result:
            PC1         PC2         PC3
0     -6.045434   12.745005  -11.308661
1    -67.678780    0.590534    9.658637
2    -66.809017    1.933999   -8.819676
3     11.146552   24.215959  -23.222014
4    -12.127532   -4.255784  -29.640210
5    -12.006971    3.997574   -7.366437
6     15.525838   26.845506  -24.345878
7      6.355499   -3.483590   14.628051
8    -91.102005    1.897027   -9.161914
9    156.886971   -6.453096   -2.674489
10   113.066887   -6.353694    0.065605
11    28.031747  -17.547752    6.728903
12    -7.233938  -24.762609    8.691851
13    15.963475  -14.769996    4.161343
14   -32.301850   -7.670253   19.488402
15    12.797297   48.969932   42.195590
16   -50.815995  -17.910980    7.642149
17   -13.652744  -17.987781    3.278747
```

Ahora podemos representar las dos primeras componentes principales en un diagrama de dispersión.

```
plt.figure(figsize=(8,6))
plt.scatter(pca_df1['PC1'], pca_df1['PC2'], c='blue')
plt.xlabel('Principal Component 1')
plt.ylabel('Principal Component 2')
plt.title('Projection PCA')
plt.grid()
plt.show()
```

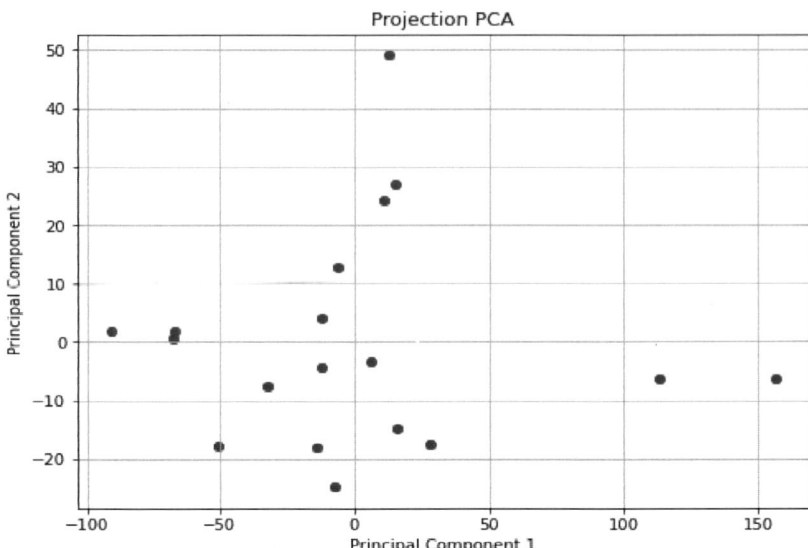

Si queremos etiquetar los puntos del gráfico anterior podríamos utilizar la sintaxis siguiente:

```
labels=df.b
print(labels)
pca_df1['b']=labels

plt.figure(figsize=(10,8))
for label in pca_df1['b'].unique():
    subset=pca_df1[pca_df1['b']==label]
    plt.scatter(subset['PC1'],subset['PC2'],label=label)

for i in range(pca_df1.shape[0]):
    plt.text(pca_df1['PC1'][i], pca_df1['PC2'][i], labels[i], fontsize=9)
plt.title('Scatterplot for Principal Components')
plt.xlabel('Princpal component 1')
plt.ylabel('Princpal component 2')
plt.legend()
plt.grid()
plt.show()
```

Se obtiene la figura siguiente, que resulta ser un instrumento de segmentación muy eficiente. Como las variables relativas a los barrios de Madrid indican el desarrollo económico de los mismos, mediante el gráfico de dispersión de las componentes principales podemos segmentar los barrios de Madrid según desarrollo económico. Al observar la gráfica vemos que un segmento lo forman los barrios más ricos de Madrid (Salamanca y Chamberí), otro segmento lo forman los barrios más pobres (Vallecas y Villaverde), otro segmento lo forman Carabanchel y Latina (que son vecinos), otro segmento lo forman {San Blas, Hortaleza, Mediodía}, otro segmento lo forman

{Moncloa, Retiro, Arganzuela}, otro segmento lo forman {Moratalaz, Chamartín, Fuencarral}, otro segmento lo forman {Centro, Tetuán} y por último Ciudad Lineal no se asocia claramente con nadie.

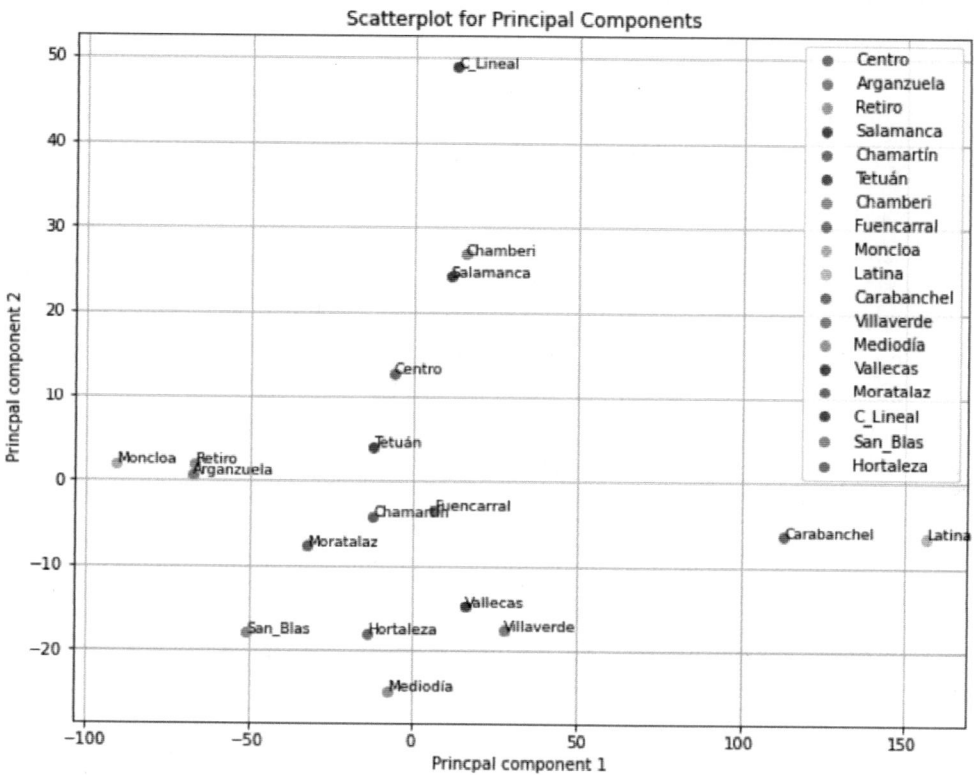

La sintaxis completa para el mismo ejercicio podría ser la siguiente:

```
import numpy as np
import pandas as pd
from sklearn.decomposition import PCA
from sklearn.preprocessing import StandardScaler
import matplotlib.pyplot as plt
data=pd.read_excel('C:\DATOSAM\zonasmad.xlsx')
df = pd.DataFrame(data)
print(df)

df1=df.drop('b',axis=1)
print(df1)

scaler = StandardScaler()
df1_scaled = scaler.fit_transform(df1)
```

```python
pca = PCA(n_components=3)
pca_result = pca.fit_transform(df1)

pca_df1 = pd.DataFrame(pca_result, columns=['PC1', 'PC2', 'PC3'])

print("\nPCA result:")
print(pca_df1)


plt.figure(figsize=(8,6))
plt.scatter(pca_df1['PC1'], pca_df1['PC2'], c='blue')
plt.xlabel('Principal Component 1')
plt.ylabel('Principal Component 2')
plt.title('Projection PCA')
plt.grid()
plt.show()

labels=df.b
print(labels)

plt.figure(figsize=(10,8))
for label in pca_df['b'].unique():
    subset=pca_df1[pca_df['b']==label]
    plt.scatter(subset['PC1'],subset['PC2'],label=label)

for i in range(pca_df1.shape[0]):
    plt.text(pca_df1['PC1'][i], pca_df1['PC2'][i], pca_df['b'][i], fontsize=9)
plt.title('Scatterplot for Principal Components')
plt.xlabel('Princpal component 1')
plt.ylabel('Princpal component 2')
plt.legend()
plt.grid()
plt.show()
```

Una sintaxis alternativa podría ser la siguiente:

```python
import numpy as np
import pandas as pd
from sklearn.decomposition import PCA
from sklearn.preprocessing import StandardScaler
import matplotlib.pyplot as plt
data=pd.read_excel('C:\DATOSAM\zonasmad.xlsx')
df = pd.DataFrame(data)
print(df)

X=df.drop(columns=['b'])
y=df['b']
print(X)
print(y)

scaler=StandardScaler()
X_scaled=scaler.fit_transform(X)

pca=PCA(n_components=2)
principal_components=pca.fit_transform(X_scaled)

pca_df=pd.DataFrame(data=principal_components, columns=['PC1', 'PC2'])
pca_df['b']=y

plt.figure(figsize=(10,8))
for label in pca_df['b'].unique():
    subset=pca_df[pca_df['b']==label]
    plt.scatter(subset['PC1'],subset['PC2'],label=label)

for i in range(pca_df.shape[0]):
    plt.text(pca_df['PC1'][i], pca_df['PC2'][i], pca_df['b'][i], fontsize=9)
plt.title('Scatterplot for Principal Components')
plt.xlabel('Princpal component 1')
plt.ylabel('Princpal component 2')
plt.legend()
plt.grid()
plt.show()
```

La representación gráfica que se obtiene en este caso para el gráfico de dispersión de las componentes con etiquetas coincide prácticamente con el obtenido anteriormente y es la siguiente:

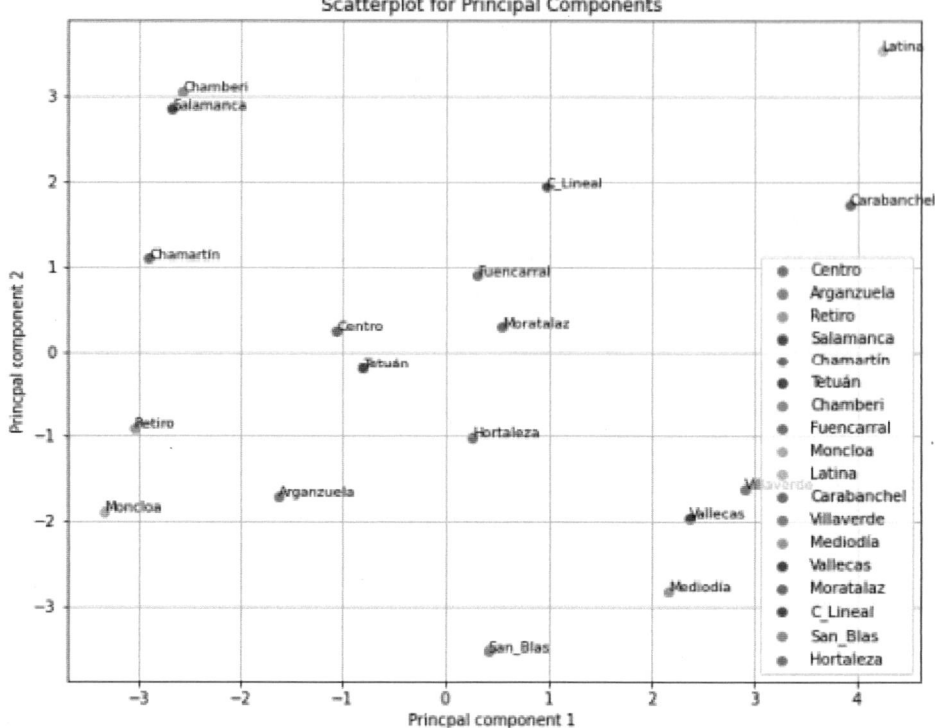

3.2 VARIANZA EXPLICADA Y MATRIZ DE CARGAS FACTORIALES

Para calcular el porcentaje de varianza explicada por las componentes utilizamos la siguiente sintaxis de python.

```
import numpy as np
import pandas as pd
from sklearn.decomposition import PCA
from sklearn.preprocessing import StandardScaler
import matplotlib.pyplot as plt
data=pd.read_excel('C:\DATOSAM\zonasmad.xlsx')
df = pd.DataFrame(data)

df1=df.drop('b',axis=1)

scaler = StandardScaler()
df1_scaled = scaler.fit_transform(df1)

pca = PCA(n_components=3)
pca_result = pca.fit_transform(df1)
```

```
explained_variance = pca.explained_variance_ratio_
print(explained_variance)
```

La salida es la siguiente:

```
[0.79815308 0.0770684  0.06639559]
```

Por lo tanto, la primera componente explica una variabilidad del 79,8 %, la segunda un 7,7 % y la tercera un 6,6 %. Entre las tres explican un 94,1% de variabilidad, lo que indica que la reducción de las 12 variables a tres componentes es de calidad.

Para calcular la matriz de cargas factoriales utilizamos la siguiente sintaxis:

```
import numpy as np
import pandas as pd
from sklearn.decomposition import PCA
from sklearn.preprocessing import StandardScaler
import matplotlib.pyplot as plt
data=pd.read_excel('C:\DATOSAM\zonasmad.xlsx')
df = pd.DataFrame(data)

df1=df.drop('b',axis=1)

scaler = StandardScaler()
df1_scaled = scaler.fit_transform(df1)

pca = PCA(n_components=3)
pca_result = pca.fit_transform(df1)

loadings = pca.components_.T * np.sqrt(pca.explained_variance_)
print(loadings)
```

La salida es la siguiente:

```
[[ 4.29644159e+01 -8.64262238e+00 -8.35339831e+00]
 [ 1.25606194e+01 -2.99671436e+00  6.71613114e+00]
 [ 2.98625616e+00  5.51032084e+00 -3.74733900e+00]
 [ 3.67494673e+01  9.67934969e+00  4.81612376e+00]
 [ 1.26453160e+00 -1.54905782e+00  1.17472599e+00]
 [-2.04834044e-01  9.12369067e+00 -7.83323966e+00]
 [ 1.01553174e+01  2.75281733e+00  6.92634987e+00]
 [ 3.07791504e+00 -1.21764809e+00  2.72770505e+00]
 [ 7.48599964e+00  4.52042196e+00  3.29520672e-01]
 [ 3.22193030e-01  2.94276453e+00 -1.81283049e+00]
 [-7.15454965e-03  4.87763836e-01 -2.72959288e-01]
 [ 5.27569210e+00 -3.48108463e+00  4.74460251e+00]]
```

Las filas corresponden a las tres componentes principales y las columnas corresponden a las 12 variables que se reducen y que, colocadas por orden, son:

```
pt    p14   p65   p10  anal   nes   ocu  ocuin  ocuser   tec   pd    tm
```

Si queremos ver la salida como un dataframe, utilizamos la siguiente sintaxis:

```
loadings_df1 = pd.DataFrame(loadings, index=df1.columns,
            columns=[f'PC{i+1}' for i in range(pca.n_components_)])
print(loadings_df1)
```

La salida es la siguiente:

```
             PC1         PC2         PC3
pt      42.964416   -8.642622   -8.353398
p14     12.560619   -2.996714    6.716131
p65      2.986256    5.510321   -3.747339
p10     36.749467    9.679350    4.816124
anal     1.264532   -1.549058    1.174726
nes     -0.204834    9.123691   -7.833240
ocu     10.155317    2.752817    6.926350
ocuin    3.077915   -1.217648    2.727705
ocuser   7.486000    4.520422    0.329521
tec      0.322193    2.942765   -1.812830
pd      -0.007155    0.487764   -0.272959
tm       5.275692   -3.481085    4.744603
```

Ahora vamos a asociar cada componente principal con las variables con las que tiene mayor correlación. No olvidemos que la matriz de cargas factoriales presenta las correlaciones entre las variables a reducir y las componentes principales.

La primera componente principal se asocia con *pt, p14, p10, ocu, ocuin, ocuser y tm*. Esta componente podría nombrarse como *población y ocupación*.

La segunda componente principal se asocia con *p65, anal, nes, tec y pd*. Esta componente podría nombrarse como *jubilados y formación*

La tercera componente principal no se asociaría con ninguna variable.

Como las asociaciones de variables con factores no parecen muy idóneas realizaremos una rotación de las componentes.

3.3 ROTACIÓN DE LAS COMPONENTES

En el análisis de componentes principales (PCA), la rotación es una técnica que se utiliza para mejorar la interpretabilidad de las componentes principales. Aunque la rotación no cambia la cantidad de varianza explicada total por las componentes, puede redistribuir la varianza entre las componentes, haciendo que las cargas factoriales sean más fáciles de interpretar.

Existen diferentes métodos de rotación, siendo las más comunes la rotación varimax (ortogonal) y la rotación oblimin (oblicua). A continuación, te muestro cómo realizar una rotación varimax en Python usando la biblioteca FactorAnalyzer, que facilita la rotación de componentes.

La sintaxis para la rotación de las componentes en R podría ser la siguiente:

```
pip install factor_analyzer

import numpy as np
import pandas as pd
from sklearn.decomposition import PCA
from sklearn.preprocessing import StandardScaler
from factor_analyzer import Rotator
import matplotlib.pyplot as plt
data=pd.read_excel('C:\DATOSAM\zonasmad.xlsx')
df = pd.DataFrame(data)

df1=df.drop('b',axis=1)

scaler = StandardScaler()
df1_scaled = scaler.fit_transform(df1)

pca = PCA(n_components=3)
pca_result = pca.fit_transform(df1)

loadings = pca.components_.T * np.sqrt(pca.explained_variance_)
print(loadings)

rotator = Rotator(method='varimax')
rotated_loadings = rotator.fit_transform(loadings)
print(rotated_loadings)
```

Obtenemos como salida la matriz de cargas factoriales y debajo la matriz de cargas factoriales rotada.

```
[[ 4.29644159e+01 -8.64262238e+00 -8.35339831e+00]
 [ 1.25606194e+01 -2.99671436e+00  6.71613114e+00]
 [ 2.98625616e+00  5.51032084e+00 -3.74733900e+00]
 [ 3.67494673e+01  9.67934969e+00  4.81612376e+00]
 [ 1.26453160e+00 -1.54905782e+00  1.17472599e+00]
 [-2.04834044e-01  9.12369067e+00 -7.83323966e+00]
 [ 1.01553174e+01  2.75281733e+00  6.92634987e+00]
 [ 3.07791504e+00 -1.21764809e+00  2.72770505e+00]
 [ 7.48599964e+00  4.52042196e+00  3.29520672e-01]
 [ 3.22193030e-01  2.94276453e+00 -1.81283049e+00]
 [-7.15454965e-03  4.87763836e-01 -2.72959288e-01]
 [ 5.27569210e+00 -3.48108463e+00  4.74460251e+00]]
[[ 2.83115467e+01  1.32087859e+00 -3.44547068e+01]
 [ 1.30623231e+01 -4.82412206e+00 -4.23785748e+00]
 [ 1.72890173e+00  6.92012485e+00 -1.56418739e+00]
 [ 3.46756706e+01  9.26998886e+00 -1.33818301e+01]
 [ 1.28476853e+00 -1.80176573e+00 -6.93982364e-01]
 [-2.18333001e+00  1.18064056e+01 -6.96555161e-01]
 [ 1.25929752e+01 -3.13067949e-01  4.19658202e-02]
 [ 3.66438926e+00 -2.15916373e+00 -5.53954886e-01]
 [ 7.32177212e+00  4.38449723e+00 -1.93670499e+00]
 [-7.75770273e-03  3.47122594e+00  2.35819039e-02]
 [-3.56713343e-02  5.54926610e-01  5.70572863e-02]
 [ 5.98615074e+00 -4.91523497e+00 -1.57117626e+00]]
```

Para obtener la salida de la matriz de cargas factoriales rotada en forma de data_frame utilizamos la siguiente sintaxis:

```
rotator = Rotator(method='varimax')
rotated_loadings = rotator.fit_transform(loadings)
print(rotated_loadings)
rotated_loadings_df1 = pd.DataFrame(rotated_loadings, index=df1.columns,
                    columns=[f'PC{i+1}' for i in range(pca.n_components_)])
print(rotated_loadings_df1)
```

La salida es la siguiente:

	PC1	PC2	PC3
pt	28.311547	1.320879	-34.454707
p14	13.062323	-4.824122	-4.237857
p65	1.728902	6.920125	-1.564187
p10	34.675671	9.269989	-13.381830
anal	1.284769	-1.801766	-0.693982
nes	-2.183330	11.806406	-0.696555
ocu	12.592975	-0.313068	0.041966
ocuin	3.664389	-2.159164	-0.553955
ocuser	7.321772	4.384497	-1.936705
tec	-0.007758	3.471226	0.023582
pd	-0.035671	0.554927	0.057057
tm	5.986151	-4.915235	-1.571176

Observamos que la primera componente principal se asocia con *p14, p10, ocu, ocuin, ocuser y tm*. Esta componente podría nombrarse como *población de menores y ocupación.*

La segunda componente principal se asocia con *p65, anal, nes, tec y pd*. Esta componente podría nombrarse como *jubilados y formación*

La tercera componente principal se asociaría con la variable *pt* y podría nombrarse como *población total.*

Como ejemplo adicional se analizan 9 variables medidas sobre 100 madres y sus hijos recién nacidos en parto normal contenidas en el conjunto de datos SAS de nombre *princip.xlsx*. Las variables son peso de la madre (PESOM), talla de la madre (TALLAM), semanas de gestación (SEM), presión arterial sistólica de la madre (PASM), presión arterial diastólica de la madre (PADM), peso del recién nacido (PESOR), talla del recién nacido (TALLAR), perímetro torácico del recién nacido (PTR) y perímetro craneal del recién nacido (PCR). El objetivo es intentar reducir la dimensión de la tabla de datos mediante la obtención de unas pocas variables sintéticas, combinación de las originales, que puedan ser usadas en sustitución de éstas, con la mínima pérdida de información, y que tengan sentido biológico.

Inicialmente importamos el archivo princip.xlsx y le damos estructura de dataframe:

```
import numpy as np
import pandas as pd
from sklearn.decomposition import PCA
from sklearn.preprocessing import StandardScaler
import matplotlib.pyplot as plt
data=pd.read_excel('C:\DATOSAM\princip.xlsx')
df = pd.DataFrame(data)
print(df)
```

	PESOM	TALLAM	SEM	PASM	PADM	PESOR	TALLAR	PTR	PCR
0	59	160	39	150	90	3.5	51	33	35
1	65	166	38	160	100	3.2	50	32	35
2	68	173	38	100	55	3.2	51	31	36
3	71	176	40	95	50	3.9	53	34	36
4	56	165	37	115	60	2.9	49	30	34
..	...	...	...	...	...	...	...	...	...
95	47	155	38	115	70	3.4	50	31	34
96	63	167	38	145	80	3.3	49	32	36
97	64	169	39	105	70	3.7	49	32	33
98	54	165	37	95	60	2.7	49	30	36
99	68	172	36	150	70	2.6	46	30	32

Obtendremos las puntuaciones de las componentes principales mediante la siguiente sintaxis:

```
scaler = StandardScaler()
df_scaled = scaler.fit_transform(df)

pca = PCA(n_components=3)
pca_scores = pca.fit_transform(df1)

pca_df = pd.DataFrame(pca_scores, columns=['PC1', 'PC2', 'PC3'])

print("\nPCA result:")
print(pca_df)
```

```
PCA result:
          PC1         PC2         PC3
0    29.953728    7.308679   -0.535795
1    44.101439    0.797968   -5.665891
2   -30.388518  -10.603426   -4.189919
3   -37.075863  -15.350548   -4.349840
4   -15.912571    2.322648    4.523235
..        ...         ...         ...
95  -11.003948   17.896687    0.752790
96   20.540370   -2.161549    2.472016
97  -18.312471   -1.606675  -11.528709
98  -32.778007    6.448121   -5.535969
99   19.549207  -12.456720   10.891056

[100 rows x 3 columns]
```

A continuación, calculamos la variabilidad del conjunto inicial de datos explicada por cada componente:

```
explained_variance = pca.explained_variance_ratio_
print(explained_variance)
```
```
[0.82461361 0.10447014 0.05702054]
```

Se observa que entre las tres componentes principales explican el 98% de la variabilidad de los datos, lo que indica que la reducción es muy buena.

A continuación, calculamos la matriz de cargas factoriales.

```
loadings = pca.components_.T * np.sqrt(pca.explained_variance_)
print(loadings)

loadings_df = pd.DataFrame(loadings, index=df.columns,
                    columns=[f'PC{i+1}' for i in range(pca.n_components_)])
print(loadings_df)
```

```
           PC1        PC2        PC3
PESOM    1.915750  -6.898284  -1.958750
TALLAM  -0.257764  -6.145142  -1.209129
SEM      0.133675   0.030938  -0.120890
PASM    22.911513  -1.318746   3.819217
PADM    14.872037   2.812529  -5.649585
PESOR    0.032762   0.011764  -0.030802
TALLAR   0.115512   0.050904  -0.180335
PTR      0.097857   0.052247  -0.058595
PCR      0.109252   0.021071   0.012113
```

Se observa que las variables SEM, PASM, PADM, PESOR, PTR y PCR se asocian con la primera componente, ya que son las más correladas con ella. Podría interpretarse esta componente como la presión sanguínea de la madre y el tamaño del recién nacido.

Las variables PESOM y TALLAM se asocian con la segunda componente. Podría interpretarse esta componente como el tamaño de la madre.

Con la tercera componente se asocia la variable TALLAR, que podría interpretarse como la talla del recién nacido.

Como hay dudas en las asignaciones de variables a componentes debido a la existencia de correlaciones muy parecidas, sería conveniente hacer una rotación.

Para hacer una rotación de las componentes utilizamos la siguiente sintaxis:

```
rotator = Rotator(method='varimax')
rotated_loadings = rotator.fit_transform(loadings)
print(rotated_loadings)
rotated_loadings_df = pd.DataFrame(rotated_loadings, index=df.columns,
                    columns=[f'PC{i+1}' for i in range(pca.n_components_)])
print(rotated_loadings_df)
```

```
           PC1        PC2         PC3
PESOM    0.932831  -7.329188   -0.711300
TALLAM  -0.693418  -6.193260    0.673727
SEM      0.066013  -0.013227   -0.170023
PASM    22.250451  -2.775310   -6.203066
PADM    10.802928  -0.209443  -12.010765
PESOR    0.015610   0.000513   -0.043779
TALLAR   0.023188  -0.006290   -0.218810
PTR      0.061205   0.026051   -0.106369
PCR      0.103078   0.011709   -0.042007
```

Se observa que con la primera componente se asocian las variables PASM, PTR y PCR, que puede interpretarse como la presión sistólica de la mdre y el perímetro del recién nacido.

Con la segunda componente se asocian las variables PESOM y TALLAM, que puede interpretarse como el tamaño de la madre.

Con la tercera componente se asocian las variables SEM, PADM, PESOR y TALLAR, que puede interpretarse como la presión diastólica de la madre, las semanas de gestación y el tamaño del recién nacido.

La sintaxis completa sería la siguiente:

```python
import numpy as np
import pandas as pd
from sklearn.decomposition import PCA
from sklearn.preprocessing import StandardScaler
import matplotlib.pyplot as plt
data=pd.read_excel('C:\DATOSAM\princip.xlsx')
df = pd.DataFrame(data)
print(df)

scaler = StandardScaler()
df_scaled = scaler.fit_transform(df)

pca = PCA(n_components=3)
pca_scores = pca.fit_transform(df)

pca_df = pd.DataFrame(pca_scores, columns=['PC1', 'PC2', 'PC3'])

print("\nPCA result:")
print(pca_df)

explained_variance = pca.explained_variance_ratio_
print(explained_variance)

loadings = pca.components_.T * np.sqrt(pca.explained_variance_)
print(loadings)

loadings_df = pd.DataFrame(loadings, index=df.columns,
                   columns=[f'PC{i+1}' for i in range(pca.n_components_)])
print(loadings_df)

rotator = Rotator(method='varimax')
rotated_loadings = rotator.fit_transform(loadings)
print(rotated_loadings)
rotated_loadings_df = pd.DataFrame(rotated_loadings, index=df.columns,
                   columns=[f'PC{i+1}' for i in range(pca.n_components_)])
print(rotated_loadings_df)
```

Ejercicio 3-1. Una empresa especializada en el diseño de automóviles de turismo desea estudiar cuáles son los deseos del público que compra automóviles. Para ello diseña una encuesta con 10 preguntas donde se le pide a cada uno de los 20 encuestados que valore de 1 a 5 si una característica es o no muy importante. Los encuestados deberán contestar con un 5 si la característica es muy importante, un 4 si es importante, un 3 si tiene regular importancia, un 2 si es poco importante y un 1 si no es nada importante. Las 10 características (V1 a V10) a valorar son: precio, financiación, consumo, combustible, seguridad, confort, capacidad, prestaciones, modernidad y aerodinámica. La sintaxis del programa SAS que resuelve el problema recoge los datos. Realizar un análisis en componentes principales que permita extraer unas componenteses adecuados a los datos que resuman correctamente la información que contienen. Los datos se almacenan en al fichero AUTOMOVILES.XLSX

Utilizamos la siguiente sintaxis:

```python
import numpy as np
import pandas as pd
from sklearn.decomposition import PCA
from sklearn.preprocessing import StandardScaler
import matplotlib.pyplot as plt
data=pd.read_excel('C:\DATOSAM\AUTOMOVILES.XLSX')
df = pd.DataFrame(data)
print(df)

scaler = StandardScaler()
df_scaled = scaler.fit_transform(df)

pca = PCA(n_components=2)
pca_scores = pca.fit_transform(df)

pca_df = pd.DataFrame(pca_scores, columns=['PC1', 'PC2'])

print("\nPCA result:")
print(pca_df)

explained_variance = pca.explained_variance_ratio_
print(explained_variance)

loadings = pca.components_.T * np.sqrt(pca.explained_variance_)
print(loadings)

loadings_df = pd.DataFrame(loadings, index=df.columns,
                    columns=[f'PC{i+1}' for i in range(pca.n_components_)])
print(loadings_df)

rotator = Rotator(method='varimax')
rotated_loadings = rotator.fit_transform(loadings)
print(rotated_loadings)
rotated_loadings_df = pd.DataFrame(rotated_loadings, index=df.columns,
                    columns=[f'PC{i+1}' for i in range(pca.n_components_)])
print(rotated_loadings_df)
```

En primer lugar, vemos el conjunto de datos importado.

```
    V1  V2  V3  V4  V5  V6  V7  V8  V9  V10
0   4   1   4   3   3   2   4   4   4   4
1   5   5   4   4   3   3   4   1   1   3
2   2   1   3   1   4   2   1   5   4   5
3   1   1   1   1   4   4   2   5   5   4
4   1   1   2   1   5   5   4   3   3   2
5   5   5   5   5   3   3   4   2   2   1
6   4   5   4   4   2   2   5   1   1   1
7   3   2   3   1   4   4   2   5   5   5
8   4   4   4   3   4   4   3   1   1   1
9   5   5   5   5   2   2   3   2   2   2
10  2   2   2   1   5   4   4   3   4   3
11  4   4   5   5   4   5   5   2   1   2
12  3   2   2   1   4   5   4   4   3   3
13  5   5   4   4   5   4   4   1   2   2
14  4   3   3   1   4   4   5   3   4   4
15  5   5   4   4   4   5   4   2   1   1
16  4   4   5   2   4   5   5   4   4   2
17  5   5   4   4   2   2   1   2   2   3
18  3   3   2   2   4   4   5   4   5   4
19  5   5   4   4   4   5   4   3   2   1
```

A continuación, vemos las puntuaciones de las componentes.

```
PCA result:
         PC1       PC2
0    1.833383  1.951389
1   -3.247056  0.737140
2    4.805166  2.874813
3    5.790787  0.456167
4    3.346058 -2.517935
5   -3.848543  0.512455
6   -3.818592  0.375448
7    4.387752  1.329969
8   -2.357104 -0.718879
9   -3.606577  2.383158
10   3.202201 -1.340806
11  -3.006634 -1.495128
12   2.747821 -1.424158
13  -2.861918 -0.904456
14   1.847881 -0.743408
15  -3.285155 -1.470917
16   0.169686 -1.539823
17  -2.354475  3.495655
18   2.794486 -0.668539
19  -2.539167 -1.292143
[0.63290186 0.15629399]
```

Se observa que la variabilidad explicada por las componentes es prácticamente del 80%, con lo que la reducción es buena.

```
[0.63290186 0.15629399]
```

A continuación, se muestra la matriz de cargas factoriales, que asocia a la primera componente las variables V1, V2, V3, V4, V8, V9 y V10 y a la segunda componente asocia las variables V5, V6 y V7.

```
        PC1        PC2
V1   -1.166868   0.229530
V2   -1.525907  -0.005473
V3   -0.977121   0.216796
V4   -1.464436   0.271423
V5    0.442952  -0.640124
V6    0.167971  -1.036527
V7   -0.369159  -0.888595
V8    1.214806   0.163748
V9    1.312083   0.137181
V10   1.061376   0.583678
```

Si observamos la matriz rotada, que se presenta a continuación, ofrece la misma asociación de variables a componentes que la matriz sin rotar.

```
        PC1        PC2
V1   -1.160613   0.259311
V2   -1.525548   0.033572
V3   -0.971254   0.241727
V4   -1.457012   0.308805
V5    0.426428  -0.651248
V6    0.141394  -1.040486
V7   -0.391775  -0.878859
V8    1.218599   0.132611
V9    1.315164   0.103564
V10   1.075963   0.556330
```

Las salidas anteriores muestran la matriz de correlaciones entre factores y variables, que indica que el primer factor lo forman V1, V2, V3, V4, V8, V9 y V10 (*factor economicidad*), y el segundo factor lo forman V5, V6 y V7 (*factor utilidad*).

Ejercicio 3-2. *Consideremos los datos correspondientes a 14 países relativos a siete variables socioeconómicas que se presentan en la tabla siguiente:*

PAÍSES	DEPO	EMAG	INNA	INRC	MOIN	ENER	APTV
Australia	2	6	8,4	10,1	12	5,2	36
Francia	97	9	10,7	9,2	10	3,7	28
Alemania	247	6	12,4	9,1	15	4,6	33
Grecia	72	31	4,1	8,1	19	1,7	12
Islandia	2	13	11	6,6	11	5,8	25
Italia	189	15	5,7	7,9	15	2,5	22
Japón	311	11	8,7	10,9	8	3,3	24
Nueva Zelanda	12	10	6,8	8	14	3,4	26
Portugal	107	31	2,1	5,5	39	1,1	9
España	74	19	5,3	6,9	15	2	21
Suecia	18	6	12,8	7,2	7	6,3	37
Turquía	56	61	1,6	8,8	153	0,7	5
Reino Unido	229	3	7,2	9,3	13	3,9	39
Estados Unidos	24	4	10,6	7,3	13	8,7	62

Las variables tienen el siguiente significado: DEPO=densidad de población, EMAG= Porcentaje de personas empleadas en la agricultura, INNA= ingresos nacionales per cápita, INRC=inversiones de rendimiento de capital, MOIN=tasa de mortalidad infantil, ENER=consumo de energía por cien habitantes y APTV= aparatos de televisión por cien habitantes. Los datos se almacenan en el archivo paises.xlsx

Se trata de aplicar una técnica de análisis multivariante que resuma estas variables clasificadoras del desarrollo económico de los países en un grupo menor de variables clasificadoras basadas en ellas con la pérdida mínima de eficiencia en la clasificación.

Según el enunciado del problema estamos ante un caso de aplicación de la técnica de componentes principales. La sintaxis adecuada en python podría ser la siegueinte:.

```python
import numpy as np
import pandas as pd
from sklearn.decomposition import PCA
from sklearn.preprocessing import StandardScaler
import matplotlib.pyplot as plt
data=pd.read_excel('C:\DATOSAM\PAISES.XLSX')
df = pd.DataFrame(data)
print(df)

X=df.drop(columns=['Paises'])
y=df['Paises']
print(X)
print(y)

scaler=StandardScaler()
X_scaled=scaler.fit_transform(X)

pca=PCA(n_components=2)
principal_components=pca.fit_transform(X_scaled)

pca_df=pd.DataFrame(data=principal_components, columns=['PC1', 'PC2'])
pca_df['Paises']=y
print(pca_df)

plt.figure(figsize=(10,8))
for label in pca_df['Paises'].unique():
    subset=pca_df[pca_df['Paises']==label]
    plt.scatter(subset['PC1'],subset['PC2'],label=label)

for i in range(pca_df.shape[0]):
    plt.text(pca_df['PC1'][i], pca_df['PC2'][i], pca_df['Paises'][i], fontsize=10)
plt.title('Scatterplot for Principal Components')
plt.xlabel('Princpal component 1')
plt.ylabel('Princpal component 2')
plt.legend()
plt.grid()
plt.show()
```

```
explained_variance = pca.explained_variance_ratio_
print(explained_variance)

loadings = pca.components_.T * np.sqrt(pca.explained_variance_)
print(loadings)

loadings_df = pd.DataFrame(loadings, index=X.columns,
                        columns=[f'PC{i+1}' for i in range(pca.n_components_)])
print(loadings_df)
```

Observamos en primer lugar el dataframe con los datos.

```
            Paises  DEPO  EMAG  INNA  INRC  MOIN  ENER  APTV
0   Australia          2     6   8.4  10.1    12   5.2    36
1   Francia           97     9  10.7   9.2    10   3.7    28
2   Alemania         247     6  12.4   9.1    15   4.6    33
3   Grecia            72    31   4.1   8.1    19   1.7    12
4   Islandia           2    13  11.0   6.6    11   5.8    25
5   Italia           189    15   5.7   7.9    15   2.5    22
6   Japón            311    11   8.7  10.9     8   3.3    24
7   Nueva Zelanda     12    10   6.8   8.0    14   3.4    26
8   Portugal         107    31   2.1   5.5    39   1.1     9
9   España            74    19   5.3   6.9    15   2.0    21
10  Suecia            18     6  12.8   7.2     7   6.3    37
11  Turquía           56    61   1.6   8.8   153   0.7     5
12  Reino Unido      229     3   7.2   9.3    13   3.9    39
13  Estados Unidos    24     4  10.6   7.3    13   8.7    62
```

A continuación vemos las puntuaciones de las componentes.

```
         PC1       PC2            Paises
0   -1.240349  0.005344  Australia
1   -0.843997  0.500174  Francia
2   -1.465643  1.445175  Alemania
3    1.810979 -0.065197  Grecia
4   -0.930347 -1.617961  Islandia
5    0.563839  0.681607  Italia
6   -0.448888  2.891161  Japón
7   -0.056524 -0.653284  Nueva Zelanda
8    2.661358 -0.948253  Portugal
9    0.949206 -0.584928  España
10  -1.960376 -1.292192  Suecia
11   4.927412 -0.182997  Turquía
12  -0.965194  1.447448  Reino Unido
13  -3.001478 -1.626098  Estados Unidos
```

A continuación vemos que la variabilidad explicada por las dois primeras componentes es de un 78,5 %m lo que indica que la reducción es aceptable.

```
[0.56238216 0.22341665]
```

Finalmente se observa la matriz de cargas factoriales.

```
            PC1        PC2
DEPO  -0.018732    0.929888
EMAG   0.979951   -0.140546
INNA  -0.930637    0.018845
INRC  -0.170972    0.828984
MOIN   0.810912   -0.086698
ENER  -0.926886   -0.304111
APTV  -0.931036   -0.110465
```

Observamos que la primera componente se asocia con las variables EMAG, INNA, MOIN, ENER y APTV (componente económica y de empleo) y la segunda componente está formada por las variables DEPO, e INRC (componente demográfica e inversiones).

A continuación se muestra la matriz de cargas factoriales, que permite asociar variables con componentes

```
        PC1        PC2        Paises
0   -1.240349   0.005344   Australia
1   -0.843997   0.500174   Francia
2   -1.465643   1.445175   Alemania
3    1.810979  -0.065197   Grecia
4   -0.930347  -1.617961   Islandia
5    0.563839   0.681607   Italia
6   -0.448888   2.891161   Japón
7   -0.056524  -0.653284   Nueva Zelanda
8    2.661358  -0.948253   Portugal
9    0.949206  -0.584928   España
10  -1.960376  -1.292192   Suecia
11   4.927412  -0.182997   Turquía
12  -0.965194   1.447448   Reino Unido
13  -3.001478  -1.626098   Estados Unidos
```

Al representar un diagrama de dispersión de las componentes con etiquetas, se obtiene la figura de la página siguiente.

Por cercanía de los países en el gráfico podría realizarse una segmentación global del comportamiento de los países respecto de las variables en estudio. Situaríamos en un primer segemnto a EE.UU, Suecia e Islandia (altas puntuaciones positivas en las componentes). En segundo lugar tenemos otro segemnto formado por Turquía, Portugal y Grecia. En tercer lugar tenemos un segmento formado por Nueva Zelanda y España. En cuarto lugar tenemos un segmento formado por Australia, Francia e Italia. El último segmento lo forman Reino Unido, Alemania y Japón. Estos segmentos son homogéneos dentro de sí en cuanto a las dos componentes que resumen todas las variables (componente demográfica y componnete económica y de empleo).

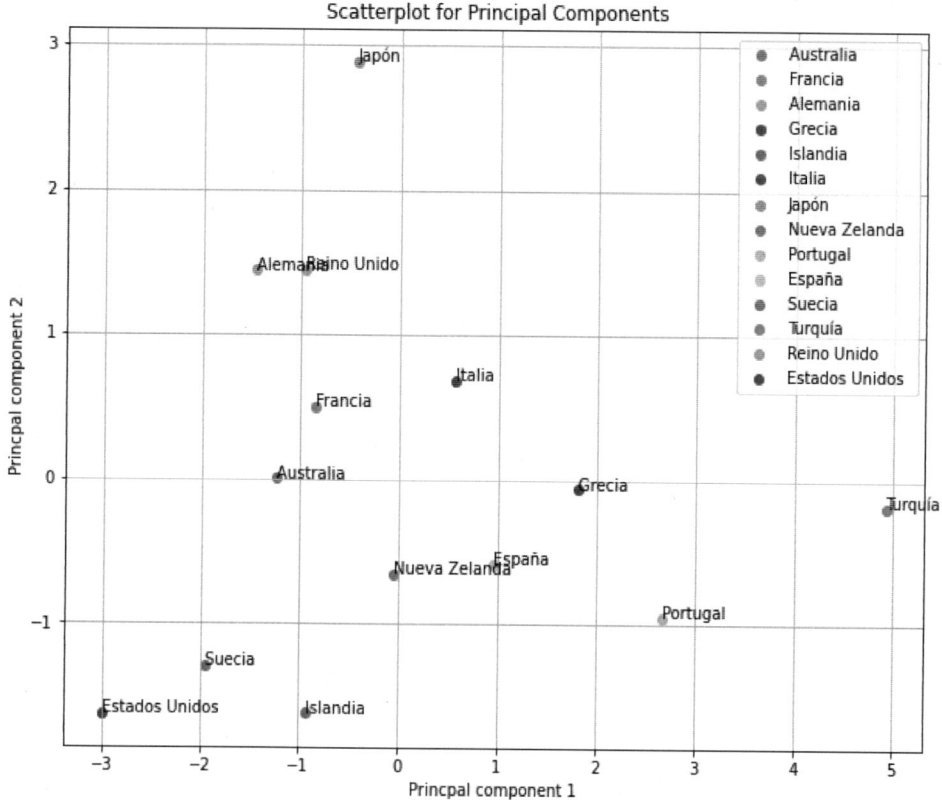

Este gráfico aclara la agrupación de países como Grecia, Portugal y Turquía por los parecidos valores que toman en las variables que definen ambos ejes, en especial empleo agrícola (*EMAG*) y mortalidad infantil (*MOIN*) y el reducido valor que en éstas toman EE.UU., Reino Unido y Alemania, que sería la causa de su alejamiento. El mismo razonamiento, pero en sentido opuesto, nos llevaría a explicar el alejamiento de Turquía, Portugal y Grecia, de variables tales como aparatos de TV (*APTV*), energía (*ENER*) e ingresos nacionales (*INNA*), próximas al otro grupo de países desarrollados.

La relación de densidad de población (*DEPO*) e inversiones de capital (*INRC*), que básicamente define el segundo eje, queda patente, puesto que en esta muestra particular de países, los de mayor densidad (Japón, Alemania, Reino Unido e Italia) son también los de más elevada mentalidad industrial inversora (*INRC*).

## Capítulo 4

REDUCCIÓN DE LA DIMENSIÓN MEDIANTE ANÁLISIS FACTORIAL

4.1 ANÁLISIS FACTORIAL

El análisis factorial tiene como objeto simplificar las múltiples y complejas relaciones que puedan existir entre un conjunto de variables observadas $X_1 X_2 ... X_p$. Para ello trata de encontrar dimensiones comunes o *factores* que ligan a las aparentemente no relacionadas variables.

Concretamente, se trata de encontrar un conjunto de k<p *factores no directamente observables* F_1, F_2 ...F_k que expliquen suficientemente las variables observadas perdiendo el mínimo de información, de modo que sean fácilmente interpretables (*principio de interpretabilidad*) y que sean los menos posibles, es decir, k pequeño (*principio de parsimonia*). Además, los factores han de extraerse de forma que resulten independientes entre sí, es decir, que sean ortogonales. En consecuencia, el análisis factorial es una técnica de reducción de datos que examina la interdependencia de variables y proporciona conocimiento de la estructura subyacente de los datos.

El análisis de componentes principales y el análisis factorial tienen en común que son técnicas para examinar la interdependencia de variables, pero difieren en su objetivo, modelo, características y grado de formalización. En el modelo factorial las comunalidades (variabilidades asociadas a las combinaciones lineales de variables que forman los factores) ya no son unitarias y existen unicidades (variabilidades asociadas al término de error de los factores). En el Análisis de Componentes Principales se obtenían unas variables sintéticas, combinaciones de las originales, cuyo cálculo se basaba únicamente en aspectos matemáticos, independientes de su interpretabilidad práctica que más tarde sería analizada. Si no fueran interpretables, se habrían conseguido unas variables ficticias inútiles para la investigación, aunque matemáticamente siempre calculables. Si lo fueran, se habrán encontrado nuevas variables no medidas, pero biológicamente útiles que han aflorado, sin saber lo que se buscaba, a partir de meras relaciones matemáticas entre las variables originales. En el Análisis Factorial se presupone la existencia de ciertas variables no medidas y de interés biológico que, latentes en la tabla de datos, permanecen a la espera de ser halladas. Esta presunción de existencia de variables subyacentes es la condición clave del Análisis Factorial. Se trata de un método estadístico multivariante distinto del Análisis de Componentes Principales, aunque con soporte matemático parecido, que trata de encontrar variables sintéticas latentes e inobservables, cuya existencia se sospecha. Desde este punto de vista, también acaba siendo un método de simplificación o reducción de la complejidad de la tabla de casos-variables con datos cuantitativos, aunque no es éste su objetivo último.

4.2 OBJETIVO DEL ANÁLISIS FACTORIAL

El análisis factorial tiene como objeto simplificar las múltiples y complejas relaciones que puedan existir entre un conjunto de variables observadas $X_1 X_2 ... X_p$. Para ello trata de encontrar dimensiones comunes o *factores* que ligan a las aparentemente no relacionadas variables. Concretamente, se trata de encontrar un conjunto de k<p *factores no directamente observables* $F_1, F_2 ... F_k$ que expliquen suficientemente a las variables observadas perdiendo el mínimo de información, de modo que sean fácilmente interpretables (*Principio de interpretabilidad*) y que sean los menos posibles, es decir, k pequeño (*Principio de parsimonia*). Además, los factores han de extraerse de forma que resulten independientes entre sí, es decir, que sean ortogonales. En consecuencia, el análisis factorial es una técnica de reducción de datos que examina la interdependencia de variables y proporciona conocimiento de la estructura subyacente de los datos. El aspecto más característico del análisis factorial lo constituye su capacidad de reducción de datos. Las relaciones entre las variables observadas $X_1 X_2 ... X_p$ vienen dadas por su matriz de correlaciones, de modo que, en el análisis factorial se puede partir de una serie de coeficientes de correlación para el conjunto de variables observadas y, a continuación, estudiar si subyace algún patrón de relaciones tal que los datos puedan ser reordenados a un conjunto menor de factores que podemos considerar como variables que recogen y resumen las interrelaciones observadas en los datos.

Como ejemplo ilustrativo, supongamos que tenemos nueve variables $X_1, X_2, ... X_9$ que se intentan resumir por tres factores no observables F_1, F_2 y F_3. Analizando las relaciones entre las variables se observa que las variables X_1, X_3, X_4 y X_6 están fuertemente correlacionadas con otra F_1 que, por lo tanto, constituirá el primer factor. De forma similar las variables X_2 y X_7 se agrupan en el segundo factor F_2 y las variables X_5, X_8 y X_9 se agrupan en el tercer factor F_3. De forma gráfica podríamos expresar este hecho como sigue:

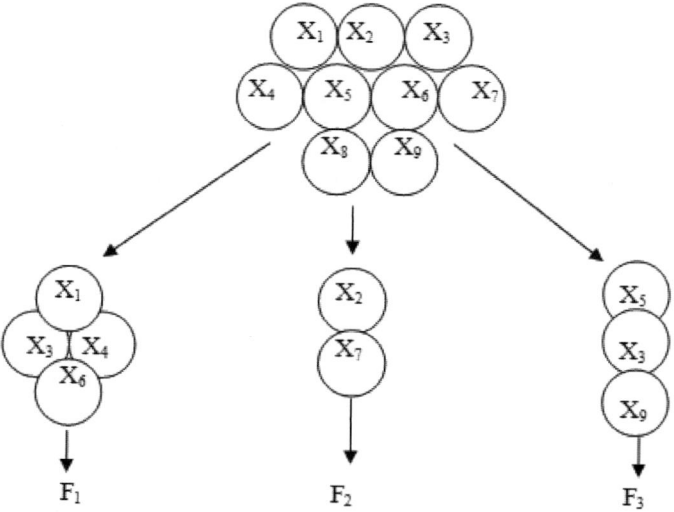

Como aplicación práctica supongamos que se quiere analizar la importancia que los consumidores dan a 14 variables que se consideran relevantes para la compra de un automóvil. Estas variables son: reparaciones baratas (RB), amplia gama de colores (GC), interior espacioso (IE), bajo consumo de gasolina (BC), manejabilidad (MA), aspecto moderno (AM), valor de recompra alto (RA), confortable (CO), motor potente (MP), aspecto elegante (AE), cómodo de conducir (CC), atractivo de línea (AL), maletero amplio (MA) y fácil de aparcar (FA).

Se observa que las 14 variables pueden caracterizarse por cuatro dimensiones subyacentes relacionadas respectivamente con el confort (factor I), con el coste-eficiencia (factor II), con la elegancia (factor III) y con el manejo fácil (factor IV) y no observables directamente. Por lo tanto, en vez de considerar las 14 variables, simplificaremos las cosas, de forma que sólo cuatro factores deban considerarse para caracterizar la estructura subyacente de los datos. De forma gráfica podríamos expresar este hecho como se indica a continuación:

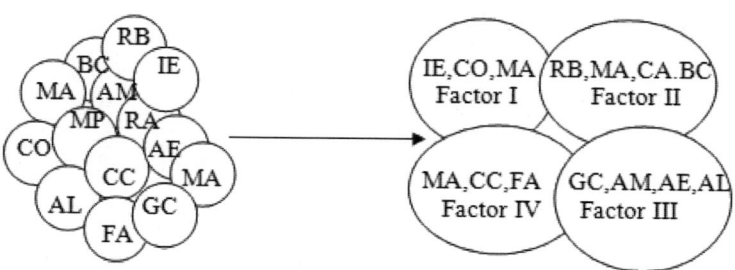

Ya hemos aclarado que el análisis de componentes principales y el análisis factorial tienen en común que son técnicas para examinar la interdependencia de variables, pero difieren en su objetivo, sus características y su grado de formalización. Es esencial observar que hasta el modelo matemático subyacente en ambas técnicas es muy diferente. Hasta tal punto que el análisis factorial podría considerarse como una técnica de la dependencia, ya que su modelo es un modelo predictivo con variables dependientes, independientes y términos de error. Esta circunstancia no ocurre en componentes principales.

Recuérdese que, en Componentes principales, por haber tantos ejes como variables antes de la retención de los mejores, la varianza de las variables originales quedaba totalmente explicada por ellos. Mientras que el objetivo del análisis de componentes principales es explicar la mayor parte de la variabilidad total de un conjunto de variables con el menor número de componentes posible, en el análisis factorial, los factores son seleccionados para explicar las interrelaciones entre variables. En componentes principales se determinan los pesos o ponderaciones que tienen cada una de las variables en cada componente; es decir, las componentes principales se explican en función de las variables observables. Sin embargo, en el análisis factorial las variables originales juegan el papel de variables dependientes que se explican por factores comunes y únicos, que no son observables.

Por otra parte, el análisis de componentes principales es una técnica estadística de reducción de datos que puede situarse en el dominio de la estadística descriptiva, mientras que el análisis factorial implica la elaboración de un modelo que requiere la formulación de hipótesis estadísticas y la aplicación de métodos de inferencia estadística. Como veremos posteriormente, el hecho de que las componentes principales se utilicen como uno de los procedimientos para la extracción de factores, ha podido hacer pensar a algunos erróneamente que son métodos completamente equivalentes. Por otra parte, en algunos programas de computador, por ejemplo, en SPSS, ambas técnicas están dentro del mismo procedimiento general.

4.3 EL MODELO FACTORIAL

Consideramos las variables observables $X_1 X_2 ... X_p$ como variables tipificadas (con media cero y varianza unidad) y vamos a formalizar la relación entre variables observables y factores definiendo el ***modelo factorial*** de la siguiente forma:

$$X_1 = l_{11}F_1 + l_{12}F_2 + \cdots + l_{1k}F_k + e_1$$
$$X_2 = l_{21}F_1 + l_{22}F_2 + \cdots + l_{2k}F_k + e_2$$
$$\vdots$$
$$X_p = l_{p1}F_1 + l_{p2}F_2 + \cdots + l_{pk}F_k + e_k$$

En este modelo, $F_1, F_2 \dots F_k$ son los *factores comunes*; $e_1, e_2 \dots e_p$ son los *factores únicos* o *factores específicos* y l_{jh} es el *peso* del factor h en la variable j, denominado también *carga factorial* o *saturación* de la variable j en el factor h. Según la formulación del modelo, cada una de las p variables observables es una combinación lineal de k *factores comunes* a todas las variables ($k<p$) y de un *factor único* para cada variable. Así pues, todas las variables originales están influenciadas por todos los factores comunes, mientras que para cada variable existe un factor único que es específico para esa variable. Tanto los factores comunes como los específicos son variables no observables. El modelo factorial en forma matricial se expresa como sigue:

$$
\begin{bmatrix} X_1 \\ X_2 \\ \vdots \\ X_p \end{bmatrix}
=
\begin{bmatrix} l_{11} & l_{12} & \cdots & l_{1k} \\ l_{21} & l_{22} & \cdots & l_{2k} \\ & & \vdots & \\ l_{p1} & l_{p2} & \cdots & l_{pk} \end{bmatrix}
\begin{bmatrix} F_1 \\ F_2 \\ \vdots \\ F_k \end{bmatrix}
+
\begin{bmatrix} e_1 \\ e_2 \\ \vdots \\ e_k \end{bmatrix}
$$

o lo que es lo mismo:

$$X=LF+e$$

4.3.1 Hipótesis en el modelo factorial

Para poder aplicar la teoría de la inferencia estadística en el modelo factorial es necesario formular hipótesis estadísticas sobre los factores comunes y sobre los factores únicos. Consideraremos los factores comunes $F_1, F_2 \dots F_k$ como variables tipificadas de media cero y varianza unitaria, y que además no están correlacionadas entre sí. Según esta condición la matriz de covarianzas de los factores comunes es la matriz identidad (**E[FF']=I**) y la esperanza del vector de factores comunes es el vector cero (**E[F]=0**).

Por otra parte, se supone que la matriz de covarianzas de los factores específicos (únicos) es una matriz diagonal, lo que implica que las varianzas de los factores únicos pueden ser distintas y que dichos factores únicos están incorrelacionados entre sí, es decir: **E[ee']=Ω** con Ω matriz diagonal. Por otro lado, la esperanza del vector de factores comunes se supone que es el vector cero (**E[e]=0**).

Por último, se tendrá en cuenta que para poder realizar inferencias que permitan distinguir, para cada variable, entre los factores comunes y el factor único, es necesario suponer que los factores comunes están incorrelacionados con el factor único, es decir, que la matriz de covarianzas entre los factores comunes y los factores únicos es la matriz cero (**E[Fe']=0**).

Resumiendo, las hipótesis previamente citadas tenemos:

Modelo $\rightarrow$ **X=LF+e** Hipótesis $\rightarrow$ **E[FF']=I, E[F]=0, E[ee']=Ω, E[e]=0, E[Fe']=0**

4.3.2 Comunalidades y especificidades

Dado que las variables X son variables tipificadas, su matriz de covarianzas es igual a la matriz de correlación poblacional R_p, matriz que puede descomponerse de la forma siguiente:

R_p = E(XX')=E(LF+e)(LF+e)'=LE(FF')L'+E(ee')+LE(fe')+E(ef')L'=
LIL'+Ω+L0+0L'=LL'+Ω

La relación anterior puede expresarse en forma matricial como sigue:

$$
\begin{bmatrix} 1 & \rho_{12} & \cdots & \rho_{1p} \\ \rho_{21} & 1 & \cdots & \rho_{2p} \\ & & \vdots & \\ \rho_{p1} & \rho_{p2} & \cdots & 1 \end{bmatrix} = \begin{bmatrix} l_{11} & l_{12} & \cdots & l_{1k} \\ l_{21} & l_{22} & \cdots & l_{2k} \\ & & \vdots & \\ l_{p1} & l_{p2} & \cdots & l_{pk} \end{bmatrix} \begin{bmatrix} l_{11} & l_{21} & \cdots & l_{p1} \\ l_{12} & l_{22} & \cdots & l_{p2} \\ & & \vdots & \\ l_{1k} & l_{2k} & \cdots & l_{pk} \end{bmatrix} + \begin{bmatrix} \varpi_1^2 & 0 & \cdots & 0 \\ 0 & \varpi_2^2 & \cdots & 0 \\ & & \vdots & \\ 0 & 0 & \cdots & \varpi_p^2 \end{bmatrix}
$$

En esta descomposición LL' es la parte correspondiente a los factores comunes y Ω es la matriz de covarianzas de los factores únicos. Además, en la descomposición se observa que la varianza de la variable tipificada X_j se puede expresar como:

$$V_j = 1 = l_{j1}^2 + l_{j2}^2 + \cdots l_{jp}^2 + \varpi_j^2$$

y si denominamos:

$$h_j^2 = l_{j1}^2 + l_{j2}^2 + \cdots + l_{jp}^2$$

tenemos la descomposición de la varianza poblacional de la variable X_j como:

$$V_j = 1 = h_j^2 + \varpi_j^2 \quad j = 1...p$$

Se observa que h_j^2 es la parte de la varianza de la variable X_j debida a los factores comunes, y se denomina ***comunalidad***.

También se observa que ϖ_j^2 es la parte de la varianza de la variable X_j debida a los factores únicos (o específicos), y se denomina *especificidad*.

De la relación matricial anterior también se deduce que la correlación entre cada par de variables originales X_h y X_j viene dada en función de los coeficientes de los factores comunes como sigue:

$$\rho_{hj} = l_{h1}l_{j1} + l_{h2}l_{j2} + \cdots + l_{hp}l_{jp} = \sum_{s=1}^{p} l_{hs}l_{js}$$

4.4 MÉTODO DE TURSTONE PARA OBTENER LOS FACTORES

El problema fundamental en el análisis factorial es la estimación de los coeficientes l_{jh} de la *matriz factorial* L en el modelo **X=LF+e**. A las estimaciones de estos coeficientes se les denomina *cargas factoriales estimadas*, aunque en la práctica suele omitirse el calificativo estimadas. Las cargas factoriales estimadas nos indican los pesos de los distintos factores en la estimación de la comunalidad de cada variable. Una vez estimado h_j^2 (comunalidad) a partir de las estimaciones de los l_{jh} (cargas factoriales) aplicando que $h_j^2 = l_{j1}^2 + l_{j2}^2 + \cdots + l_{jp}^2$, se realiza la estimación de ϖ_j^2 (especificidad) sencillamente por diferencia aplicando que $\varpi_j^2 = 1 - h_j^2$.

Inicialmente, las matrices de la relación $\mathbf{R_p = LL'+\Omega}$, a partir de la cual han de calcularse los coeficientes l_{jh} de la matriz factorial L en el modelo **X=LF+e**, están integradas por parámetros poblacionales que son desconocidos. Será necesario entonces utilizar estimaciones lógicas de estas matrices, cuyos elementos sean conocidos a partir de los datos muestrales. Como es natural, estimaremos la matriz de correlación poblacional R_p por la matriz de correlación muestral R, definida como:

$$R = \begin{bmatrix} 1 & r_{12} & \cdots & r_{1p} \\ r_{21} & 1 & \cdots & r_{2p} \\ & & \vdots & \\ r_{p1} & r_{p2} & \cdots & 1 \end{bmatrix}$$

con lo que la relación $\mathbf{R_p = LL'+\Omega}$ pasará a tomar la forma $\mathbf{R = \hat{L}\hat{L}' + \hat{\Omega}}$, siendo necesario ahora la obtención de las matrices estimadas $\hat{L}$ y $\hat{\Omega}$ a partir del conocimiento de la matriz de correlación muestral R. La obtención de estas matrices estimadas no es trivial, ya que surgen problemas de *no unicidad de las soluciones* y de *grados de libertad* en la resolución del sistema R= $\hat{L}\hat{L}' + \hat{\Omega}$.

Las soluciones obtenidas para $\hat{L}$ en el sistema R= $\hat{L}\hat{L}' + \hat{\Omega}$ no tienen por qué ser únicas, ya que si $\hat{L}$ es una solución, también será solución cualquier transformación ortogonal suya B= $\hat{L}$ H con HH'=1. Esto es así porque BB'= $\hat{L}$ HH' $\hat{L}$ '= $\hat{L}$ $\hat{L}$ '.

Por otra parte, el sistema R= $\hat{L}\hat{L}' + \hat{\Omega}$ tiene p² ecuaciones, que es el número de elementos de R. Pero la matriz R es simétrica y, consecuentemente, está integrada por *p(p+1)/2* elementos distintos, que será el número real de ecuaciones distintas de las que disponemos. Sin embargo, el número de parámetros a estimar viene dado por los *pxk* elementos de la matriz $\hat{L}$ y los *p* elementos de la matriz $\hat{\Omega}$, esto es, tenemos *pxk+ p=p(k+1)* parámetros a estimar. En consecuencia, para que el sistema tenga solución posible, es decir, para que se pueda llevar a cabo la estimación, se requiere que el número de ecuaciones sea mayor o igual que el número de parámetros a estimar o incógnitas del sistema. Ha de cumplirse entonces que:

$$p(p+1)/2 \geq p(k+1)$$

Ya que la correlación poblacional o teórica entre cada par de variables originales X_h y X_j viene dada en función de los coeficientes de los factores comunes por la expresión:

$$\rho_{hj} = l_{h1}l_{j1} + l_{h2}l_{j2} + \cdots + l_{hp}l_{jp} = \sum_{s=1}^{p} l_{hs}l_{js}$$

existirá la correspondiente expresión muestral, que viene dada por:

$$r_{hj} = \hat{l}_{h1}\hat{l}_{j1} + \hat{l}_{h2}\hat{l}_{j2} + \cdots + \hat{l}_{hp}\hat{l}_{jp} = \sum_{s=1}^{p} \hat{l}_{hs}\hat{l}_{js}$$

La matriz de elementos r_{hj} suele llamarse *matriz de correlación reproducida*.

Como las variables están tipificadas, la carga factorial $\hat{l}_{jf}$ es el coeficiente correlación muestral entre la variable X_j y el factor F_f. Cuando las variables no están tipificadas la correlación entre la variable X_j y el factor F_f es $\dfrac{\hat{l}_{jf}}{\sigma(X_j)}$.

4.5 MÉTODO DEL FACTOR PRINCIPAL PARA OBTENER LOS FACTORES

Partimos de nuestro modelo factorial:

$$X_1 = l_{11}F_1 + l_{12}F_2 + \cdots + l_{1k}F_k + e_1$$
$$X_2 = l_{21}F_1 + l_{22}F_2 + \cdots + l_{2k}F_k + e_2$$
$$\vdots$$
$$X_p = l_{p1}F_1 + l_{p2}F_2 + \cdots + l_{pk}F_k + e_k$$

Considerando las variables X_j reducidas, la varianza total de las p variables X_j será p. De ese total, la varianza explicada por los factores comunes es la suma de las comunalidades, y la explicada exclusivamente por el factor F_j es:

$$V_j = l_{1j}^2 + l_{2j}^2 + \cdots + l_{pj}^2$$

Adicionalmente sabemos que:

$$\rho_{hj} = l_{h1}l_{j1} + l_{h2}l_{j2} + \cdots + l_{hp}l_{jp} = \sum_{s=1}^{p} l_{hs}l_{js} \quad \text{h,j} = 1...\text{p}$$

pudiendo estimarse el coeficiente de correlación poblacional ρ_{hj} por el coeficiente de correlación muestral r_{hj}.

El método del factor principal obtiene el primer factor maximizando la varianza explicada por él, que es $V_1 = l_{11}^2 + l_{21}^2 + \cdots + l_{p1}^2$, sujeta a las restricciones:

$$r_{hj} = \sum_{s=1}^{p} l_{hs}l_{js} \quad \text{h,j} = 1...\text{p}$$

Nos encontramos ante un problema de optimización con restricciones, que se resuelve a partir del método de los multiplicadores de Lagrange considerando la función:

$$G_1 = V_1 + \sum_{h,j=1}^{p} v_{hj} \left(r_{hj} - \sum_{s=1}^{k} l_{hs} l_{js} \right) \qquad v_{hj} = \text{multiplicadores de Lagrange}$$

Derivando la función lagrangiana respecto de las incógnitas (l_{hs}) e igualando a cero, tenemos la expresión fundamental:

$$\frac{\partial G_1}{\partial l_{hs}} = \delta_{1s} l_{h1} - \sum_{j=1}^{p} v_{hj} l_{js} = 0 \qquad s = 1 \cdots p \qquad \delta_{1s} = \begin{cases} 1 & si \quad s = 1 \\ 0 & si \quad s \neq 1 \end{cases}$$

Para s=1, en esta expresión fundamental se tiene que $l_{h1} = \sum_{j=1}^{p} v_{hj} l_{j1}$.

Por otra parte, si en la expresión fundamental multiplicamos a ambos lados por l_{h1} y sumamos respecto a h, tenemos:

$$\delta_{1s} \sum_{h=1}^{p} l_{h1}^2 - \sum_{j=1}^{p} \sum_{h=1}^{p} v_{hj} l_{h1} l_{js} = 0 \qquad s = 1 \cdots p \qquad \delta_{1s} = \begin{cases} 1 & si \quad s = 1 \\ 0 & si \quad s \neq 1 \end{cases}$$

Si en esta última expresión hacemos $\sum_{h=1}^{p} l_{h1}^2 = \lambda_1$ y tenemos en cuenta que:

$$l_{h1} = \sum_{j=1}^{p} v_{hj} l_{j1} \Rightarrow l_{j1} = \sum_{h=1}^{p} v_{hj} l_{h1} \qquad (v_{hj} = v_{jh}), \text{ ya podemos escribir:}$$

$$\delta_{1s} \lambda_1 - \sum_{j=1}^{p} l_{j1} l_{js} = 0 \qquad s = 1 \cdots p \qquad \delta_{1s} = \begin{cases} 1 & si \quad s = 1 \\ 0 & si \quad s \neq 1 \end{cases}$$

Multiplicando la expresión anterior por l_{hs} y sumando en s, se tiene:

$$l_{h1} \lambda_1 - \sum_{j=1}^{p} l_{j1} \underbrace{\left(\sum_{s=1}^{p} l_{hs} l_{js} \right)}_{r_{hj}} = 0 \quad \Rightarrow \sum_{j=1}^{p} l_{j1} r_{hj} - l_{h1} \lambda_1 = 0 \qquad \text{h=1...p}$$

Esto es:

$$(h_1^2 - \lambda_1)l_{11} + r_{12}l_{21} + \cdots + r_{1p}l_{p1} = 0$$

$$r_{21}l_{11} + (h_2^2 - \lambda_1)l_{21} + \cdots + r_{2p}l_{p1} = 0$$

$$\vdots$$

$$r_{p1}l_{11} + r_{p2}l_{21} + \cdots + (h_n^2 - \lambda_1)a_{n1} = 0$$

Por lo tanto, λ_1 es el mayor valor propio de la matriz de correlaciones LL' y $(l_{11}, l_{21}, ..., l_{p1})'$ es su vector propio asociado, de módulo λ_1. Por lo tanto, se tiene que:

$$l_{i1} = \alpha_{i1}\sqrt{\lambda_1} \qquad i = 1 \cdots p$$

siendo $(\alpha_{11}, \alpha_{21}, ..., \alpha_{p1})$ un vector propio de módulo unidad y λ_1 el mayor valor propio de la matriz de correlaciones LL'.

Una vez obtenidos los pesos (cargas factoriales o saturaciones) del primer factor, que es el que más contribuye a la varianza de las variables, eliminamos su influencia considerando el nuevo modelo factorial:

$$X_1' = X_1 - l_{11}F_1 = l_{12}F_2 + \cdots + l_{1k}F_k + e_1$$

$$X_2' = X_2 - l_{21}F_1 = l_{22}F_2 + \cdots + l_{2k}F_k + e_2$$

$$\vdots$$

$$X_p' = X_p - l_{p1}F_1 = l_{p2}F_2 + \cdots + l_{pk}F_k + e_p$$

y obtenemos el segundo factor maximizando la varianza explicada por él en este segundo modelo, que es $\quad V_2 = l_{12}^2 + l_{22}^2 + \cdots + l_{p2}^2$, sujeta a las restricciones anteriores. Operando como antes se demuestra que:

$$l_{i2} = \alpha_{i2}\sqrt{\lambda_2} \qquad i = 1 \cdots p$$

siendo $(\alpha_{12}, \alpha_{22}, ..., \alpha_{p2})$ un vector propio de módulo unidad y λ_2 el segundo mayor valor propio de la matriz de correlaciones LL'. Ya hemos obtenido los pesos del segundo factor.

Se repite el proceso hasta obtener los pesos de todos los factores, es decir la matriz factorial, al menos hasta que la varianza total explicada por los factores comunes sea igual o próxima a la suma de las comunalidades.

El número de factores obtenidos coincide con el de valores propios no nulos de LL', que son todos positivos ya que LL' es simétrica semidefinida positiva. Hay que tener en cuenta que en la práctica sólo se dispone de correlaciones muestrales, lo que introduce un cierto error de muestreo en el cálculo de los valores propios, error que intenta salvarse fijando una constante positiva c y calculando los valores propios mayores que c, cuyo número indicará el de factores comunes en el modelo factorial. Suele tomarse por lo menos c=1 para que la variabilidad explicada por cada factor común supere a la varianza de una variable (que es la unidad).

El método del factor principal puede explicarse por la diagonalización de la matriz LL', que tomará la forma:

$$LL'=TD_\lambda T'$$

siendo T la matriz cuyas k columnas son los vectores propios de módulo unidad de LL' y siendo $D_\lambda = diag(\lambda_1 \ldots \lambda_k)$. La matriz factorial será entonces:

$$L=TD_\lambda^{1/2}$$

4.6 MÉTODO ALPHA PARA OBTENER LOS FACTORES

Este método determina la matriz factorial especificando un número k de factores comunes y formando la matriz T de dimensión $p \times k$ con los autovectores unitarios correspondientes a los k primeros vectores propios de la matriz $H^{-1} LL' H^{-1}$, siendo H^2 la matriz de comunalidades (matriz con las comunalidades en la diagonal principal).

Si $D_\lambda = diag(\lambda_1 \ldots \lambda_k)$ entonces, al diagonalizar la matriz $H^{-1} LL' H^{-1}$, se tiene:

$$H^{-1} LL' H^{-1} = T D_\lambda T' \Rightarrow LL' = HT D_\lambda T'H \qquad (H'=H)$$

Con lo que la matriz factorial será $L=H TD_\lambda^{1/2}$

4.7 MÉTODO DEL CENTROIDE PARA OBTENER LOS FACTORES

En el método del centroide se elige el primer factor de modo que pase por el centro de gravedad (**centroide**) de las variables sin unicidades $X_i' = X_i - e_i$. Tenemos entonces el modelo factorial:

$$X_1' = X_1 - e_1 = l_{11}F_1 + l_{12}F_2 + \cdots + l_{1k}F_k$$
$$X_2' = X_2 - e_2 = l_{21}F_1 + l_{22}F_2 + \cdots + l_{2k}F_k$$
$$\vdots$$
$$X_p' = X_p - e_p = l_{p1}F_1 + l_{p2}F_2 + \cdots + l_{pk}F_k$$

Como las componentes de las variables en el espacio de los factores comunes vienen dadas por:

$$X_1' \to (l_{11}, l_{12}, \cdots, l_{1k})$$
$$X_2' \to (l_{21}, l_{22}, \cdots, l_{2k})$$
$$\vdots$$
$$X_p' \to (l_{p1}, l_{p2}, \cdots, l_{pk})$$

las componentes del centro de gravedad o centroide son:

$$C = \left(\frac{1}{p}\sum_{j=1}^{p} l_{j1}, \quad \frac{1}{p}\sum_{j=1}^{p} l_{j2}, \quad \cdots, \quad \frac{1}{p}\sum_{j=1}^{p} l_{jk} \right)$$

Si exigimos que el primer factor pase por C, el centroide tendrá todas sus componentes nulas excepto la primera, es decir:

$$\sum_{j=1}^{p} l_{j2} = \cdots = \sum_{j=1}^{p} l_{jk} = 0$$

Entonces, en la restricción ya conocida $r_{hj} = l_{h1}l_{j1} + l_{h2}l_{j2} + \cdots + l_{hp}l_{jp}$ se puede sumar en j a ambos lados de la igualdad, para obtener la expresión:

$$\sum_{j=1}^{p} r_{hj} = l_{h1}\sum_{j=1}^{p} l_{j1} + l_{h2}\sum_{j=1}^{p} l_{j2} + \cdots + l_{hp}\sum_{j=1}^{p} l_{jp} = l_{h1}\sum_{j=1}^{p} l_{j1}$$

Si ahora sumamos en h ambos lados de la igualdad anterior tenemos:

$$T = \sum_{h=1}^{p}\sum_{j=1}^{p} r_{hj} = \sum_{h=1}^{p} l_{h1}\sum_{j=1}^{p} l_{j1} = \left(\sum_{j=1}^{p} l_{j1} \right)^2$$

Ya podemos escribir lo siguiente:

$$\sum_{j=1}^{p} r_{hj} = l_{h1} \sum_{j=1}^{p} l_{j1} \Rightarrow l_{h1} = \frac{\sum_{j=1}^{p} r_{hj}}{\sum_{j=1}^{p} l_{j1}} = \frac{\sum_{j=1}^{p} r_{hj}}{\sqrt{T}} = \frac{S_h}{\sqrt{T}} \qquad h = 1 \cdots p$$

Ya hemos obtenido los pesos o saturaciones en el primer factor l_{h1} como el cociente entre la suma de correlaciones en la columna h de LL' entre la suma de todas las correlaciones de LL'.

Considerando ahora las correlaciones $r'_{ij} = r_{ij} - l_{i1} \, l_{j1}$ con i,j=1...p, las componentes de las variables en los restantes factores serán:

$$(l_{12}, \cdots, l_{1k})$$
$$(l_{22}, \cdots, l_{2k})$$
$$\vdots$$
$$(l_{p2}, \cdots, l_{pk})$$

Ahora elegimos el segundo factor de modo que pase por el origen y por C y cambiamos de signo ciertas variables X_i para que no se anulen a la vez todas las sumas:

$$\sum_{j=1}^{p} l_{j2}, \quad \cdots, \quad \sum_{j=1}^{p} l_{jk}$$

Repitiendo el proceso anterior, se obtienen los pesos o saturaciones en el segundo factor l_{h2} como:

$$l_{h2} = \frac{s_h S_{1h}}{\sqrt{T_1}} \qquad h = 1 \cdots p$$

Ya hemos obtenido los pesos o saturaciones en el segundo factor l_{h2} como el cociente entre la suma de correlaciones en la columna h de la matriz transformada de LL' mediante $r'_{ij} = r_{ij} - l_{i1} \, l_{j1}$ con i,j=1...p, entre la suma de todas las correlaciones de dicha matriz transformada. El término s_h cambia de signo al cociente si ha sido necesario cambiar el signo de X_h para que no se anulasen a la vez todas las sumas:

$$\sum_{j=1}^{p} l_{j2}, \quad \cdots, \quad \sum_{j=1}^{p} l_{jk}$$

El proceso para obtener los demás factores es exactamente el mismo.

4.8 MÉTODO DE LAS COMPONENTES PRINCIPALES PARA OBTENER LOS FACTORES

La teoría de componentes principales estudiada en el Capítulo anterior puede utilizarse para la obtención de los factores en el modelo factorial. Es preciso no confundir la Teoría general de componentes principales con una de sus aplicaciones para la obtención de factores en el modelo factorial, que es precisamente lo que se verá aquí.

En el análisis en componentes principales se dispone de una muestra de tamaño n acerca de p variables $X_1, X_2, ...X_p$ (tipificadas o no) inicialmente correlacionadas, para posteriormente obtener a partir de ellas un número k≤p de variables incorrelacionadas $Z_1, Z_2, ...Z_p$ que sean combinación lineal de las variables iniciales y que expliquen la mayor parte de su variabilidad. Tendremos entonces que:

$$Z_1 = u_{11}X_1 + u_{12}X_2 + \cdots + u_{1p}X_p$$
$$Z_2 = u_{21}X_1 + u_{22}X_2 + \cdots + u_{2p}X_p$$
$$\vdots$$
$$Z_p = u_{p1}X_1 + u_{p2}X_2 + \cdots + u_{pp}X_p$$

Pero este sistema de ecuaciones es reversible, siendo posible expresar las variables X_j en función de las componentes principales Z_j de la siguiente forma:

$$X_1 = u_{11}Z_1 + u_{21}Z_2 + \cdots + u_{p1}Z_p$$
$$X_2 = u_{21}Z_1 + u_{22}Z_2 + \cdots + u_{p2}Z_p$$
$$\vdots$$
$$X_p = u_{1p}Z_1 + u_{2p}Z_2 + \cdots + u_{pp}Z_p$$

La matriz de coeficientes de este segundo sistema es la matriz transpuesta de la matriz de coefientes del sistema anterior, pudiendo utilizarse este segundo sistema para la estimación de los factores. El único problema que podría presentarse es que las componentes Z_j no estén tipificadas, condición que sí se ha exigido a los factores. Este problema se salva utilizando componentes principales tipificadas, definidas por:

$$Y_j = \frac{Z_j}{\sqrt{\lambda_j}} \quad j=1,2,...,p$$

Entonces, en el segundo sistema sustituimos los Z_j por $Y_j \sqrt{\lambda_j}$, resultando la ecuación j-ésima del sistema de la siguiente forma:

$$X_j = u_{1j} Y_1 \sqrt{\lambda_1} + u_{2j} Y_2 \sqrt{\lambda_2} + \cdots + u_{pj} Y_p \sqrt{\lambda_p}$$

Pero, de la Teoría de componentes principales sabemos que $u_{hj} \sqrt{\lambda_h}$ es el coeficiente de correlación entre la variable j-ésima y la componente h-ésima, lo que permite escribir la ecuación como:

$$X_j = r_{1j} Y_1 + r_{2j} Y_2 + \cdots + r_{pj} Y_p$$

pudiéndose separar en esta última ecuación sus últimos *p-k* términos, lo que permite escribirla como:

$$X_j = r_{1j} Y_1 + r_{2j} Y_2 + \ldots + r_{kj} Y_k + \left(r_{k+1, j} Y_{k+1} + \ldots + r_{pj} Y_p \right)$$

Comparando esta ecuación con la ecuación del modelo factorial:

$$X_j = l_{j1} F_1 + l_{j2} F_2 + \cdots + l_{jk} F_k + e_j$$

se observa que los *k* factores F_h se estiman mediante las *k* primeras componentes principales tipificadas Y_h y la estimación de los coeficientes l_{jh} viene dada por:

$$\hat{l}_{j1} = r_{1j}, \ \hat{l}_{j2} = r_{2j}, \ \cdots, \ \hat{l}_{jk} = r_{kj}$$

pudiéndose estimar la comunalidad de la variable X_j como:

$$\hat{h}_j^2 = \hat{l}_{j1}^2 + \hat{l}_{j2}^2 + \cdots + \hat{l}_{jk}^2$$

y el factor único e_j se estimará como:

$$\hat{e}_j = r_{k+1, j} Y_{k+1} + r_{m+2, j} Y_{k+2} + \cdots + r_{pj} Y_p$$

y la especificiad o parte de la varianza debida al factor único se estima como:

$$\hat{\varpi}_j^2 = 1 - \hat{h}_j^2$$

4.9 MÉTODO DE COMPONENTES PRINCIPALES ITERADAS O EJES PRINCIPALES PARA OBTENER LOS FACTORES

Es un método similar al de las componentes principales. Se trata de un método iterativo que comienza con el cálculo de la matriz de correlación muestral:

$$R = \begin{bmatrix} 1 & r_{12} & \cdots & r_{1p} \\ r_{21} & 1 & \cdots & r_{2p} \\ & & \vdots & \\ r_{p1} & r_{p2} & \cdots & 1 \end{bmatrix}$$

A continuación, se realiza una estimación inicial de las comunalidades de cada variable calculando la regresión de cada variable sobre el resto de variables originales, estimándose la comunalidad de la variable mediante el coeficiente de determinación obtenido en la regresión.

El siguiente paso es sustituir en la matriz R cada 1 de la diagonal principal por la estimación de la comunalidad correspondiente a cada variable. A la matriz R modificada de esta forma la denominamos matriz de correlación reducida R*:

$$R* = \begin{bmatrix} \hat{h}_1^2 & r_{12} & \cdots & r_{1p} \\ r_{21} & \hat{h}_2^2 & \cdots & r_{2p} \\ & & \vdots & \\ r_{p1} & r_{p2} & \cdots & \hat{h}_p^2 \end{bmatrix} = R - \hat{\Omega}$$

A continuación, se calculan las raíces características y los vectores característicos asociados a la matriz R*, a partir de los cuales se obtienen las cargas factoriales estimadas $\hat{\lambda}_{jh}$.

Se determinan los factores a retener k mediante un contraste de este tipo de componentes principales de los ya vistos y se calcula la comunalidad de cada variable con los k factores retenidos:

$$\hat{h}_j^2 = \hat{l}_{j1}^2 + \hat{l}_{j2}^2 + \cdots + \hat{l}_{jk}^2$$

y la especificiad o parte de la varianza debida al factor único se estima como:

$$\hat{\varpi}_j^2 = 1 - \hat{h}_j^2 \quad j=1,...,p$$

Hay que tener presente que todas estas especificidades han de resultar positivas, pues se trata de varianzas. Si alguna resulta negativa puede ser que el método no sea aplicable.

Supuestas todas las especificidades positivas se itera el proceso partiendo de la nueva matriz R* cuya diagonal presenta las comunalidades recién estimadas. El procedimiento iterativo se detiene cuando la diferencia entre la comunalidad estimada para cada variable entre dos iteraciones sucesivas sea menor que una cantidad prefijada.

4.10 MÉTODO DE MÁXIMA VEROSIMILITUD PARA OBTENER LOS FACTORES

Los métodos vistos hasta ahora para obtener los factores pueden considerase métodos directos, mientras que los métodos que se van a ver a continuación son métodos estrictamente estadísticos basados en la teoría de la inferencia.

Para poder utilizar máxima verosimilitud necesitamos añadir la hipótesis suplementaria de que los vectores $\vec{x}_1, \vec{x}_2, \cdots, \vec{x}_n$ constituyen una realización de una muestra aleatoria simple de una población normal p-variante $N_p(\vec{\mu}, \Sigma)$ con $\Sigma = LL' + \Omega$.

Si sustituimos $\vec{\mu}$ por su estimador insesgado $\hat{\vec{\mu}} = \dfrac{1}{n}\sum_{i=1}^{n}\vec{x}_i$, la función de verosimilitud toma la siguiente forma:

$$L(\Sigma, \vec{x}_1, \vec{x}_2, \cdots, \vec{x}_n) = \frac{1}{(2\pi)^{\frac{np}{2}}|\Sigma|^{\frac{n}{2}}} e^{-\frac{n}{2}traza(\Sigma^{-1}S)}$$

$|\Sigma|$ es el determinante de Σ, y $S=(S_{ij})$ es la matriz de covarianzas muestrales, siendo:

$$S_{ij} = \frac{1}{n}\sum_{s=1}^{n}(x_{si} - \hat{\mu}_i)(x_{sj} - \hat{\mu}_j) \quad i,j = 1...p$$

Tomando logaritmos en la función de verosimilitud tenemos:

$$Ln[L(\Sigma, \vec{x}_1, \vec{x}_2, \cdots, \vec{x}_n)] = -\frac{np}{2}Ln(2\pi) - \frac{n}{2}Ln(|\Sigma|) - \frac{n}{2}traza(\Sigma^{-1}S)$$

Suponiendo que $\Sigma = LL' + \Omega$, la verosimilitud será una función de L y Ω que podremos maximizarla suponiendo además que $L'\Omega^{-1}L$ es diagonal.

De la expresión del logaritmo de la verosimilitud se deduce que su maximización es equivalente a la minimización de la expresión:

$$Ln(|\Sigma|) + traza(\Sigma^{-1}S)$$

que también es equivalente a la minimización de la expresión:

$Ln(|\Sigma|) + traza(\Sigma^{-1}S) - Ln(|S|) - p$ (la constante adicional no interviene al minimizar)

y como $Ln(|\Sigma|) - Ln(|S|) = -Ln(\Sigma^{-1}S)$, la función a minimizar será:

$$f(F, \Omega) = traza(\Sigma^{-1}S) - Ln(\Sigma^{-1}S) - p \text{ donde } \Sigma = LL' + \Omega$$

Para hallar $\hat{L}$ y $\hat{\Omega}$ que minimicen $f(L, \Omega) = traza(\Sigma^{-1}S) - Ln(\Sigma^{-1}S) - p$ deben igualarse a cero las derivadas parciales de f respecto de F y Ω respectivamente. Lawley y Maxwell demostraron que estas derivadas parciales toman las expresiones:

$$\frac{\partial f(L, \Omega)}{\partial L} = 2\Sigma^{-1}(\Sigma - S)\Sigma^{-1}L$$

$$\frac{\partial f(F, \Omega)}{\partial \Omega} = diag(\Sigma^{-1}(\Sigma - S)\Sigma^{-1})$$

Luego, las ecuaciones a resolver para hallar $\hat{L}$ y $\hat{\Omega}$ que minimicen f serán:

$$\begin{cases} \Sigma^{-1}(\Sigma - S)\Sigma^{-1}L = 0 \\ diag(\Sigma^{-1}(\Sigma - S)\Sigma^{-1}) = diag(\Sigma^{-1} - \Sigma^{-1}S\Sigma^{-1}) = 0 \\ \Sigma = LL' + \Omega \\ J = L'\Omega^{-1}L \quad diagonal \end{cases}$$

Las ecuaciones anteriores determinan $\hat{L}$ y $\hat{\Omega}$ sólo de forma implícita. Las soluciones explícitas requieren la utilización de métodos iterativos de cálculo numérico.

Lawley demostró que las ecuaciones anteriores son equivalentes a:

$$\begin{cases} L = (S - \Omega)\Omega^{-1} L J^{-1} \\ diag(\Sigma - S) = 0 \Rightarrow v_i = s_{ii} - \sum_{j=1}^{k} a_{ij}^2 \end{cases}$$

En la primera de las dos ecuaciones anteriores se observa que los elementos de la diagonal de J son los valores propios de $\Omega^{-1}(S-\Omega)$, y las columnas de la matriz factorial L son los correspondientes valores propios, con lo cual ya hemos determinado $\hat{L}$. También se demuestra que $\hat{V} = diag(S - \hat{L}\hat{L}')$.

Si se trabaja con variables reducidas, el proceso es similar, sustituyendo la matriz S por la matriz R de correlaciones muestrales. La solución de Lawley sólo tiene como exigencia que Ω^{-1} exista.

Por otra parte, **Joreskog** demostró que las ecuaciones del proceso de minimización de f para una Ω dada son equivalentes a:

$$(\Omega^{-1/2} S \Omega^{-1/2})(\Omega^{-1/2} L) = (\Omega^{-1/2} L)(I + J)$$

lo que nos lleva a la conclusión de que $\Omega^{-1/2} L$ son vectores propios de $\Omega^{-1/2} S \Omega^{-1/2}$ relativos a los valores propios de los elementos de la diagonal de I+J. Entonces, si $\hat{\Theta}$ es la matriz diagonal de orden k con los k primeros valores propios en orden creciente, y $\hat{W}$ es la matriz cuyas columnas son los vectores propios, entonces se demuestra que, para Ω dada, la estimación de la matriz factorial L resulta ser:

$$\hat{L} = \Omega^{-1/2} \hat{W} (\hat{\Theta} - I)^{-1/2}$$

Por otro lado, las ecuaciones del proceso de minimización de f para una L dada son equivalentes a:

$$\frac{\partial f}{\partial \Omega} = diag(\Omega^{-1}(\hat{L}\hat{L}' + \Omega - S)\Omega^{-1}) = 0 \Rightarrow \hat{\Omega} = diag(S - \hat{L}\hat{L}')$$

La solución de Joreskog sólo tiene como exigencia que $\Omega^{-1/2}$ exista. Si alguna unicidad es prácticamente nula, hay problemas con la existencia de $\Omega^{-1/2}$, pero en este caso se obtiene la solución por componentes principales para estas variables con unicidades prácticamente nulas, analizando a continuación las demás variables por el método de la máxima verosimilitud, y combinando finalmente ambos métodos para dar una solución completa al conjunto de todas las variables.

4.11 MÉTODOS MINRES, ULS Y GLS PARA OBTENER LOS FACTORES

El método MINRES (*Minimizing residuals*) también denominado **análisis factorial de correlaciones** calcula la matriz factorial $L = (l_{ij})$ que minimiza los residuos:

$$\bar{r}_{hs} = r_{hs} - \sum_{t=1}^{k} l_{ht} l_{jt} \quad h \neq s$$

Por lo tanto, se calcula la matriz factorial minimizando las diferencias entre la correlación observada y la deducida del modelo factorial, excepto para las correlaciones unitarias $r_{ii}=1$. El criterio de minimización a utilizar es el de los mínimos cuadrados, tratando de hallar L que haga mínima la suma de cuadrados de los elementos no diagonales de la matriz residual $\bar{R} = R * -LL'$, o sea, que haga mínima la función:

$$F(L) = \sum_{j=h+1}^{p} \sum_{h=1}^{p-1} \left(r_{hj} - \sum_{t=1}^{k} a_{ht} a_{jt} \right)^2$$

Este método permite estimar L sin necesidad de determinar previamente las comunalidades, que a su vez se obtienen como resultado del método. Además, en este método no es necesario suponer hipótesis alguna de multinormalidad de las variables, como ocurre en el caso del método de máxima verosimilitud.

La estimación de L a partir de la minimización de F(L) puede dar lugar a comunalidades mayores que la unidad, hecho que se evitará imponiendo a F(L) la restricción:

$$h_j^2 = \sum_{t=1}^{k} l_{jt}^2 \leq 1 \qquad j = 1 \cdots n$$

Para encontrar una solución efectiva de L, lo más adecuado es utilizar el procedimiento iterativo de Gauss-Seidel de resolución de sistemas de ecuaciones lineales.

Joreskog enfoca de forma general la estimación de la matriz factorial estableciendo una relación entre el método de máxima verosimilitud y los métodos basados en el criterio de los mínimos cuadrados. La estimación de L tal que $\Sigma=LL'+\Omega$ obtenida a partir de la matriz de covarianzas muestrales S, para un k dado, se puede conseguir de tres formas distintas:

1º) **Método de los mínimos cuadrados no ponderados ULS** (*unweighted least squares*), que consiste en minimizar la función:

$$U(L,\Omega) = \text{traza}(S\text{-}\Sigma)^2/2|$$

2º) **Método de los mínimos cuadrados generalizados GLS** (*generalited least squares*), que consiste en minimizar la función:

$$G(L,\Omega) = \text{traza}(I\text{-}S^{-1}\Sigma)/2$$

3º) **Método de máxima verosimilitud ML** (*maximum likelood*), que consiste en minimizar la función:

$$F(L,\Omega) = \log(\Sigma)+\text{traza}(S\Sigma^{-1}) - \log(|S|) - p$$

Las tres funciones pueden ser minimizadas mediante el mismo método básico consistente en dos pasos. En el primer paso, se halla el mínimo condicional para Ω dado, lo que produce como resultado una función $f(\Omega)$. En el segundo paso, se minimiza en Ω esta función mediante un método numérico, que generalmente suele ser el de Newton-Raphson, en caso de que se puedan hallar las dos primeras derivadas de la función. Joreskog ofrece las soluciones en función de los valores y vectores propios de la matriz S-Ω en el método ULS, y de la matriz $\Omega S^{-1}\Omega$ en los métodos GLS y ML.

Joreskog interpreta la solución por el método del factor principal y la solución MINRES como equivalentes al método ULS, y afirma que los métodos GLS y ML son invariantes para cambio de escala. Posteriormente se demostró mediante contraejemplos que los métodos ML y GLS no siempre son invariantes, mientras que el método ULS puede serlo en determinadas circunstancias.

4.12 CONTRASTES EN EL MODELO FACTORIAL

En el modelo factorial pueden realizarse varios tipos de contrastes. Estos contrastes suelen agruparse en dos bloques, según se apliquen previamente a la extracción de los factores o que se apliquen después. Con los contrastes aplicados previamente a la extracción de los factores trata de analizarse la pertinencia de la aplicación del análisis factorial a un conjunto de variables observables. Con los contrastes aplicados después de la obtención de los factores se pretende evaluar el modelo factorial una vez estimado.

Dentro del grupo de *contrastes que se aplican previamente a la extracción de los factores* tenemos el contraste de esfericidad de Barlett y la medida de adecuación muestral de Kaiser, Meyer y Olkin.

4.12.1 Contraste de esfericidad de Barlett

Evidentemente, antes de realizar un análisis factorial nos plantearemos si las p variables originales están correlacionadas entre sí o no lo están. Si no lo estuvieran no existirían factores comunes y, por lo tanto, no tendría sentido aplicar el análisis factorial. Esta cuestión suele probarse utilizando el contraste de esfericidad de Barlett.

La matriz de correlación poblacional R_p recoge la relación entre cada par de variables mediante sus elementos ρ_{ij} situados fuera de la diagonal principal. Los elementos de la diagonal principal son unos, ya que toda variable está totalmente relacionada consigo misma. En caso de que no existiese ninguna relación entre las p variables en estudio, la matriz R_p sería la identidad, cuyo determinante es la unidad. Por lo tanto, para decidir la ausencia o no de relación entre las p variables puede plantearse el siguiente contraste:

$$H_0 : \mid R_p \mid = 1$$
$$H_1 : \mid R_p \mid \neq 1$$

Barlett introdujo un estadístico para este contraste basado en la matriz de correlación muestral R, que bajo la hipótesis H0 tiene una distribución chi-cuadrado con $p(p-1)/2$ grados de libertad. La expresión de este estadístico es la siguiente:

$$-[n-1-(2p+5)/6]Ln|R|$$

4.12.2 Medida KMO de Kaiser, Meyer y Olkin de adecuación muestral global al modelo factorial y medida MSA de adecuación individual

En un modelo con varias variables el coeficiente de correlación parcial entre dos variables mide la correlación existente entre ellas una vez que se han descontado los efectos lineales del resto de las variables del modelo. En el modelo factorial se pueden considerar esos efectos de otras variables como los correspondientes a los factores comunes. Por lo tanto, el coeficiente de correlación parcial entre dos variables sería equivalente al coeficiente de correlación entre los factores únicos de esas dos variables. Pero de acuerdo con el modelo de análisis factorial los coeficientes de correlación teóricos calculados entre cada par de factores únicos son nulos por hipótesis, y como los coeficientes de correlación parcial constituyen una aproximación a dichos coeficientes teóricos, deben estar próximos a cero. Kaiser-Meyer y Olkin definen la medida KMO de adecuación muestral global al modelo factorial basada en los coeficientes de correlación observados de cada par de variables y en sus coeficientes de correlación parcial mediante la expresión siguiente:

$$KMO = \frac{\sum_j \sum_{h \neq j} r_{jh}^2}{\sum_j \sum_{h \neq j} r_{jh}^2 + \sum_j \sum_{h \neq j} a_{jh}^2}$$

r_{jh} son los coeficientes de correlación observados entre las variables X_j y X_h
a_{jh} son los coeficientes de correlación parcial entre las variables X_j y X_h

En el caso de que exista adecuación de los datos a un modelo de análisis factorial, el término del denominador, que recoge los coeficientes a_{jh}, será pequeño y, en consecuencia, la medida KMO será próxima a la unidad. Valores de KMO por debajo de 0,5 no serán aceptables, considerándose inadecuados los datos a un modelo de análisis factorial. Para valores superiores a 0,5 se considera aceptable la adecuación de los datos a un modelo de análisis factorial. Mientras más cerca estén de 1 los valores de KMO mejor es la adecuación de los datos a un modelo factorial, considerándose ya excelente la adecuación para valores de KMO próximos a 0,9.

También existe una medida de adecuación muestral individual para cada una de las variables basada en la medida KMO. Esta medida se denomina MSA (*Measure of Sampling Adequacy*), se define de la siguiente forma:

$$MSA_j = \frac{\sum_{h \neq j} r_{jh}^2}{\sum_{h \neq j} r_{jh}^2 + \sum_{h \neq j} a_{jh}^2}$$

Si el valor de MSA_j se aproxima a la unidad, la variable X_j será adecuada para su tratamiento en el análisis factorial con el resto de las variables.

También en el modelo factorial pueden realizarse ***contrastes después de la obtención de los factores con los que se pretende evaluar el modelo factorial una vez estimado***. Entre ellos tenemos el contraste para la bondad de ajuste del método de máxima verosimilitud y el contraste para la bondad de ajuste del método MINRES.

4.12.3 Contraste para la bondad de ajuste en el método ML de máxima verosimilitud

Una de las principales ventajas de la estimación del modelo factorial por máxima verosimilitud es que proporciona un contraste para la hipótesis:

H_0: k factores son suficientes para describir los datos.
H_1: La matriz Σ no tiene restricciones.

Sabemos que bajo H_0 la función de máxima verosimilitud es:

$$L_0(\hat{\Sigma}, \vec{x}_1, \vec{x}_2, \cdots, \vec{x}_n) = \frac{1}{(2\pi)^{\frac{np}{2}} |\hat{\Sigma}|^{\frac{n}{2}}} e^{-\frac{n}{2} traza(\hat{\Sigma}^{-1} S)}$$

con $\hat{\Sigma} = \hat{L}\hat{L}' + \hat{\Omega}$, siendo $\hat{L}$ y $\hat{\Omega}$ los estimadores de máxima verosimilitud obtenidos. Bajo H_1 sabemos que el estimador de máxima verosimilitud de Σ es S, en cuyo caso la función de verosimilitud será:

$$L_1(\hat{\Sigma}, \vec{x}_1, \vec{x}_2, \cdots, \vec{x}_n) = \frac{1}{(2\pi)^{\frac{np}{2}} |S|^{\frac{n}{2}}} e^{-\frac{n}{2} traza(I)} = \frac{1}{(2\pi)^{\frac{np}{2}} |S|^{\frac{n}{2}}} e^{-\frac{n}{2} p}$$

Si llamamos $\lambda = \dfrac{L_0}{L_1}$ sabemos que el contraste de razón de verosimilitud se realiza utilizando el estadístico:

$$-2Ln\lambda = -2\left[\frac{n}{2} Ln(|S|) + \frac{n}{2}p - \frac{n}{2} Ln(|\hat{\Sigma}|) - \frac{n}{2} traza(\hat{\Sigma}^{-1} S) \right] =$$

$$-np - nLn\left(\frac{|S|}{|\hat{\Sigma}|} \right) + ntraza(\hat{\Sigma}^{-1} S) = np\left[\frac{1}{p} traza(\hat{\Sigma}^{-1} S) - \frac{1}{p} Ln(|\hat{\Sigma}^{-1} S|) - 1 \right] =$$

$$= np(\hat{a} - Ln(\hat{g}) - 1)$$

donde $\hat{a}$ y $\hat{g}$ son, respectivamente, las medias aritmética y geométrica de los valores propios de $\hat{\Sigma}^{-1} S$.

Sabemos que, si H_0 es cierta, $-2Ln\lambda$ sigue asintóticamente una distribución chi-cuadrado con s grados de libertad, dónde:

$$s = p(p+1)/2 - [p(k+1) - k(k-1)/2] = (p-k)^2 - (p+k)$$

luego para una probabilidad de error de tipo I de valor α, la región de aceptación de H_0 es:

$$\left\{ np(\hat{a} - Ln(\hat{g}) - 1) \leq \chi^2_{s,\alpha} \right\}$$

Bartlett demostró que la aproximación a la chi-cuadrado mejoraba si se sustituía n por $n' = n - 1 - (2p+5)/5 - 2k/3$.

En el caso trivial, k=0, H_0 es la hipótesis de que las variables son independientes. En este caso el estimador de máxima verosimilitud de Σ es $\hat{\Sigma} = diag(S)$, y como:

$$traza(\hat{\Sigma}^{-1}S) = traza(\hat{\Sigma}^{-1/2} S \hat{\Sigma}^{-1/2}) = traza(R) = p$$

donde R es la matriz de correlaciones de los datos.

El estadístico del contraste será $-n\,Ln(\,|R|\,)$.

En la práctica, el problema es decidir cuántos factores comunes es razonable que se ajusten a los datos. Para hacer esto se sigue un procedimiento secuencial partiendo de un valor pequeño para k (k=0 o k=1) y se aumenta el número de factores comunes de uno en uno hasta que no se rechace H0. Este procedimiento, sin embargo, ha sido objeto de críticas, ya que los valores críticos del contraste no se ajustan para tener en cuenta que se contrastan secuencialmente un conjunto de hipótesis.

Para determinados datos, el modelo factorial se rechaza para todos los valores de k para los que s>0. En tales casos concluimos que no existe modelo factorial que se ajuste a los datos.

4.12.4 Contraste para la bondad de ajuste en el método MINRES

La estimación MINRES también proporciona un contraste para las hipótesis:

H_0 : k factores son suficientes para describir los datos.
H_1 : La matriz Σ no tiene restricciones.

El contraste se basa en el estadístico $U_k=(N-1)\log(|LL'+\Omega| \,/\, |R|)$ cuya distribución asintótica bajo la hipótesis nula H_0 y suponiendo multinormalidad de las variables es una chi-cuadrado con $d=[(p-k)^2-p-k]/2$ grados de libertad.

Este estadístico suele aparecer también bajo la forma:

$$U_k=N[\log(|LL'+\Omega|) - \log(|R|) + \text{traza}(R(LL'+\Omega)^{-1}) - p]$$

e incluso, siendo más sofisticados, podría utilizarse el valor $N-1-(2p+5)/5-2m/3$ en lugar de N, sobre todo cuando N no es muy grande.

4.13 INTERPRETACIÓN GEOMÉTRICA DEL ANÁLISIS FACTORIAL

En el análisis factorial puede realizarse una representación geométrica de las variables aleatorias objeto del análisis. Podemos representar una variable X por un vector considerando la desviación típica $\sigma(X)$ como la norma (módulo o longitud) del mismo ($\|X\|=\sigma(X)$). Esto es lógico hacerlo ya que una variable es tanto más variable cuanto más dispersa está respecto de su media (representa una variabilidad mayor), y la medida de esta dispersión es precisamente la desviación típica.

Pero para representar completamente la variable X por un vector tenemos que asignarle una dirección y un sentido. La dirección de un vector se determina con referencia a otro vector, que se supone fijo, en función del coseno del ángulo que forman $(-1 \leq \cos(\varphi) \leq +1)$, que vale $+1$ si ambos vectores tienen la misma dirección y sentido, que vale -1 si ambos vectores tienen la misma dirección y distinto sentido, y que vale cero en caso de que ambos vectores sean ortogonales. Para dos de nuestras variables X e Y podemos considerar su coeficiente de correlación ρ que también verifica $-1 \leq \rho \leq +1$, y que suponiendo que X e Y tienen media nula, $\rho=\pm 1$ implica $Y=aX$. Luego $\rho=+1$ implica que las dos variables tengan la misma dirección y sentido, y $\rho=-1$ implica que las dos variables tengan la misma dirección y distinto sentido.

Intuitivamente podemos decir que dos variables están separadas al máximo si son incorrelacionadas, y como la separación máxima en cuanto a la dirección de dos factores es la ortogonalidad, dicha separación referida a variables será la incorrelación. Podemos entonces poner $\rho=\cos(\varphi)$ y utilizar la correlación para dar una idea de la separación direccional de dos variables aleatorias consideradas como vectores. La separación máxima.

Por lo tanto, podemos representar cada variable del análisis factorial por un vector de módulo igual a la desviación típica de la variable y con origen en el origen de coordenadas. El coseno del ángulo formado por dos vectores es el coeficiente de correlación de las correspondientes variables, correspondiéndose la incorrelación entre dos variables con la ortogonalidad entre dos vectores.

Si las variables son reducidas estarán representadas por vectores de módulo unidad. Si las variables son linealmente independientes (rango n), estos vectores ocuparán un espacio n-dimensional con sus extremos en una esfera de radio unidad, siendo los factores vectores unitarios ortogonales y ortonormales.

En el modelo factorial tenemos:

$$X_1 = l_{11}F_1 + l_{12}F_2 + \cdots + l_{1k}F_k + e_1$$
$$X_2 = l_{21}F_1 + l_{22}F_2 + \cdots + l_{2k}F_k + e_2$$
$$\vdots$$
$$X_p = l_{p1}F_1 + l_{p2}F_2 + \cdots + l_{pk}F_k + e_k$$

con lo que podemos representar las variables del modelo una vez restadas sus unicidades en función de k factores como sigue:

$$X_1' = X_1 - e_1 = l_{11}F_1 + l_{12}F_2 + \cdots + l_{1k}F_k$$
$$X_2' = X_2 - e_2 = l_{21}F_2 + l_{22}F_2 + \cdots + l_{2k}F_k$$
$$\vdots$$
$$X_p' = X_p - e_p = l_{p1}F_1 + l_{p2}F_2 + \cdots + l_{pk}F_k$$

De esta forma tenemos las variables del análisis factorial sin sus unicidades representadas por los factores, siendo el módulo de estas variables X_j' inferior a la unidad (es exactamente h, pues h_j^2 es la parte de la varianza de la variable X_j debida a los factores comunes, es decir, $V(X_j')$, es decir, la comunalidad). Las saturaciones, pesos o cargas factoriales de cada variable en cada factor se representarán por las proyecciones ortogonales de cada variable en cada factor.

A continuación, se presenta un gráfico relativo a cuatro variables X_1, X_2, X_3 y X_4 representadas por dos factores F_1 y F_2.

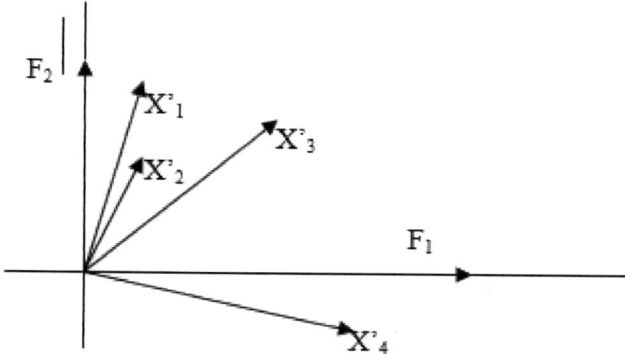

Como las saturaciones, pesos o cargas factoriales de cada variable en cada factor (elementos de la matriz factorial), se representan por las proyecciones ortogonales de cada variable en cada factor, la cuarta variable se explica fuertemente y de forma positiva por el primer factor (proyección positiva grande de X'_4 sobre F_1), mientras que se representa poco y en sentido negativo por el segundo factor (proyección negativa pequeña de X'_4 sobre F_2). De la misma forma, la primera y segunda variables se explican fuertemente y de forma positiva por el segundo factor, y se explican poco y de forma positiva por el primer factor. La tercera variable se explica de igual forma por el primero y segundo factor.

Puede ocurrir que al realizar esta representación geométrica del modelo factorial, las proyecciones de la mayoría de las variables sobre los factores no sean lo suficientemente grandes como para que la interpretación del modelo resulte adecuada. Si la representación geométrica resulta difusa, se puede realizar una rotación de los factores que clarifique las proyecciones de las variables sobre ellos. Nos introducimos así en el campo de las rotaciones factoriales, que se explicarán con más detalle en los siguientes apartados.

Con una rotación factorial se transforma una solución factorial inicial en otro tipo de solución preferida. Tal transformación va encaminada a poner de manifiesto la solución de la manera más convincente y clara para su interpretación científica.

Teóricamente puede justificarse la interpretación vectorial realizada aquí por el hecho de que el conjunto de variables aleatorias sobre una población dotado de las operaciones de suma y producto por un escalar tiene estructura de espacio vectorial. Las variables con varianza finita y esperanza nula forman un subespacio vectorial del anterior en el cual la covarianza $Cov(X,Y)$ es un producto escalar que define una norma dada por la varianza y un ángulo entre vectores cuyo coseno es el coeficiente de correlación.

4.14 ROTACIÓN DE LOS FACTORES

El trabajo en el análisis factorial persigue que los factores comunes tengan una interpretación clara, porque de esa forma se analizan mejor las interrelaciones existentes entre las variables originales. Sin embargo, en muy pocas ocasiones resulta fácil encontrar una interpretación adecuada de los factores, iniciales, con independencia del método que se haya utilizado para su extracción. Precisamente los procedimientos de *rotación de factores* se han ideado para obtener, a partir de la solución inicial, unos factores que sean fácilmente interpretables.

En la solución inicial cada uno de los factores comunes están correlacionados en mayor o menor medida con cada una de las variables originales. Pues bien, con los *factores rotados* se trata de que cada una de las variables originales tenga una correlación lo más próxima a 1 que sea posible con uno de los factores y correlaciones próximas a 0 con el resto de los factores. De esta forma, y dado que hay más variables que factores comunes, cada factor tendrá una correlación alta con un grupo de variables y baja con el resto de variables. Examinando las características de las variables de un grupo asociado a un determinado factor se pueden encontrar rasgos comunes que permitan identificar el factor y darle una denominación que responda a esos rasgos comunes. Si se consigue identificar claramente estos rasgos, se habrá dado un paso importante, ya que con los factores comunes no sólo se reducirá la dimensionalidad del problema, sino que también se conseguirá desvelar la naturaleza de las interrelaciones existentes entre las variables originales.

Existen dos formas básicas de realizar la rotación de factores: rotación ortogonal y rotación oblicua. En la ***rotación ortogonal***, los ejes se rotan de forma que quede preservada la incorrelación entre los factores. Dicho de otra forma, los nuevos ejes, o ejes rotados, son perpendiculares de igual forma que lo son los factores sin rotar. Por esta restricción, a la rotación ortogonal se le denomina también *rotación rígida*. Entre los diversos procedimientos de rotación ortogonal el denominado método *Varimax* es el más conocido y aplicado. Los ejes de los factores del método *Varimax* se obtienen maximizando la suma de varianzas de las cargas factoriales al cuadrado dentro de cada factor. Existen otros métodos de rotación ortogonal de los factores menos utilizados, como son el método *Equamax* y el método *Quartimax*.

En la ***rotación oblicua*** los ejes no son ortogonales y los factores ya no estarán incorrelacionados, con lo que se pierde una propiedad que en principio es deseable que cumplan los factores. Sin embargo, en ocasiones puede compensarse esta pérdida, si, a cambio, se consigue una asociación más nítida de cada una de las variables con el factor correspondiente. El método de rotación oblicua más conocido es el denominado *Oblimin*, existiendo otros menos utilizados como el *Oblimax, Promax, Quartimin, Biquartimin* y *Covarimin*, algoritmos que permiten controlar el grado de no ortogonalidad. Conviene advertir que tanto en la rotación ortogonal, como en la rotación oblicua la comunalidad de cada variable no se ve modificada.

La obtención de la matriz factorial es en general el primer paso de la factorización. El siguiente paso es la rotación de los factores a fin de obtener unos nuevos factores que tengan mayor interpretabilidad. Los diferentes criterios de rotación se rigen por el **postulado de parsimonia**, mediante el cual se elegirá el número mínimo de factores comunes compatible con las variables, y entre las diferentes clases de factores, se elegirán aquellos cuya estructura goce de mayor simplicidad.

4.15 ROTACIONES ORTOGONALES

En la rotación ortogonal se plantea el problema siguiente: dada la matriz factorial L, hallar una matriz ortogonal de transformación T, de modo que la matriz B=LT sea la matriz factorial de unos nuevos factores ortogonales, verificando ciertas condiciones analíticas de estructura simple definidas por los distintos métodos de rotación.

4.15.1 Método Varimax

El método *Varimax* obtiene los ejes de los factores maximizando la suma de varianzas de las cargas factoriales al cuadrado dentro de cada factor. Suele definirse la *simplicidad* de un factor por la varianza de los cuadrados de sus cargas factoriales en las variables observables. La simplicidad S_i^2 del factor F_i será entonces:

$$S_i^2 = \frac{1}{p}\sum_{j=1}^{p}(l_{ji}^2)^2 - \left(\frac{1}{p}\sum_{j=1}^{p}l_{ji}^2\right)^2$$

El método de rotación Varimax pretende hallar B=LT de modo que la suma de las simplicidades de todos los factores sea máxima, lo que implica la maximización de:

$$S^2 = \sum_{i=1}^{k}S_i^2 = \sum_{i=1}^{k}\left[\frac{1}{p}\sum_{j=1}^{p}(l_{ji}^2)^2 - \left(\frac{1}{p}\sum_{j=1}^{p}l_{ji}^2\right)^2\right]$$

El problema que plantea la expresión anterior es que las variables con mayores comunalidades tienen una mayor influencia en la solución final. Para solventar este problema se efectúa la normalización de Kaiser, en la que cada carga factorial al cuadrado se divide por la comunalidad de la variable correspondiente (método *Varimax normalizado*). La función a maximizar será ahora:

$$SN^2 = \sum_{i=1}^{k}\left[\frac{1}{p}\sum_{j=1}^{p}\left(\frac{l_{ji}^2}{h_j^2}\right)^2 - \left(\frac{1}{p}\sum_{j=1}^{p}\frac{l_{ji}^2}{h_j^2}\right)^2\right]$$

En su forma definitiva, el ***método Varimax*** halla la matriz B maximizando:

$$W = p^2 SN^2 = p\sum_{i=1}^{k}\sum_{j=1}^{p}\left(\frac{l_{ji}^2}{h_j^2}\right)^2 - \sum_{i=1}^{n}\left(\sum_{j=1}^{p}\frac{l_{ji}^2}{h_j^2}\right)^2$$

Para realizar la maximización se halla la matriz $T = \begin{pmatrix} Cos(\varphi) & Sen(\varphi) \\ -Sen(\varphi) & Cos(\varphi) \end{pmatrix}$

que efectúa la rotación de dos factores de forma que su suma de simplicidades sea máxima. Repitiendo esto para los p(p-1)/2 pares posibles de factores, se tiene:

B=LT$_{11}$T$_{12}$T$_{13}$...T $_{m-1,m}$

Cuando la rotación es de más de dos factores se realiza un procedimiento iterativo. El primer y segundo factor se giran según el ángulo φ determinado por el procedimiento anterior. El nuevo primer factor se gira con el tercer factor, y se sigue así hasta que todos los k(k−1)/2 pares de factores hayan sido girados. Esta sucesión de rotaciones se llama ciclo. Se repiten los ciclos hasta completar uno en que todos los ángulos de giro sean menores que un cierto valor prefijado.

Una propiedad importante del método *Varimax* es que, después de aplicado, queda inalterada, tanto la varianza total explicada por los factores, como la comunalidad de cada una de las variables. La nueva matriz corresponde también a factores ortogonales y tiende a simplificar la matriz factorial por columnas, siendo muy adecuada cuando el número de factores es pequeño.

4.15.2 Método Quartimax

Cuando se realizan rotaciones de los factores se maximizan unas cargas factoriales a costa de minimizar otras. En el caso de la rotación *Quartimax* se hace máxima la suma de las cuartas potencias de todas las cargas factoriales, esto es:

$$Q = \sum_{j=1}^{p}\sum_{i=1}^{k}\left(l_{ji}^2\right)^2 = \sum_{j=1}^{p}\sum_{i=1}^{k}l_{ji}^4 \quad \text{debe ser máximo}$$

Si T es la matriz ortogonal de la transformación y B=LT, las comunalidades $\sum_{i=1}^{k} b_{ji}^2 = \sum_{i=1}^{k} l_{ji}^2 = h_j^2$ permanecen invariantes, con lo que también permanecerá

constante su cuadrado $\left(\sum_{i=1}^{k} b_{ji}^2\right)^2 = \sum_{i=1}^{k} b_{ji}^4 + 2\sum_{i<r}^{k} b_{ji}^2 b_{jr}^2$. Sumando las p variables se tiene:

$$\sum_{j=1}^{p}\sum_{i=1}^{k} b_{ji}^4 + 2\sum_{j=1}^{p}\sum_{i<r}^{k} b_{ji}^2 b_{jr}^2 = \text{constante}$$

En esta expresión, el término de la izquierda es Q, y su maximización implica la minimización del término de la derecha $N = \sum_{j=1}^{p}\sum_{i<r}^{k} b_{ji}^2 b_{jr}^2$, lo que da una estructura más simple a la matriz B.

También puede considerarse la varianza de los cuadrados de todas las cargas factoriales de la matriz, obteniéndose la expresión:

$$M = \frac{1}{kp}\sum_{j=1}^{p}\sum_{i=1}^{k} b_{ji}^4 - (\overline{b}^2)^2 \qquad \overline{b}^2 = \frac{1}{kp}\sum_{j=1}^{p}\sum_{i=1}^{k} b_{ji}^2$$

La maximización de M también es un buen criterio de estructura simple.

Otro camino distinto consiste en hallar la matriz factorial B de modo que la curtosis de los cuadrados de sus cargas factoriales sea máxima. Tendremos que:

$$K = \frac{\displaystyle\sum_{j=1}^{p}\sum_{i=1}^{k} b_{ji}^4}{\left(\displaystyle\sum_{j=1}^{p}\sum_{i=1}^{k} b_{ji}^2\right)^2} \quad \text{debe ser máximo}$$

En resumen, hemos planteado cuatro criterios analíticos de estructura simple (Q máximo, N mínimo, K máximo y M máximo) todos ellos equivalentes. La obtención de B que verifique uno cualquiera de los criterios anteriores se consigue maximizando Q. Para obtener la matriz B que maximiza Q se sigue un proceso análogo al de la rotación *Varimax*.

La nueva matriz corresponde también a factores ortogonales y tiende a simplificar la matriz factorial por filas, siendo muy adecuada cuando el número de factores es elevado.

4.15.3 Métodos Ortomax: Ortomax general, Biquartimax y Equamax

Realmente sólo existen dos métodos distintos para conseguir rotaciones ortogonales que se aproximen a la estructura simple, que son el método *Varimax* y el método *Quartimax*.

El ***método Ortomax general*** considera una solución intermedia a los métodos *Varimax* y *Quartimax*, maximizando la función:

$$B = \alpha Q + \beta W$$

siendo α, β parámetros a elegir.

Poniendo $\nu = \beta/(\alpha+\beta)$, y después de algunas transformaciones, el llamado *método Ortomax en su forma general* consiste en maximizar:

$$\sum_{r=1}^{k}\left(\sum_{j=1}^{p} b_{jr}^{4} - \frac{\nu}{p}\left(\sum_{j=1}^{p} b_{jr}^{2} \right)^{2} \right)$$

Si $\nu=0$ el *método Ortomax general* equivale al método *Quartimax*, y si $\nu=1$ equivale al método *Varimax*. Si $\nu=1/2$ tenemos el ***método Biquartimax*** o criterio igualmente ponderado. Si $\nu=k/2$ tenemos el ***método Equamax***

4.16 ROTACIONES OBLÍCUAS

Dado el modelo factorial L (de factores ortogonales), nos proponemos hallar una matriz T, de modo que P=LT verifique unos criterios de estructura simple. No imponemos ahora restricción a la matriz T, es decir, T puede ser no ortogonal. Esto significa que la matriz P corresponderá a unos factores oblicuos y contendrá las cargas factoriales de las variables en los factores oblicuos. No obstante, existe una matriz V de estructura factorial oblicua tal que V=PD=LΛ siendo D diagonal y Λ coincidente con T normalizada por filas, con lo que las columnas de V son las mismas que las de P multiplicadas por una constante. Por lo tanto, la optimización de P implica la de V y viceversa.

Existen varios métodos para alcanzar una estructura simple oblicua, unos sobre la matriz V y otros sobre la matriz P.

4.16.1 Método Oblimax y método Quartimin

En el *método Oblimax* se halla Λ de modo que los coeficientes de $V = L\Lambda$ verifiquen que:

$$K = \frac{\displaystyle\sum_{j=1}^{p}\sum_{i=1}^{k} v_{ji}^{4}}{\left(\displaystyle\sum_{j=1}^{p}\sum_{i=1}^{k} v_{ji}^{2}\right)^{2}} \quad \text{sea máximo}$$

Para obtener Λ se empieza rotando un par de factores mediante una matriz cualquiera que maximice K para este par. Esto se repite para todos los pares completando un ciclo, ciclos que también se repiten hasta que K alcance el máximo.

En el *método Quartimin* se minimiza:

$$N = \sum_{j=1}^{p}\sum_{i<r}^{k} v_{ji}^{2} v_{jr}^{2}$$

El proceso numérico para hallar Λ exige una larga iteración, en la que cada paso es la obtención de los vectores propios de una matriz simétrica.

4.16.2 Métodos Oblimin: Covarimin, Oblimin general y Biquartimin

Se trata de la adaptación de la rotación *Varimax* al caso oblicuo. Un primer método es el *método Covarimin* que consiste en minimizar las covarianzas de los cuadrados de los coeficientes de V. Es decir, se trata de minimizar la expresión:

$$C = \sum_{r<s=1}^{k} \left(p\sum_{j=1}^{p} v_{jr}^{2} v_{js}^{2} - \sum_{j=1}^{p} v_{jr}^{2} \sum_{j=1}^{p} v_{js}^{2} \right)$$

Se demuestra que en el caso ortogonal equivale al método *Varimax*. El inconveniente de este método es que proporciona factores casi ortogonales, en contraste con los factores muy oblicuos que proporciona el método *Quartimin*.

El *método Oblimin general* considera una solución intermedia a los métodos *Covarimin* y *Quartimin*, minimizando la función:

$$B = \alpha N + \beta C/n$$

siendo α, β los parámetros a elegir.

Poniendo $v = \beta/(\alpha + \beta)$, y después de algunas transformaciones, el llamado *método Oblimin en su forma general* consiste en minimizar:

$$B = \sum_{r<s=1}^{k} \left(p \sum_{j=1}^{p} v_{jr}^2 v_{js}^2 - v \sum_{j=1}^{p} v_{jr}^2 \sum_{j=1}^{p} v_{js}^2 \right)$$

El grado de oblicuidad de los factores depende del parámetro $0 \le v \le 1$. Si $v=0$ equivale al método *Quartimin* (máxima oblicuidad), y si $v=1$ equivale al método *Covarimin* (mínima oblicuidad). Si $v=1/2$ tenemos el **método Biquartimin**.

4.16.3 Método Oblimin directo: Rotación Promax

El **método Oblimin directo** consiste en hallar P de modo que sea mínimo:

$$f(P) = \sum_{r<s=1}^{k} \left(\sum_{j=1}^{p} p_{jr}^2 p_{js}^2 - \frac{\delta}{p} \sum_{j=1}^{p} p_{jr}^2 \sum_{j=1}^{p} p_{js}^2 \right)$$

siendo δ un parámetro que determina el grado de oblicuidad de los factores.

El **método de Rotación Promax** es un método directo calculable sin necesidad de procesos iterativos, resultando más simple que el resto de los métodos de rotación oblicua. Este método se aplica directamente a la matriz factorial ortogonal rotada según el criterio *Varimax*.

Sea A la matriz factorial ortogonal rotada según el método *Varimax*. Se construye la matriz $\mathbf{P} = (\mathbf{P_{ij}})$ siendo:

$$P_{ij} = \frac{\left| a_{ij}^{r+1} \right|}{a_{ij}} \qquad r>1$$

Cada elemento de P es la potencia r-ésima del respectivo elemento de A conservando el signo. Una carga factorial a_{ij} grande elevada a la potencia r quedará mucho más destacada que una saturación pequeña. A continuación, se calcula L tal que AL coincida con P en el sentido de los mínimos cuadrados, siendo la solución:

$$L = (A'A)^{-1} A'P$$

La matriz L debe ser normalizada de modo que $T=(L')^{-1}$ tenga sus factores columna de módulo unidad. Entonces P=AL es el modelo factorial oblicuo y el grado de oblicuidad de los factores obtenidos aumenta con el valor entero r, que juega un papel parecido a v en los métodos *Oblimin*.

4.17 PUNTUACIONES O MEDICIÓN DE LOS FACTORES

El análisis factorial es en muchas ocasiones un paso previo a otros análisis, en los que se sustituye el conjunto de variables originales por los factores obtenidos. Por ejemplo, en el caso de estimación de modelos afectados de multicolinealidad. Por ello, es necesario conocer los valores que toman los factores en cada observación. Sin embargo, es importante hacer constar que, salvo el caso de que se haya aplicado el análisis de componentes principales para la extracción de factores, no se obtienen unas puntuaciones exactas para los factores. En su lugar, es preciso realizar estimaciones para obtenerlas. Estas estimaciones se pueden realizar por distintos métodos. Los procedimientos más conocidos, y que aparecen implementados en los paquetes de software son los de *mínimos cuadrados, regresión, Anderson-Rubin y Barlett*.

En el método de regresión las puntuaciones de los factores obtenidas pueden estar correlacionadas, aun cuando se asume que los factores son ortogonales. Tampoco la varianza de las puntuaciones de cada factor es igual a 1. Con el método de Anderson-Rubin se obtienen puntuaciones de factores que están incorrelacionadas y que tienen varianza 1. Finalmente, en el método de Barlett se aplica el método de máxima verosimilitud, haciendo el supuesto de que los factores tienen una distribución normal con media y matriz de covarianzas dadas.

Sea nuestro modelo factorial $X=LF+e$, y sea $x=(x_1,...,x_p)$ un valor concreto de la variable medida sobre un cierto individuo de la población p-dimensional. Se trata ahora de medir el valor correspondiente de $f=(f_1,...,f_k)$ relativo a los k factores comunes.

4.17.1 Medición de componentes principales

En el caso de las componentes principales el número de factores comunes coincide con el de variables. El modelo factorial será $X=LF$ y se pueden expresar los factores directamente como combinación lineal de las variables poniendo $F=L^{-1}X$.

Si los factores son las componentes principales, la solución es todavía más directa, ya que premultiplicando por L' en el modelo factorial se tiene $L'X=L'LF$, de donde $F=(L'L)^{-1}L'X$. Además, los vectores columna de L son vectores propios ortogonales de la matriz de correlaciones R, siendo los cuadrados de sus módulos los valores propios correspondientes. Luego $L'L=D_\lambda$ es una matriz diagonal que contiene los valores propios, y $F=(D_\lambda)^{-1}L'X$, pudiéndose expresar cada componente principal según la combinación lineal:

$$F_j = \sum_{i=1}^{p} \frac{l_{ij}}{\lambda_j} X_i \quad j=1...k$$

4.17.2 Medición de los factores mediante estimación por mínimos cuadrados

Cuando el número de factores comunes es inferior a p, no es posible expresarlos directamente en función de las variables, es decir, no es posible expresar $f=(f_1,...,f_k)$ en función de $x=(x_1,...,x_p)$.

Si interpretamos $x=Lf+e$ como un modelo lineal donde x y L son conocidos, f son los parámetros desconocidos y e son los errores del modelo, podemos estimar f tal que sea mínimo:

$$\sum_{i=1}^{p}(x_i - l_{i1}f_1 - \cdots l_{ik}f_k)^2$$

La estimación de f es: $\hat{f} = (L'L)^{-1}L'x$

4.17.3 Medición de los factores mediante estimación por regresión

Consideramos la regresión múltiple del factor F_i sobre las variables $X_1,...,X_p$

$$\hat{F}_i = \hat{\beta}_1 X_1 + \cdots \hat{\beta}_p X_p = \hat{\beta}_i X$$

F_i verifica que $E[(F_i\text{-}F_i)^2]$ es mínimo, y los coeficientes $\hat{\beta}$ se obtienen de la relación $\hat{\beta}_i = R^{-1}\delta$ siendo δ_i el vector columna con las correlaciones entre el factor Fi y las variables X. Estimando F_i mediante $\hat{F}_i$ tendremos:

$$\hat{F}_i = \delta_i{}' \, R^{-1} X$$

y considerando los *m* factores comunes tendremos:

$$\hat{f} = S \, R^{-1} x$$

siendo S=LT (las columnas de T contienen las cargas factoriales de los factores oblicuos respecto a los ortogonales) la matriz de la estructura factorial. En el caso de factores ortogonales S=L y tenemos:

$$\hat{f} = L' \, R^{-1} x$$

4.17.4 Medición de los factores mediante el método de Bartlett

Bartlett considera que las variables en el modelo factorial son combinación lineal de los factores comunes, mientras que los factores únicos deben ser entendidos como desviaciones de esta combinación lineal, por lo que deben ser minimizadas.

Dados *x* y *f*, los valores de los factores únicos son:

$$u_i = (x_i - \sum_{j=1}^{k} l_{ij} f_j) / d_i \quad i=1,...,p$$

Consideramos entonces la función $G = u_1{}^2 + ... + u_p{}^2$ y, según Bartlett, hallamos *f* de modo que *G* sea mínimo. Se tiene:

$$\frac{\partial G}{\partial f_r} = 2\sum_{i=1}^{p} (x_i - \sum_{j=1}^{k} l_{ij} f_j)\frac{(-l_{ir})}{d_i^2} = 0 \quad r=1...k$$

de donde:

$$\sum_{i=1}^{p} x_i \frac{l_{ir}}{d_i^2} = \sum_{i=1}^{p} \frac{l_{ir}}{d_i^2} \sum_{j=1}^{k} l_{ij} f_j = 0$$

y en notación matricial: $L'D^{-2} x = L'D^{-2} L f$, realizándose la estimación de los factores mediante:

$$\hat{f} = (L'D^{-2} L)^{-1} L'D^{-2} x$$

4.17.5 Medición de los factores mediante el método de Anderson y Rubin

Se trata de una modificación del método de Bartlett consistente en minimizar la función $G = u_1^2 + \ldots + u_p^2$ condicionada a que los factores estimados sean ortogonales, es decir, $E(\hat{F}_i . F_j) = 0$ $i \neq j$. La solución obtenida por Anderson y Rubin es:

$$\hat{f} = B^{-1} L'D^{-2} x \mid B^2 = L'D^{-2} R D^{-2} A$$

4.18 ANÁLISIS FACTORIAL EXPLORATORIO Y CONFIRMATORIO

Una tarea fundamental en cualquier ciencia experimental es la exploración, descripción, clasificación y análisis de los objetos y fenómenos naturales. Técnicas como el análisis de componentes principales, el análisis de correspondencias, el análisis de proximidades, la taxonomía numérica, etc., son una buena herramienta para alcanzar este objetivo.

El análisis factorial nos ha permitido analizar la dimensionalidad latente en un conjunto de *n* variables observables, expresada a través de unos factores comunes. Hemos dedicado este Capítulo a determinar el número de factores y su influencia en las variables, siguiendo unos criterios de estructura simple, tomando como información principal la matriz de correlaciones y sin utilizar ningún otro tipo de información. Esta es la forma de análisis que ha predominado hasta los años sesenta, bajo la influencia de Thurstone y que se conoce con el nombre de *Análisis factorial exploratorio*, análisis que ha cumplido y sigue cumpliendo una meritoria labor en Psicología y otras ciencias.

La experiencia demuestra, no obstante, que la utilización a ciegas del análisis factorial exploratorio no siempre proporciona factores fácilmente interpretables. El análisis factorial realizado con un conocimiento previo de las características de los factores suele dar mejores resultados. Más que de una exploración se trata ahora de confirmar unos factores más o menos conocidos, por razones de tradición científica, porque han sido hallados en otros análisis similares, etc. Esta es, en líneas generales, la filosofía del *Análisis factorial confirmatorio*.

La utilización de un método en sentido confirmatorio obliga a comprobar si las variables se ajustan a un cierto modelo o hipótesis preexistente, de forma parcial o absoluta. Normalmente se utiliza cuando una rama del conocimiento científico ha llegado a un estado de mayor sofisticación y desarrollo, interesando construir nuevas experiencias controladas, generalizar teorías, encontrar aplicaciones, etc.

El análisis factorial puede ser correctamente utilizado en sentido confirmatorio por la especial flexibilidad del modelo factorial. Esta propiedad no la tienen, en general, otros métodos multivariantes (análisis de correspondencias, análisis canónico, etc.), en los que se trata de reducir la dimensión de los datos con pérdida mínima de información.

El *Análisis factorial confirmatorio* normalmente trabaja sobre factores oblicuos. Dada una matriz de correlaciones, en análisis factorial confirmatorio se parte de una supuesta estructura factorial responsable de las relaciones entre las variables. El caso más simple consiste en establecer una hipótesis sobre el número de factores comunes. En general, el tipo de hipótesis hace referencia a la naturaleza de los factores (ortogonales, oblicuos, mixtos), al número de factores comunes, o a las cargas factoriales fijas y libres del modelo factorial.

Generalmente se realiza la estimación del supuesto modelo factorial confirmatorio sujeto a determinadas restricciones mediante el método de máxima verosimilitud y posteriormente se confirman las restricciones mediante un adecuado contraste de hipótesis generalmente basado en la razón de verosimilitudes. El método de máxima verosimilitud estudiado en este Capítulo para la estimación del modelo factorial y los contrastes del modelo están incluidos en las técnicas de análisis factorial confirmatorio.

4.19 ESQUEMA GENERAL DEL ANALISIS FACTORIAL

A continuación, se presenta un esquema con las distintas etapas de trabajo en un análisis factorial. El esquema se puede interpretar como un diagrama de flujo que esquematiza y ordena las diferentes tareas a llevar a cabo en el análisis factorial habitualmente.

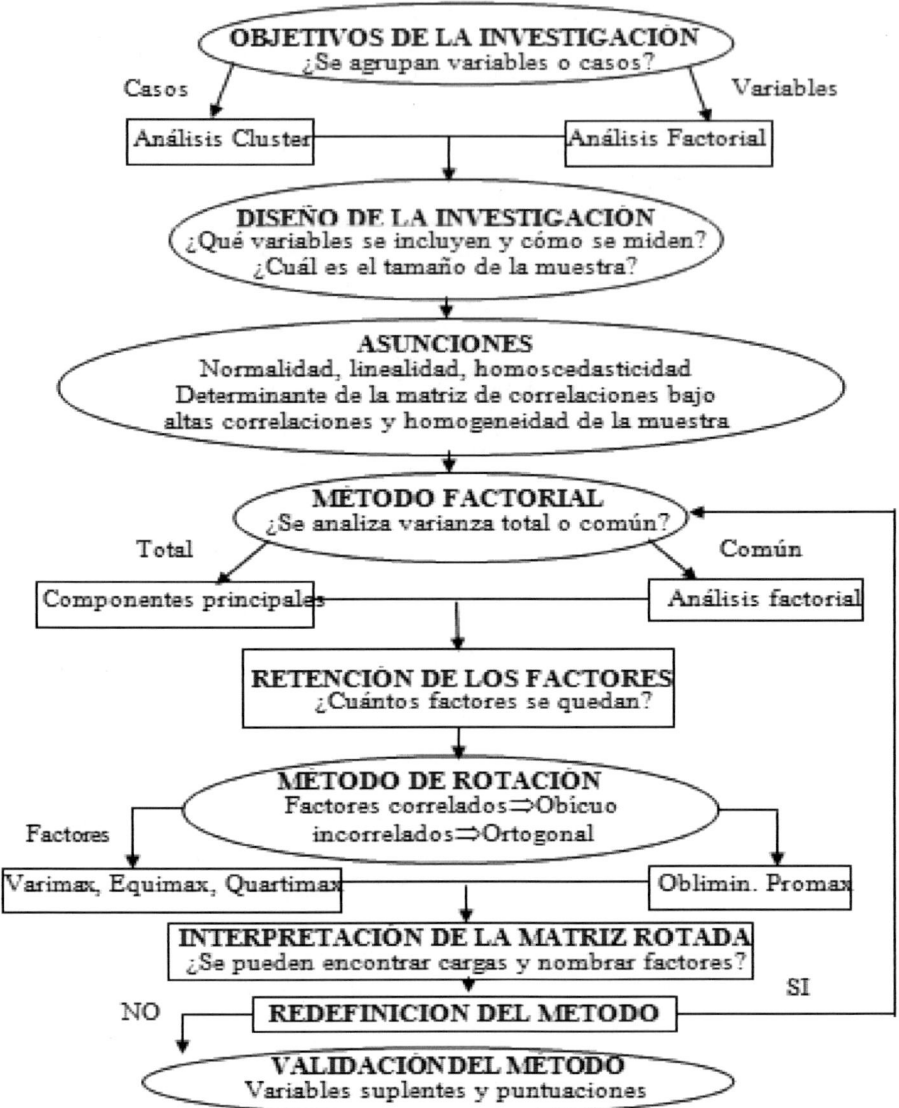

## Capítulo 5

ANÁLISIS FACTORIAL A TRAVÉS DE PYTHON

5.1 ANÁLISIS FACTORIAL A TRAVÉS DE PYTHON

El análisis factorial se realiza fácilmente a través de Python. Se comienza importando las librerías necesarias y el archivo de datos. En este caso se trata del mismo archivo utilizado ya en el caso de las componentes principales con variables económicas y de población de los barrios de Madrid de nombre *zonasmad.sav*. Se recuerda que las variables son población total (*pt*), población menor de 14 (*p14*), población mayor de 10 años (*p10*), jubilados (*p65*), analfabetos (*anal*), nivel de educación superior (*nes*), ocupados (*ocu*), ocupados en la industria (*ocuin*), ocupador en servicios (*ocuser*), técnicos (*tec*), personal directivo (*pd*) y trabajadores manuales (*tm*). Estas variables, inicialmente correladas, hay que reducirlas a un grupo menor de variables incorreladas mediante análisis factorial.

```
import numpy as np
import pandas as pd
from factor_analyzer import FactorAnalyzer
from sklearn.preprocessing import StandardScaler
from factor_analyzer.factor_analyzer import calculate_bartlett_sphericity, calculate_kmo
import matplotlib.pyplot as plt
data=pd.read_excel('C:\DATOSAM\zonasmad.xlsx')
df = pd.DataFrame(data)
print(df)
```

FactorAnalyzer permite realizar el Análisis factorial y utilizar la prueba KMO y la prueba de Bartlett para evaluar el análisis factorial.

Se obtiene el dataframe con los datos,

```
               b      pt    p14    p65     p10   ...   ocuin   ocuser    tec    pd     tm
0         Centro   166.5   23.3   38.1   152.8   ...     7.6     41.7    8.8   0.8   10.3
1      Arganzuela   121.1   23.5   18.4   106.1   ...     7.6     28.6    7.2   0.6    8.4
2         Retiro   126.0   27.2   16.8   109.2   ...     6.3     30.1   10.4   1.9    4.7
3       Salamanca   180.0   30.5   33.4   162.1   ...     7.6     45.1   16.1   2.6    5.4
4       Chamartín   180.0   30.5   16.1   130.3   ...     7.2     35.8   14.5   2.8    4.8
5          Tetuán   164.2   31.3   23.5   145.1   ...     9.6     37.9    9.6   1.1   12.2
6        Chamberi   182.7   29.4   35.0   165.4   ...     7.5     46.4   17.1   2.4    6.1
7       Fuencarral   176.2   51.3   15.6   142.2   ...    10.3     38.7   11.1   1.6   14.3
8         Moncloa   108.4   23.4   13.4    94.2   ...     5.3     26.0    8.7   1.4    5.5
9          Latina   289.5   79.5   23.1   239.7   ...    17.7     59.8   10.4   1.3   26.4
10    Carabanchel   255.9   60.5   24.1   218.3   ...    19.4     50.1    7.5   1.0   28.2
11     Villaverde   195.0   48.5   16.1   166.1   ...    19.3     30.7    3.7   0.5   26.3
12       Mediodía   171.7   49.3   11.1   139.9   ...    13.3     28.1    2.9   0.3   22.9
13        Vallecas   186.2   42.2   20.3   159.8   ...    13.6     32.5    3.1   0.3   23.8
14       Moratalaz   145.9   40.8   10.9   121.4   ...    16.5     49.0   11.6   2.1   19.7
15       C_Lineal   135.1   55.3   21.9   201.5   ...    16.5     49.0   11.6   2.1   19.7
16        San_Blas   137.7   32.1   10.3   118.5   ...    12.2     24.1    2.9   0.2   18.2
17       Hortaleza   167.9   51.4   10.1   132.6   ...    12.3     33.7    7.9   1.4   15.8
```

Ahora eliminamos la columna que contiene los nombres de los barrios de Madrid para que el dataframe sea numérico completamente.

```
df1=df.drop('b',axis=1)
print(df1)
```

```
        pt    p14    p65     p10   anal    nes    ocu   ocuin   ocuser    tec    pd     tm
0    166.5   23.3   38.1   152.8    4.2   21.4   54.1     7.6     41.7    8.8   0.8   10.3
1    121.1   23.5   18.4   106.1    2.0   16.5   69.4     7.6     28.6    7.2   0.6    8.4
2    126.0   27.2   16.8   109.2    1.2   28.1   39.9     6.3     30.1   10.4   1.9    4.7
3    180.0   30.5   33.4   162.1    1.2   45.3   57.5     7.6     45.1   16.1   2.6    5.4
4    180.0   30.5   16.1   130.3    1.3   39.3   48.1     7.2     35.8   14.5   2.8    4.8
5    164.2   31.3   23.5   145.1    4.2   24.2   52.3     9.6     37.9    9.6   1.1   12.2
6    182.7   29.4   35.0   165.4    1.8   47.2   59.4     7.5     46.4   17.1   2.4    6.1
7    176.2   51.3   15.6   142.2    3.6   21.6   95.6    10.3     38.7   11.1   1.6   14.3
8    108.4   23.4   13.4    94.2    1.5   32.5   34.6     5.3     26.0    8.7   1.4    5.5
9    289.5   79.5   23.1   239.7    6.0   22.7   86.6    17.7     59.8   10.4   1.3   26.4
10   255.9   60.5   24.1   218.3    7.3   16.6   77.4    19.4     50.1    7.5   1.0   28.2
11   195.0   48.5   16.1   166.1    8.3    9.0   56.6    19.3     30.7    3.7   0.5   26.3
12   171.7   49.3   11.1   139.9    9.8    5.5   48.5    13.3     28.1    2.9   0.3   22.9
13   186.2   42.2   20.3   159.8   10.3    7.2   53.7    13.6     32.5    3.1   0.3   23.8
14   145.9   40.8   10.9   121.4    3.9   10.1   73.7    16.5     49.0   11.6   2.1   19.7
15   135.1   55.3   21.9   201.5    4.3   28.2   73.7    16.5     49.0   11.6   2.1   19.7
16   137.7   32.1   10.3   118.5    6.0    6.3   41.4    12.2     24.1    2.9   0.2   18.2
17   167.9   51.4   10.1   132.6    4.0   15.5   51.6    12.3     33.7    7.9   1.4   15.8
```

Ahora estandarizamos los datos para facilitar los cálculos del Análisis de componentes principales PCA (este paso no sería estrictamente necesario)

```
scaler = StandardScaler()
df1_scaled = scaler.fit_transform(df1)
```

Ahora aplicamos especificamos el número de factores que queremos conservar y realizamos el análisis factorial.

```
n_factors=3

fa = FactorAnalyzer(n_factors=n_factors, rotation='varimax')
fa_scores=fa.fit(df1_scaled)
```

La siguiente tarea es construir la matriz de cargas factoriales

```
loadings = fa.loadings_

loadings_df1 = pd.DataFrame(loadings, index=df1.columns,
                            columns=[f'Factor{i+1}' for i in range(n_factors)])
print("Factorial Matrix:")
print(loadings_df1)
```

	Factor1	Factor2	Factor3
pt	0.780558	-0.119440	0.271687
p14	0.904019	-0.213050	-0.198787
p65	0.128394	0.279929	0.919024
p10	0.890333	-0.062766	0.395493
anal	0.385037	-0.854003	-0.020776
nes	-0.108524	0.841621	0.392623
ocu	0.708793	0.123037	-0.005115
ocuin	0.785411	-0.456378	-0.218162
ocuser	0.811240	0.403241	0.285088
tec	0.124566	0.970849	0.218016
pd	0.099231	0.934103	-0.007895
tm	0.715714	-0.674357	-0.177095

A partir de esta matriz, que representa las correlaciones entre las variables y los factores, asociamos cada variable con el factor con el que tenga mayor correlación. Se observa que con el primer factor se asocian las variables *pt, p14, p10, ocu, ocuin, ocuser y tm* (factor *población y ocupación*). Con el segundo factor se asocian las variables: *anal, nes, tec y pd* (factor *formación*). Con el último factor se asocia la variable *p65* (factor *jubilados o economía de la tercera edad*).

Para una mejor asociación de variables con factores puede representarse la matriz factorial con intensidades de colores (mapa de colores) que nos permites ver mejor las citadas asociaciones,

```
plt.figure(figsize=(10, 8))
plt.imshow(loadings_df1, cmap='coolwarm', aspect='auto')
plt.colorbar()
plt.xticks(range(n_factors), [f'Factor{i+1}' for i in range(n_factors)])
plt.yticks(range(loadings_df1.shape[0]), loadings_df1.index)
plt.title('Cargas Factoriales')
plt.show()
```

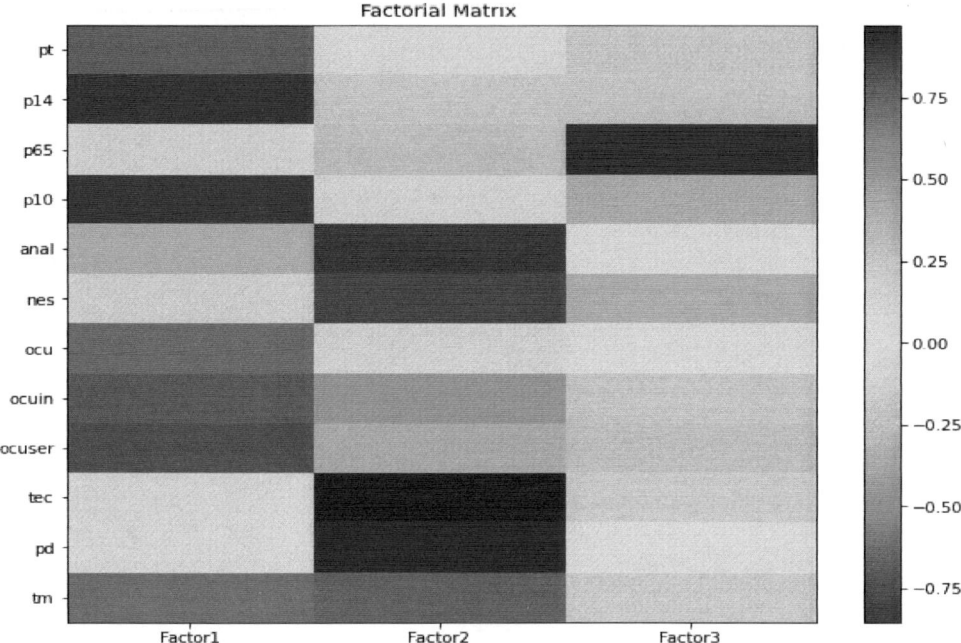

La asociación de variables con factores coincide con la hecha anteriormente. Las bandas más oscuras para el primer factor corresponden a las variables *pt, p14, p10, ocu, ocuin, ocuser y tm* (factor *población y ocupación*). Para el segundo factor las bandas más oscuras corresponden a las variables *anal, nes, tec y pd* (factor *formación*). Para el último factor la banda más oscura corresponde a la variable *p65* (factor *jubilados o economía de la tercera edad*).

Ahora utilizaremos la prueba KMO y la prueba de Bartlett para evaluar el análisis factorial.

```
chi_square_value, p_value = calculate_bartlett_sphericity(df1_scaled)
print(f"Bartlett's Test: Chi-square = {chi_square_value}, p-value = {p_value}")

kmo_all, kmo_model = calculate_kmo(df1_scaled)
print(f"KMO Test: {kmo_model}")
```

```
Bartlett's Test: Chi-square = 309.9902892734166, p-value = 2.8576024030781185e-33
KMO Test: 0.5409990423730917
```

El KMO es mayor que 0,5 y el p-valor de la prueba de Bartlett es muy pequeño, lo que indica que el análisis factorial es procedente.

La sintaxis completa de este ejercicio sería la siguiente:

```python
import numpy as np
import pandas as pd
from factor_analyzer import FactorAnalyzer
from sklearn.preprocessing import StandardScaler
from sklearn.decomposition import FactorAnalysis
from factor_analyzer.factor_analyzer import calculate_bartlett_sphericity, calculate_kmo
import matplotlib.pyplot as plt
data=pd.read_excel('C:\DATOSAM\zonasmad.xlsx')
df = pd.DataFrame(data)
print(df)

df1=df.drop('b',axis=1)
print(df1)

scaler = StandardScaler()
df1_scaled = scaler.fit_transform(df1)

n_factors=3

fa = FactorAnalyzer(n_factors=n_factors, rotation='varimax')
fa_scores=fa.fit(df1_scaled)

loadings = fa.loadings_

loadings_df1 = pd.DataFrame(loadings, index=df1.columns,
                            columns=[f'Factor{i+1}' for i in range(n_factors)])
print("Factorial Matrix:")
print(loadings_df1)

plt.figure(figsize=(10, 8))
plt.imshow(loadings_df1, cmap='coolwarm', aspect='auto')
plt.colorbar()
plt.xticks(range(n_factors), [f'Factor{i+1}' for i in range(n_factors)])
plt.yticks(range(loadings_df1.shape[0]), loadings_df1.index)
plt.title('Factorial Matrix')
plt.show()

chi_square_value, p_value = calculate_bartlett_sphericity(df1_scaled)
print(f"Bartlett's Test: Chi-square = {chi_square_value}, p-value = {p_value}")

kmo_all, kmo_model = calculate_kmo(df1_scaled)
print(f"KMO Test: {kmo_model}")
```

Como ejemplo adicional supongamos que queremos utilizar análisis factorial para explorar la relación entre las puntuaciones de distintas evaluaciones de un grupo de estudiantes. Para cada estudiante se registran las puntuaciones de seis trabajos (T1 a T6), dos puntuaciones de exámenes cuatrimestrales (C1 y C2) y la puntuación del examen final (F) que se guardan en el archivo *ESTUDIANTES.XLS*.

T1	T2	T3	T4	T5	T6	C1	C2	F
15	18	36	29	44	30	78	87	70
15	16	24	30	41	30	71	73	89
15	14	23	34	28	24	84	72	76
15	20	39	35	50	30	74	79	96
15	20	39	35	46	30	76	77	94
15	20	28	30	49	28	40	44	66
15	15	29	25	36	30	88	69	93
15	20	37	35	50	30	97	95	98
14	16	24	30	44	28	57	78	85
15	17	29	26	38	28	56	78	76
15	17	31	34	40	27	72	67	84
11	16	29	34	31	27	83	68	75
15	18	31	18	40	30	75	43	67
14	14	29	25	49	30	71	93	93
15	18	36	29	44	30	85	64	75

En primer lugar, cargamos los datos, los estandarizamos y realizamos el análisis factorial de máxima verosimilitud con rotación factorial.

```
import numpy as np
import pandas as pd
from factor_analyzer import FactorAnalyzer
from sklearn.preprocessing import StandardScaler
from sklearn.decomposition import FactorAnalysis
from factor_analyzer.factor_analyzer import calculate_bartlett_sphericity, calculate_kmo
import matplotlib.pyplot as plt
data=pd.read_excel('C:\DATOSAM\ESTUDIANTES.XLSX')
df = pd.DataFrame(data)
print(df)

scaler = StandardScaler()
df_scaled = scaler.fit_transform(df)

n_factors=3

fa = FactorAnalyzer(n_factors=n_factors, method='ml', rotation='varimax')
fa_scores=fa.fit(df_scaled)
```

Vemos el conjunto de datos.

	T1	T̄2̄	T3	T4	T̄5̄	T6	C1	C2	F
0	15	18	36	29	44	30	78	87	70
1	15	16	24	30	41	30	71	73	89
2	15	14	23	34	28	24	84	72	76
3	15	20	39	35	50	30	74	79	96
4	15	20	39	35	46	30	76	77	94
5	15	20	28	30	49	28	40	44	66
6	15	15	29	25	36	30	88	69	93
7	15	20	37	35	50	30	97	95	98
8	14	16	24	30	44	28	57	78	85
9	15	17	29	26	38	28	56	78	76
10	15	17	31	34	40	27	72	67	84
11	11	16	29	34	31	27	83	68	75
12	15	18	31	18	40	30	75	43	67
13	14	14	29	25	49	30	71	93	93
14	15	18	36	29	44	30	85	64	75

A continuación construimos la matriz de cargas factoriales numérica y con mapa de colores.

```python
loadings = fa.loadings_

loadings_df= pd.DataFrame(loadings, index=df.columns,
                          columns=[f'Factor{i+1}' for i in range(n_factors)])
print("Factorial Matrix:")
print(loadings_df)

plt.figure(figsize=(10, 8))
plt.imshow(loadings_df, cmap='coolwarm', aspect='auto')
plt.colorbar()
plt.xticks(range(n_factors), [f'Factor{i+1}' for i in range(n_factors)])
plt.yticks(range(loadings_df.shape[0]), loadings_df.index)
plt.title('Factorial Matrix')
plt.show()
```

En primer lugar, se obtiene la matriz factorial.

```
Factorial Matrix:
        Factor1    Factor2    Factor3
T1     0.371936  -0.080420  -0.152576
T2     0.906681  -0.239490   0.340005
T3     0.804109   0.189828   0.156537
T4     0.038772   0.325996   0.941927
T5     0.773158   0.215764  -0.053788
T6     0.728613   0.324582  -0.501015
C1    -0.011732   0.477410   0.034548
C2     0.010575   0.788857   0.110105
F      0.185083   0.818806   0.102635
```

A continuación, se obtiene el mapa de colores correspondiente.

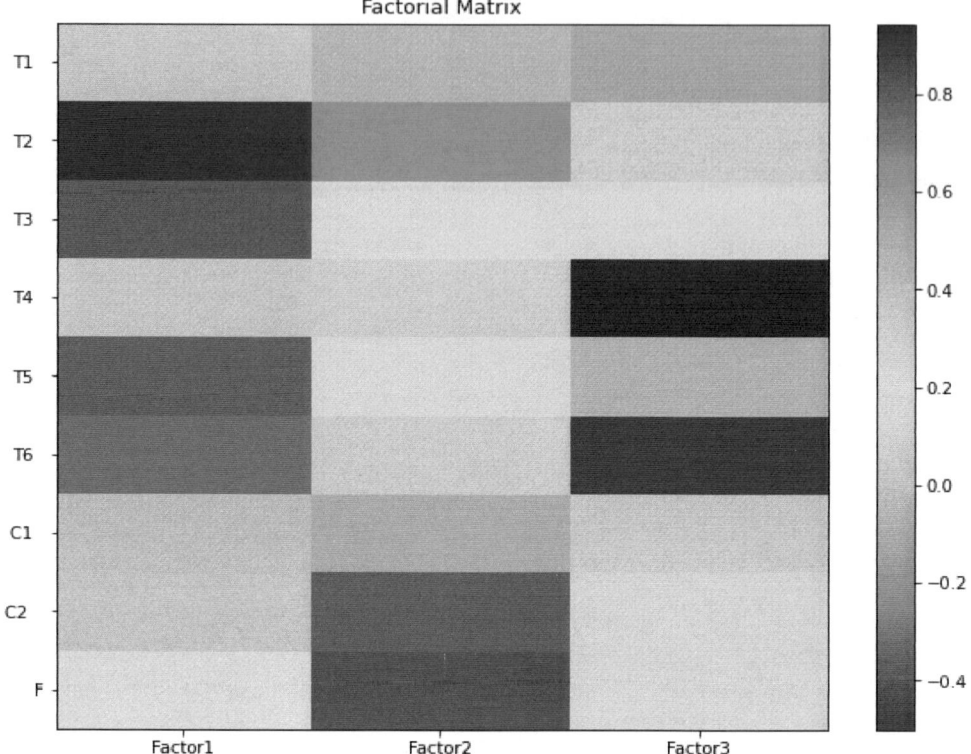

Se observa que con el primer factor se asocian las variables T1, T2, T3, T5 y T6 (factor *habilidad en los trabajos*). Con el segundo factor se asocian las variables C1, C2 y F (factor *habilidad en los exámenes*). Con el tercer factor se asocia la variable T4 (factor *trabajo 4*).

Para evaluar el análisis factorial utilizamos la sintaxis siguiente:

```
chi_square_value, p_value = calculate_bartlett_sphericity(df_scaled)
print(f"Bartlett's Test: Chi-square = {chi_square_value}, p-value = {p_value}")

kmo_all, kmo_model = calculate_kmo(df_scaled)
print(f"KMO Test: {kmo_model}")
```

Se obtienes un KMO mayor que 0,5 y un p-valor muy pequeño de la prueba de Bartlett. Por lo tanto, la reducción factorial a tres factores es procedente.

```
Bartlett's Test: Chi-square = 63.27810143584432, p-value = 0.003310558995126657
KMO Test: 0.5195491414545513
```

La sintaxis completa sería la siguiente:

```python
import pandas as pd
from factor_analyzer import FactorAnalyzer
from sklearn.preprocessing import StandardScaler
from sklearn.decomposition import FactorAnalysis
from factor_analyzer.factor_analyzer import calculate_bartlett_sphericity, calculate_kmo
import matplotlib.pyplot as plt
data=pd.read_excel('C:\DATOSAM\ESTUDIANTES.XLSX')
df = pd.DataFrame(data)
print(df)

scaler = StandardScaler()
df_scaled = scaler.fit_transform(df)

n_factors=3
fa = FactorAnalyzer(n_factors=n_factors, method='ml', rotation='varimax')
fa_scores=fa.fit(df_scaled)

loadings = fa.loadings_

loadings_df= pd.DataFrame(loadings, index=df.columns,
                        columns=[f'Factor{i+1}' for i in range(n_factors)])
print("Factorial Matrix:")
print(loadings_df)

plt.figure(figsize=(10, 8))
plt.imshow(loadings_df, cmap='coolwarm', aspect='auto')
plt.colorbar()
plt.xticks(range(n_factors), [f'Factor{i+1}' for i in range(n_factors)])
plt.yticks(range(loadings_df.shape[0]), loadings_df.index)
plt.title('Factorial Matrix')
plt.show()

chi_square_value, p_value = calculate_bartlett_sphericity(df_scaled)
print(f"Bartlett's Test: Chi-square = {chi_square_value}, p-value = {p_value}")
kmo_all, kmo_model = calculate_kmo(df_scaled)
print(f"KMO Test: {kmo_model}")
```

Como tercer ejemplo, realizaremos un análisis factorial de todas las variables del fichero *RATIOS.XLSX* que contiene ratios relativos a las ventas de las empresas españolas. Concretamente los ratios son beneficios/recursos propios ($R1$), cash-flow/ventas ($R2$), inmovilizado/activos totales ($R3$), ventas/activos totales ($R4$), ventas/plantilla ($R5$), beneficios/capital social ($R6$) y beneficios/ventas ($R7$) que caraterizan a las empresas españolas con mayores ventas. Se trata de resumir estos ratios por un número menor de factores con mínima pérdida de información que tengan la suficiente calidad para seguir agrupando a las empresas según sus ventas. Se trata de estudiar si sería coherente identificar un factor financiero, un factor estructural y un factor de rentabilidad. Utilizar, si es posible el método MINRES y evaluar la reducción.

Comenzamos importando el fichero y las librerías necesarias para el análisis fdactorial.

```
import pandas as pd
from factor_analyzer import FactorAnalyzer
from factor_analyzer.factor_analyzer import calculate_bartlett_sphericity, calculate_kmo

df = pd.read_excel('RATIOS.XLSX')
```

A continuación se realiza el análisis factorial con tres factores por el método MINRES con rotación VARIMAX..

```
fa = FactorAnalyzer(n_factors=3, method='minres', rotation='varimax')
fa.fit(df)
```

A continuación obtenemos la matriz de cargas factoriales.

```
factor_loadings = fa.loadings_
print(pd.DataFrame(factor_loadings, columns=["Factor1", "Factor2", "Factor3"]))
```

```
    Factor1    Factor2    Factor3
0 -0.267311   0.027735   0.029207
1  0.975516   0.145107   0.047240
2 -0.013614   0.833410  -0.117705
3  0.007237  -0.476529   0.444587
4  0.042385  -0.077966   0.442852
5  0.986230  -0.050673   0.137191
6  0.986230  -0.050691   0.137166
```

Observamos que con el primer factor se asocian los ratios R1, R2, R6 y R7 (*factor financiero* relativo a la distribución de los beneficios y flujo de caja). Con el segundo factor se asocian los ratios R3 y R4 (*factor estructural* relativo a recursos propios, inmovilizado y activos totales). Con el tercer factor se asocia el ratio R5 (*factor rentabilidad* definido por el ratio ventas sobre plantilla).

La siguiente tarea es calcular el porcentaje de variabilidad explicada por los factores para evaluar la reducción.

```
explained_variance = fa.get_factor_variance()
print(pd.DataFrame(explained_variance, index=["Eigenvalues", "Variance", "Cumulative Variance"]))
```

```
                            0          1          2
Eigenvalues          2.970420   0.954694   0.448351
Variance             0.424346   0.136385   0.064050
Cumulative Variance  0.424346   0.560731   0.624781
```

Se observa que entre los tres factores se explica un 62,47 por ciento de la variabilidad inicial de los datos, tratándose por tanto de una redxucción aceptable.

La sintaxis completa es la siguiente:

```python
import pandas as pd
from factor_analyzer import FactorAnalyzer
from factor_analyzer.factor_analyzer import calculate_bartlett_sphericity, calculate_kmo

df = pd.read_excel('C:\DATOSAM\RATIOS.XLSX')

fa = FactorAnalyzer(n_factors=3, method='minres', rotation='varimax')
fa.fit(df)

factor_loadings = fa.loadings_
print(pd.DataFrame(factor_loadings, columns=["Factor1", "Factor2", "Factor3"]))

explained_variance = fa.get_factor_variance()
print(pd.DataFrame(explained_variance, index=["Eigenvalues", "Variance", "Cumulative Variance"]))
```

Ejercicio 5-1. consideramos una empresa especializada en el diseño de automóviles de turismo que desea estudiar cuáles son los deseos del público comprador. Para ello diseña una encuesta con una serie de preguntas en las que se le pide a cada uno de los 20 encuestados que valore de 1 a 5 la importancia de las 10 características siguientes: precio, financiación, consumo, gasolina, seguridad, confortabiliad, capaciadd, prestaciones, juvenil y aerodinámico. Se trata de intentar resumir esta información proporcionada por las 10 variables, mediante un conjunto menor de factores latentes en los datos y directamente relacionados con las variables con pérdida mínima de información. Identificar estos factores, relacionarlos con las variables y valorar la calidad del resumen de la información. Utilizar el método de Mínimos Cuadrados no Ponderados (ULS) para la reducción factorial. La informacion se almacena en el archivo Excel AUTOS.XLSX

Los datos del archivo son los siguientes:

PRECIO	FINANCIACION	CONSUMO	GASOLINA	SEGURIDAD	CONFORT	CAPACIDAD	PRESTACIONES	JUVENIL	AERODINAMICA
4	1	4	3	3	2	4	4	4	4
5	5	4	4	3	3	4	1	1	3
2	1	3	1	4	2	1	5	4	5
1	1	1	1	4	4	2	5	5	4
1	1	2	1	5	5	4	3	3	2
5	5	5	5	3	3	4	2	2	1
4	5	4	4	2	2	5	1	1	1
3	2	3	1	4	4	2	5	5	5
4	4	4	3	4	4	3	1	1	1
5	5	5	5	2	2	3	2	2	2
2	2	2	1	5	4	4	3	4	3
4	4	5	5	4	5	5	2	1	2
3	2	2	1	4	5	4	4	3	3
5	5	4	4	5	4	4	1	2	2
4	3	3	1	4	4	5	3	4	4
5	5	4	4	4	5	4	2	1	1
4	4	5	2	4	5	5	4	4	2
5	5	4	4	2	2	1	2	2	3
3	3	2	2	4	4	5	4	5	4
5	5	4	4	4	5	4	3	2	1

Comenzamos importando el fichero y las librerías necesarias para el análisis fdactorial.

```
import pandas as pd
from factor_analyzer import FactorAnalyzer
from factor_analyzer.factor_analyzer import calculate_bartlett_sphericity, calculate_kmo

df = pd.read_excel('C:\DATOSAM\AUTOS.xlsx')
```

A continuación se realiza el análisis factorial con dos factores por el método ULS con rotación VARIMAX..

```
fa = FactorAnalyzer(n_factors=2, method='uls', rotation='varimax')
fa.fit(df)
```

A continuación obtenemos la matriz de cargas factoriales.

```
factor_loadings = fa.loadings_
print(pd.DataFrame(factor_loadings, columns=["Factor1", "Factor2"]))
```

```
    Factor1   Factor2
0   0.840791 -0.183691
1   0.920228 -0.029413
2   0.791504 -0.191053
3   0.915594 -0.206118
4  -0.438203  0.729764
5  -0.093496  0.923510
6   0.299621  0.452096
7  -0.849493 -0.055089
8  -0.871861 -0.049569
9  -0.791649 -0.351539
```

Podemos obtener la matriz de cargas factoriales con los nombres de las variables en la primera columna mediante la siguiente sintaxis:

```
n_factors=2

factor_loadings_df= pd.DataFrame(factor_loadings, index=df.columns,
                     columns=[f'Factor{i+1}' for i in range(n_factors)])
print("Factorial Matrix:")
print(factor_loadings_df)
```

```
              Factor1   Factor2
PRECIO        0.840791 -0.183691
FINANCIACION  0.920228 -0.029413
CONSUMO       0.791504 -0.191053
GASOLINA      0.915594 -0.206118
SEGURIDAD    -0.438203  0.729764
CONFORT      -0.093496  0.923510
CAPACIDAD     0.299621  0.452096
PRESTACIONES -0.849493 -0.055089
JUVENIL      -0.871861 -0.049569
AERODINAMICA -0.791649 -0.351539
```

Observamos que con el primer factor se asocian las variables PRECIO, FINANCIACIÓN, CONSUMO, GASOLINA, PRESTACIONES, JUVENIL Y AERODINÁMICA (*factor economicidad y modernidad*). Con el segundo factor se asocian los ratios SEGURIDAD; CONFORT y CAPACIDAD (*factor utilidad*).

La siguiente tarea es calcular el porcentaje de variabilidad explicada por los factores para evaluar la reducción.

```
explained_variance = fa.get_factor_variance()
print(pd.DataFrame(explained_variance, index=["Eigenvalues", "Variance", "Cumulative Variance"]))
```

```
                          0         1
Eigenvalues        5.417565  1.832482
Variance           0.541757  0.183248
Cumulative Variance 0.541757  0.725005
```

Se observa que entre los doss factores se explica un 72,5 por ciento de la variabilidad inicial de los datos, tratándose por tanto de una redxucción aceptable. Los dos autovalores son mayores que la unidad.

Para interpretar los factores observamos en la matriz factorial las variables con coeficientes más altos respecto del cada factor. Se observa que las variables PRECIO, FINANCIACION, CONSUMO, GASOLINA, PRESTACIONES, JUVENIL Y AERODINAMICO se correlacionan fuertemente con el primer factor (las cuatro primeras con correlación positiva y las tres últimas con correlación negativa).

Estamos entonces ante un *factor que une la idea de economicidad y del interés porque el coche tenga aire deportivo*. Este factor explica por sí sólo más del 50% de la varianza (54,17%), lo que quiere decir que discrimina muy bien el colectivo de los que desean un coche económico valorando su aspecto deportivo.

Por otra parte, las variables SEGURO, CONFORT y CAPACIDAD se correlacionan fuerte y positivamente con el segundo factor. Estamos entonces ante un *factor que encierra la idea de utilidad del coche*. Este factor explica por sí sólo casi 20% de la varianza (18,3%), lo que quiere decir que discrimina bastante bien el colectivo. Se corrobora así la alta calidad de los dos factores obtenidos para resumir las 10 variables.

A continuación, probaremos la adecuación de la reducción de la dimensión utilizando el test de Bartlett y el estadístico KMO.

```
bartlett_test, p_value = calculate_bartlett_sphericity(df)
print(f'Bartlett: {bartlett_test}, p-value: {p_value}')

kmo_all, kmo_model = calculate_kmo(df)
print(f'Índice KMO: {kmo_model}')
Bartlett: 163.46560625116265, p-value: 2.3628353859710093e-15
Índice KMO: 0.70011539480017532
```

Obtenemos un p-valor muy pequeño del test de Bartlett y valor de KMO bastante alto, lo que indica la adecuación de la reducción factorial.

Por último, calculamos las puntuaciones factoriales.

```
factor_scores = fa.transform(df)
scores_df = pd.DataFrame(factor_scores, columns=["Factor1", "Factor2"])
print(scores_df)
```

```
     Factor1    Factor2
0  -0.667131  -1.386782
1   0.899894  -0.590290
2  -1.483983  -1.827115
3  -1.621751   0.098174
4  -0.956144   1.575672
5   1.169657  -0.448237
6   1.074017  -1.187198
7  -1.317934  -0.103060
8   0.641929   0.852618
9   1.036199  -1.347934
10 -0.938632   0.628061
11  0.986816   0.964372
12 -0.815403   0.738884
13  0.881199   0.630638
14 -0.649783   0.297821
15  1.044272   0.905668
16 -0.033190   0.916487
17  0.625616  -1.402900
18 -0.748051  -0.011519
19  0.872403   0.696638
```

La sintaxis completa para este ejercicio sería la siguiente:

```python
import pandas as pd
from factor_analyzer import FactorAnalyzer
from factor_analyzer.factor_analyzer import calculate_bartlett_sphericity, calculate_kmo

df = pd.read_excel('C:\DATOSAM\AUTOS.xlsx')

fa = FactorAnalyzer(n_factors=2, method='uls', rotation='varimax')
fa.fit(df)

factor_loadings = fa.loadings_
print(pd.DataFrame(factor_loadings, columns=["Factor1", "Factor2"]))

n_factors=2

factor_loadings_df= pd.DataFrame(factor_loadings, index=df.columns,
                      columns=[f'Factor{i+1}' for i in range(n_factors)])
print("Factorial Matrix:")
print(factor_loadings_df)

explained_variance = fa.get_factor_variance()
print(pd.DataFrame(explained_variance, index=["Eigenvalues", "Variance", "Cumulative Variance"]))


bartlett_test, p_value = calculate_bartlett_sphericity(df)
print(f'Bartlett: {bartlett_test}, p-value: {p_value}')

kmo_all, kmo_model = calculate_kmo(df)
print(f'Índice KMO: {kmo_model}')

factor_scores = fa.transform(df)
scores_df = pd.DataFrame(factor_scores, columns=["Factor1", "Factor2"])
print(scores_df)
```

Ejercicio 5-2. Una empresa especializada en el diseño de automóviles de turismo desea estudiar cuáles son los deseos del público que compra automóviles. Para ello diseña una encuesta con 10 preguntas donde se le pide a cada uno de los 20 encuestados que valore de 1 a 5 si una característica es o no muy importante. Los encuestados deberán contestar con un 5 si la característica es muy importante, un 4 si es importante, un 3 si tiene regular importancia, un 2 si es poco importante y un 1 si no es nada importante. Las 10 características (V1 a V10) a valorar son: precio, financiación, consumo, combustible, seguridad, confort, capacidad, prestaciones, modernidad y aerodinámica. Realizar un análisis factorial que permita extraer unos factores adecuados a los datos que resuman correctamente la información que contienen. Utilizar el método del factor principal

La sintaxis completa para este ejercicio sería la siguiente:

```python
import pandas as pd
from factor_analyzer import FactorAnalyzer
from factor_analyzer.factor_analyzer import calculate_bartlett_sphericity, calculate_kmo

df = pd.read_excel('C:\DATOSAM\AUTOMOVILES.xlsx')

fa = FactorAnalyzer(n_factors=2, method='principal', rotation='varimax')
fa.fit(df)

factor_loadings = fa.loadings_
print(pd.DataFrame(factor_loadings, columns=["Factor1", "Factor2"]))

n_factors=2

factor_loadings_df= pd.DataFrame(factor_loadings, index=df.columns,
                    columns=[f'Factor{i+1}' for i in range(n_factors)])
print("Factorial Matrix:")
print(factor_loadings_df)

explained_variance = fa.get_factor_variance()
print(pd.DataFrame(explained_variance, index=["Eigenvalues", "Variance", "Cumulative Variance"]))

bartlett_test, p_value = calculate_bartlett_sphericity(df)
print(f'Bartlett: {bartlett_test}, p-value: {p_value}')

kmo_all, kmo_model = calculate_kmo(df)
print(f'Índice KMO: {kmo_model}')

factor_scores = fa.transform(df)
scores_df = pd.DataFrame(factor_scores, columns=["Factor1", "Factor2"])
print(scores_df)
```

Se realiza el análisis factorial por el método del Factor Principal y en la salida vemos la matriz factorial siguiente:

```
      Factor1    Factor2
V1    0.865093  -0.181339
V2    0.925165  -0.024260
V3    0.826051  -0.194738
V4    0.918600  -0.196831
V5   -0.461678   0.767884
V6   -0.111255   0.914744
V7    0.338634   0.642633
V8   -0.872739  -0.073830
V9   -0.888079  -0.053196
V10  -0.804659  -0.379492
```

La salida anterior muestra la matriz de correlaciones entre factores y variables, que indica que el primer factor lo forman V1, V2, V3, V4, V8, V9 y V10 (*factor economicidad*), y el segundo factor lo forman V5, V6 y V7 (*factor utilidad*).

Otra parte de la salida muestra la varianza explicada por los factores, el test de Bartlett y el estadístico KMO que indican la calidad del análisis factorial:

```
                              0         1
Eigenvalues               5.668534  2.101811
Variance                  0.566853  0.210181
Cumulative Variance       0.566853  0.777034
Bartlett: 163.46560625116265, p-value: 2.3628353859710093e-15
Índice KMO: 0.7001153948017532
```

Se observa que entre los doss factores se explica un 77,7 por ciento de la variabilidad inicial de los datos, tratándose por tanto de una reducción aceptable. Ls dos autovalores son mayores que la unidad.

También obtenemos un p-valor muy pequeño del test de Bartlett y un valor de KMO bastante alto, lo que indica la adecuación de la reducción factorial.

Por último, tenemos las puntuaciones factoriales:

```
      Factor1    Factor2
0   -0.498821  -1.216281
1    0.936912  -0.489668
2   -1.546376  -1.553011
3   -1.821969  -0.244845
4   -0.942272   1.461760
5    1.168526  -0.361488
6    1.182638  -0.647690
7   -1.365165  -0.606436
8    0.727556   0.423930
9    1.047867  -1.552106
10  -0.960122   0.850373
11   0.954647   0.970956
12  -0.779064   0.779872
13   0.815718   0.802440
14  -0.494585   0.411398
15   1.000399   0.935881
16   0.079026   0.906228
17   0.577951  -2.120154
18  -0.855338   0.393733
19   0.772471   0.855108
```

No olvidemos que las puntuaciones factoriales son los factores que resumen a las variables iniciales y que pueden ser utilizadas posteriormente en sustitución de las variables iniciales en otras técnicas, como la regresión bajo multicolinealidad o el análisis clúster.

Ejercicio 5-3. Se analizan 9 variables medidas sobre 100 madres y sus hijos recién nacidos en parto normal contenidas en el conjunto de datos de nombre princip.xls. Las variables son peso de la madre (PESOM), talla de la madre (TALLAM), semanas de gestación (SEM), presión arterial sistólica de la madre (PASM), presión arterial diastólica de la madre (PADM), peso del recién nacido (PESOR), talla del recién nacido (TALLAR), perímetro torácico del recién nacido (PTR) y perímetro craneal del recién nacido (PCR). El objetivo es intentar reducir la dimensión de la tabla de datos mediante la obtención de unas pocas variables sintéticas, combinación de las originales, que puedan ser usadas en sustitución de éstas, con la mínima pérdida de información, y que tengan sentido biológico. Utilizar el método factorial MLE.

La sintaxis completa para este ejercicio sería la siguiente:

```python
import pandas as pd
from factor_analyzer import FactorAnalyzer
from factor_analyzer.factor_analyzer import calculate_bartlett_sphericity, calculate_kmo

df = pd.read_excel('C:\DATOSAM\princip.xlsx')

fa = FactorAnalyzer(n_factors=3, method='mle', rotation='varimax')
fa.fit(df)

factor_loadings = fa.loadings_
print(pd.DataFrame(factor_loadings, columns=["Factor1", "Factor2", "Factor3"]))

n_factors=3

factor_loadings_df= pd.DataFrame(factor_loadings, index=df.columns,
                        columns=[f'Factor{i+1}' for i in range(n_factors)])
print("Factorial Matrix:")
print(factor_loadings_df)

explained_variance = fa.get_factor_variance()
print(pd.DataFrame(explained_variance, index=["Eigenvalues", "Variance", "Cumulative Variance"]))

bartlett_test, p_value = calculate_bartlett_sphericity(df)
print(f'Bartlett: {bartlett_test}, p-value: {p_value}')

kmo_all, kmo_model = calculate_kmo(df)
print(f'Índice KMO: {kmo_model}')

factor_scores = fa.transform(df)
scores_df = pd.DataFrame(factor_scores, columns=["Factor1", "Factor2", "Factor3"])
print(scores_df)
```

Se realiza el análisis factorial por el método MLE y en la salida vemos la matriz factorial siguiente:

```
Factorial Matrix:
          Factor1    Factor2    Factor3
PESOM    0.035409   0.898228   0.193478
TALLAM  -0.043766   0.989625  -0.117170
SEM      0.988637   0.008777   0.066557
PASM     0.031707   0.091593   0.896152
PADM     0.070347  -0.021769   0.936596
PESOR    0.976722  -0.005259   0.036019
TALLAR   0.909163  -0.007306   0.031820
PTR      0.847943  -0.035306   0.029148
PCR      0.634339   0.026077   0.037441
```

La salida anterior muestra la matriz de correlaciones entre factores y variables. Se observa en la matriz factorial que con el primer factor se asocian claramente las variables SEM, PESOR, TALLAR, PTR y PCR (factor *tamaño del recién nacido*). Con el segundo factor se asocian muy bien las variables PESOM y TALLAM (factor *tamaño de la madre*). Con el tercer factor se asocian con claridad las variables PASM y PADM (factor *presión sanguínea de lamadre*).

Otra parte de la salida muestra la varianza explicada por los factores, el test de Bartlett y el estadístico KMO que indican la calidad del análisis factorial:

```
                              0          1          2
Eigenvalues            3.888485   1.797119   1.740454
Variance               0.432054   0.199680   0.193384
Cumulative Variance    0.432054   0.631734   0.825117
Bartlett: 919.5997971775172, p-value: 1.0974062728528591e-169
Índice KMO: 0.7173908037498027
```

Se observa que entre los tres factores se explica un 82,5 por ciento de la variabilidad inicial de los datos, tratándose por tanto de una reducción aceptable. Los tres autovalores son mayores que la unidad.

También obtenemos un p-valor muy pequeño del test de Bartlett y un valor de KMO bastante alto, lo que indica la adecuación de la reducción factorial.

Por último, tenemos las puntuaciones factoriales:

```
      Factor1    Factor2    Factor3
0     0.642383  -0.752430   1.132790
1    -0.172910   0.208394   1.669598
2    -0.004399   0.996468  -1.049585
3     1.668948   1.492207  -1.435849
4    -0.865293  -0.254853  -0.607188
..         ...        ...        ...
95    0.029908  -1.735001  -0.230749
96   -0.078320   0.244393   0.628387
97    0.737144   0.468085  -0.439603
98   -0.955006  -0.302703  -0.932876
99   -1.773151   0.931996   0.416599
```

No olvidemos que las puntuaciones factoriales son los factores que resumen a las variables iniciales y que pueden ser utilizadas posteriormente en sustitución de las variables iniciales en otras técnicas, como la regresión bajo multicolinealidad o el análisis clúster.

## Capítulo 6

REDUCCIÓN DE LA DIMENSIÓN MEDIANTE ANÁLISIS DE CORRESPONDENCIAS SIMPLES Y MÚLTIPLES

6.1 CANTIDAD DE INFORMACIÓN Y DISTANCIAS

El objetivo principal del análisis de datos suele ser resumir y sintetizar la información contenida en una gran tabla de datos, de manera que, permitiendo una pequeña pérdida de información, se produzca una ganancia en significación. Para poder vigilar la calidad de los resultados, así como para diseñar el método de análisis, es necesario definir lo que entendemos por *cantidad de información*. Existen diversas formas de medir la cantidad de información. Para considerarlas, comencemos por imaginarnos una tabla en la que se miden dos variables para n individuos. Gráficamente podemos representar la tabla mediante un plano cuyos ejes representan las dos variables respectivamente, y cada punto representa un individuo cuyas coordenadas son los valores que toma para cada una de las variables. De esta forma podríamos obtener representaciones de los puntos en un plano formando nubes como las presentadas en las dos Figuras 6-1 y 6-2:

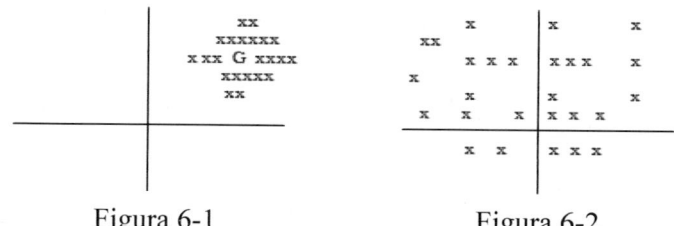

Figura 6-1   Figura 6-2

En la primera figura casi todos los puntos son semejantes, y toman valores próximos para ambas variables. No hay muchas diferencias entre unos individuos y otros y cada uno de ellos individualmente no aporta mucha información al colectivo. Se podrían representar todos ellos bastante bien por su centro de gravedad G, que los resume adecuadamente.

En la figura de la derecha los individuos están más dispersos, más separados. Su centro de gravedad G los representa peor, los resume mal, y varía mucho con la introducción o supresión de un individuo. Todos son muy diferentes e individualmente aportan mucha información al colectivo. De esta forma podríamos decir intuitivamente que los puntos de la primera Figura contienen poca información, mientras que los puntos de la figura de la derecha contienen mucha.

Existen diversas formas matemáticas de medir la cantidad de información, algunas de las cuales se utilizan en los métodos factoriales. Todas las medidas de la información incluyen una medida de la distancia entre los puntos, por lo que es necesario definir también el concepto de *distancia*. La distancia entre dos individuos o variables mide el grado de asociación o semejanza entre éstas. Existen distintas medidas de la distancia y todas ellas cumplen los siguientes axiomas:

1. $\forall$ ii' $d_{ii'} > 0$ y $d_{ii} = 0$ (la distancia nunca es negativa y la distancia de un punto a sí mismo es cero.

2. $\forall$ ii' $d_{ii'} = d_{i'i}$ (la distancia es simétrica).

3. $\forall$ a$\neq$b$\neq$c $d_{ac} \leq d_{ab} + d_{bc}$ (desigualdad triangular).

La distancia más utilizada con variables cuantitativas es la *distancia euclídea*. Sean i e i' dos individuos en los que se han medido p variables. Estos individuos están representados por los valores que toman para el conjunto de variables $\underline{x}_i$ y $\underline{x}_{i'}$. La distancia euclídea al cuadrado se mide mediante la suma de las diferencias, el cuadrado de los valores de cada variable en los dos individuos a través de la fórmula siguiente:

$$d_{ii'}^2 = \sum_{j=1}^{p} (x_{ij} - x_{i'j})^2$$

Dos individuos que toman valores próximos para todo el conjunto de variables tendrán una distancia pequeña (son semejantes).

Otra función de distancia utilizada en algunos métodos multivariantes es la **distancia** χ^2. Se trata de una distancia entre distribuciones o perfiles que se utiliza cuando se analizan tablas de frecuencias. La distancia χ^2 entre dos filas i e i' de términos k_{ij} y $k_{i'j}$ se calcula mediante la siguiente fórmula:

$$d_{ii'}^2 = \sum_{j=1}^{p} \frac{1}{k_j / k} \left(\frac{k_{ij}}{k_i} - \frac{k_{i'j}}{k_{i'}} \right)^2$$

donde k_{ij} es la frecuencia de asociación de i y j, k_i es la frecuencia con que se ha presentado i, $k_i = \sum_j k_{ij}$ y $k = \sum_{ij} k_{ij}$. Por lo tanto, se trata de una distancia euclídea ponderada.

Existen diversas funciones de distancia, y cada una tiene unas propiedades que la hacen más adecuada a un tipo de datos o de análisis.

Una **medida de la información** de una tabla de datos de n individuos y p variables es la suma de los cuadrados de distancias de los individuos i al origen. La fórmula es la siguiente:

$$I = \sum_{i=1}^{n} d^2(i,0)$$

pero, generalmente, el origen suele hacerse coincidir con el centro de gravedad G, con lo que la información se mide mediante la fórmula:

$$I = \sum_{i=1}^{n} d^2(i,G)$$

y si las variables son métricas, se puede utilizar la distancia euclídea, con lo que se tiene:

$$I = \sum_{i=1}^{n} \sum_{j=1}^{p} (x_{ij} - G_j)^2$$

fórmula que puede expresarse como:

$$I = \sum_{j=1}^{p} \sum_{i=1}^{n} (x_{ij} - G_j)^2$$

es decir, como la suma de las varianzas de las variables, razón por la que esta medida de la información se denomina **varianza total**.

Este *criterio de la varianza* se utiliza en muchos métodos factoriales para medir la cantidad de información de una tabla o la cantidad de información mantenida después de un análisis.

También suele utilizarse para medir la cantidad de información la *inercia de la nube de puntos I(N) con relación al centro de gravedad G* (medida de la dispersión de los puntos en torno a su centro), cuya expresión es la siguiente:

$$I_G(N) = \sum_{i=1}^{n} p_i d^2(i, G)$$

Esta fórmula de la inercia de la nube de puntos representa la suma de las distancias al cuadrado de los puntos al centro de gravedad ponderadas por los pesos p_i, de modo que, cuando todos los individuos i tienen el mismo peso ($p_i=1$) y la distancia es la euclídea, la inercia de la nube coincide con la varianza total.

6.2 ANÁLISIS GENERAL DE LOS MÉTODOS FACTORIALES

Consideramos una tabla rectangular de valores numéricos formada por n filas que representan a n individuos y p columnas que representan a p variables. Los representaremos mediante la matriz X de orden (n,p) y términos x_{ij} (valor que toma la variable j para el individuo i).

$$p\ Variables$$

$$n\ Individuos \left\{ X = \begin{pmatrix} x_{11} & x_{12} & \cdots & x_{1j} & \cdots & x_{1p} \\ x_{21} & x_{22} & \cdots & x_{2j} & \cdots & x_{2p} \\ \vdots & \vdots & & \vdots & & \vdots \\ x_{i1} & x_{i2} & \cdots & x_{ij} & \cdots & x_{ip} \\ \vdots & \vdots & & \vdots & & \vdots \\ x_{n1} & x_{n2} & \cdots & x_{nj} & \cdots & x_{np} \end{pmatrix} \right.$$

Los datos de la tabla anterior pueden representarse en dos espacios distintos. En el *espacio de las variables R^p* se representan los n individuos por sus coordenadas (p-tuplas) o valores que toman para cada una de las p variables. En el *espacio de los individuos R^n* se representan las p variables por sus coordenadas (n-tuplas) o valores que toman para cada uno de los n individuos.

Estos dos espacios están provistos de la distancia euclídea usual. Para dos individuos i e i', la distancia euclídea entre ellos viene definida como:

$$d(i\ i') = \sqrt{\sum_j (x_{ij} - x_{i'j})^2}$$

La distancia euclídea entre dos individuos i e i' al cuadrado es la suma de las diferencias existentes entre los valores que toman los individuos para cada variable, elevadas las diferencias al cuadrado para evitar que se compensen las positivas con las negativas.

Si dos individuos que toman valores iguales para todas las variables coinciden en un punto, su distancia es nula. Cuanto mayores sean las diferencias entre los individuos en relación a las variables medidas, más alejadas estarán en el espacio y mayor será su índice de distancias.

Para dos variables j y j', la distancia euclídea entre ellas viene definida como:

$$d(j\ j') = \sqrt{\sum_i (x_{ij} - x_{ij'})^2}$$

Esta distancia será nula cuando las variables tomen los mismos valores para el conjunto de individuos, y será pequeña cuando estos valores sean próximos; es decir, cuando las variables tengan un comportamiento semejante.

La **cantidad de información de la nube de puntos** se mide por la suma de las distancias desde dichos puntos al origen elevada al cuadrado $\sum_{ij} x_{ij}^2$. Cuando el origen coincida con el centro de gravedad y los pesos sean unitarios, la cantidad de información coincide con la **inercia de la nube** $I_G(N) = \sum_i d^2(i,G)$.

6.3 OBJETIVO GENERAL DEL ANÁLISIS FACTORIAL

Una vez introducido el concepto de información de la nube de puntos, ya podemos especificar el objetivo general del análisis factorial. Este objetivo será buscar un nuevo subespacio de R^p (R^q, $q < p$) que contenga la mayor cantidad posible de información existente en la nube primitiva, y que mejor se ajuste a la nube de puntos y la deforme lo menos posible. El criterio de ajuste es el de los mínimos cuadrados.

6.3.1 Análisis en R^p

Si z_i representa al individuo i en el nuevo subespacio y x_i en el primitivo, se trata de obtener el subespacio que minimice simultáneamente las distancias entre z_i y x_i para todos los puntos de la nube inicial y en proyección, es decir, se trata de obtener el subespacio sobre el cual la nube proyectada se deforme lo menos posible.

En la Figura 6-3 se representa la reducción de la nube inicial de puntos x_i a una nube de puntos z_i en un subespacio de dimensión 1 (recta) por el criterio de mínimos cuadrados. Para hacer la reducción a cualquier subespacio de dimensión superior se seguiría un proceso iterativo.

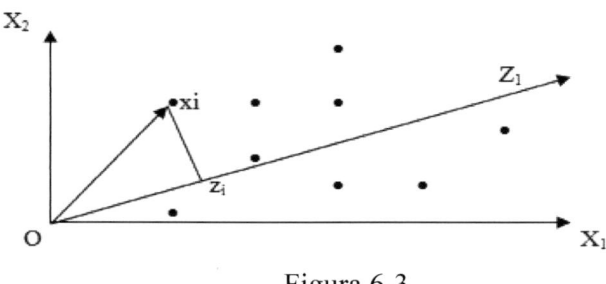

Figura 6-3

Se trata de minimizar las sumas de los cuadrados de las distancias de x_i a z_i, para evitar que se compensen los valores positivos y negativos. Por lo tanto, se trata de minimizar $\sum_i \overline{(x_i z_i)}^2$. Pero, por el teorema de Pitágoras:

$$\overline{Ox_i}^2 = \overline{x_i z_i}^2 + \overline{Oz_i}^2 \Rightarrow \sum_i \overline{Ox_i}^2 = \sum_i \overline{x_i z_i}^2 + \sum_i \overline{Oz_i}^2$$

con lo que se tiene que:

$$Mín \sum_i \overline{x_i z_i}^2 = Min\left(\sum_i \overline{Ox_i}^2 - \sum_i \overline{Oz_i}^2 \right) = Max \sum_i \overline{Oz_i}^2$$

Por lo tanto, la minimización de la suma de las distancias al cuadrado $\sum_i \overline{(x_i z_i)}^2$ en el espacio original, es equivalente a la maximización de la suma de los cuadrados de las proyecciones $\sum_i \overline{Oz_i}^2$ en el subespacio.

Si u_1 es el vector unitario del eje Z_1 (subespacio de dimensión 1 que mejor ajusta la nube de puntos), la proyección $\overline{Oz}_i$ del punto z_i de la nube inicial sobre el eje Z_1 es el producto escalar de $\overline{Ox}_i$ y u_1 (suma de los productos término a término de los elementos de los vectores $\overline{Ox}_i$ y u_1), es decir, el producto escalar de la fila i-ésima de la matriz X por el vector unitario u_1, que puede expresarse como $x_i' u_1 = \sum_j x_j u_{1j}$ con $u'_1 u_1 = 1$ (por ser u_1 unitario).

Si consideramos las proyecciones $\overline{Oz}_i$ de todos los puntos z_i de la nube inicial sobre el eje Z_1 tenemos que se representan por $X u_1$, siendo su cuadrado $u_1 X' X u_1$.

Por lo tanto, para hallar el subespacio de dimensión 1 que mejor ajusta la nube de puntos hay que hallar Z_1 maximizando $\mathbf{u_1' X' X u_1}$, sujeta a la restricción

$$\sum_{j=1}^{p} u_{1i}^2 = u_1' u_1 = 1.$$

Para resolver este problema de optimización con restricciones se aplica el método de los multiplicadores de Lagrange considerando la función lagrangiana:

$$L(\mathbf{u_1}) = \mathbf{u_1' X' X u_1} - \lambda (\mathbf{u_1' u_1} - 1)$$

Derivando respecto de u_1 e igualando a cero, se tiene:

$$\frac{\partial L}{\partial u_1} = 2X' X u_1 - 2\lambda u_1 = 0 \Rightarrow (X'X - \lambda I) u_1 = 0$$

Se trata de un sistema homogéneo en u_1, que sólo tiene solución si el determinante de la matriz de los coeficientes es nulo, es decir, $|\mathbf{X'X} - \lambda \mathbf{I}| = 0$. Pero la expresión $|\mathbf{X'X} - \lambda \mathbf{I}| = 0$ es equivalente a decir que λ es un valor propio de la matriz $X'X$.

En general, la ecuación $|\mathbf{X'X} - \lambda \mathbf{I}| = 0$ tiene p raíces $\lambda_1, \lambda_2, ..., \lambda_p$, que puedo ordenarlas de mayor a menor $\lambda_1 > \lambda_2 > ... > \lambda_p$.

En la ecuación $(\mathbf{X'X} - \lambda \mathbf{I}) \mathbf{u_1} = 0$ podemos multiplicar por u_1' a la derecha, con lo que se tiene $\mathbf{u_1'} (\mathbf{X'X} - \lambda \mathbf{I}) \mathbf{u_1} = 0 \Rightarrow \mathbf{u_1' X' X u_1} = \lambda$. Por lo tanto, para maximizar $\mathbf{u_1' X' X u_1}$ hay que tomar el mayor valor propio λ de la matriz $X'X$.

Tomando λ_1 como el mayor valor propio de X'X y tomando u_1 como su vector propio asociado normalizado (u_1'u_1=1), ya tenemos definido el vector director unitario u_1 que define el eje Z_1 (mejor subespacio de dimensión 1 que ajusta la nube de puntos) que vendrá definido como $Z_1 = X u_1$.

Cada individuo tiene una proyección sobre este nuevo eje, y el conjunto de proyecciones se denomina factor, de modo que la nueva variable factor es una combinación lineal de las iniciales, ya que:

$$F_1(i) = x_i' u_1 = \sum_j x_{ij} u_{1j} = x_{i1} u_{11} + \cdots + x_{ip} u_{1p}$$

Se trata de una variable artificial que en algún momento se le podrá asignar algún nombre, y otras veces no, pero en todo caso nos permitirá estudiar las relaciones y semejanzas entre los individuos.

La cantidad de información o varianza recogida por el nuevo eje Z_1 es precisamente λ_1 ya que $\lambda_1 = u_1' X' X u_1 = V(X u_1) = V(Z_1)$.

La obtención del subespacio de dimensión 2 que mejor ajusta la nube de puntos se hace mediante un proceso iterativo. Una vez hallado el eje (subespacio de dimensión 1) que, pasando por el origen, maximice la suma de cuadrados de las proyecciones sobre él de todos los puntos de la nube inicial, a continuación, se busca un segundo eje que, pasando por el origen y siendo perpendicular al primero, maximice la suma de cuadrados de las proyecciones sobre él de todos los puntos de la nube, y así sucesivamente.

Se trata entonces de hallar Z_2 maximizando $V(Z_2) = u_2' X' X u_2$, sujeta a las restricciones $u_2' u_2 = 1$, $u_2' u_1 = 0$.

Para resolver este problema de optimización con dos restricciones se aplica el método de los multiplicadores de Lagrange considerando la función lagrangiana:

$$L = u_2' X' X u_2 - \mu(u_2' u_1) - \lambda(u_2' u_2 - 1)$$

Derivando respecto de u_2 e igualando a cero, se tiene:

$$\frac{\partial L}{\partial u_2} = 2X' X u_2 - \mu u_1 - 2\lambda u_2 = 0$$

Premultiplicando por u_2' tenemos:

$$2u_2' X' X u_2 - \mu u_2' u_1 - 2\lambda u_2' u_2 = 0$$

Y como $u_2'u_2=1$, $u_2'u_1=0$, se tiene que $u_2'X'Xu_2=\lambda$, que es el máximo buscado. Si llamamos λ_2 a este máximo $(u_2'X'Xu_2=\lambda_2)$ y lo sustituimos en la expresión anterior $2u_2'X'Xu_2 - \mu u_2'u_1 - 2\lambda u_2'u_2 = 0$, se tiene que $X'Xu_2 = \lambda_2 u_2$ (o sea, que u_2 es el vector propio asociado al segundo mayor valor propio λ_2 de X'X).

Tomando λ_2 como el segundo mayor valor propio de X'X y tomando u_2 como su vector propio asociado normalizado ($u_2'u_2=1$), ya tenemos definido el vector director del segundo eje Z_2 (que vendrá definido como $Z_2=X u_2$) perpendicular al primer eje Z_1, y que permiten hallar el subespacio de dimensión 2 (engendrado por los vectores unitarios u_1 y u_2 directores de Z_1 y Z_2) que mejor ajusta la nube de puntos en el sentido de mínimos cuadrados.

Cada individuo tiene una proyección sobre este nuevo eje Z_2, proyección que se representa mediante:

$$F_2(i) = x_i'u_2 = \sum_j x_{ij}u_{2j} = x_{i1}u_{21} + \cdots + x_{ip}u_{2p}$$

Y el conjunto de estas proyecciones (que se denomina factor), constituyen una nueva variable artificial combinación lineal de las p variables iniciales, que es el segundo factor.

De forma similar se obtiene el eje Z_q (q < p) perpendicular a todos los anteriores, que se define como $Z_q=Xu_q$ donde u_q es el vector propio de X'X asociado a su q-ésimo mayor valor propio. Suele denominarse también a u_q *eje factorial q-ésimo*.

De esta forma se obtiene que el espacio q dimensional (q<p) que mejor se ajusta a la nube de puntos está engendrado por los vectores propios u_1, u_2, ..., u_q asociados a los q mayores valores propios $\lambda_1 > \lambda_2 > ... > \lambda_q$, de la matriz X'X.

6.3.2 Análisis en R^n

Análogamente, en el espacio de los individuos se tratará de buscar los ejes que minimizan la deformación o maximizan la suma de las proyecciones de las variables al cuadrado.

Sea v_1 el vector director del subespacio de dimensión 1 (eje Z'_1) que pasa por el origen. La proyección de un punto j sobre el eje viene dada por

$x_j'v_1 = \sum_i x_{ij}v_{1j}$. La proyección de todos los puntos es $X'v_1$ y la suma de sus cuadrados es $v'_1\,XX'v_1$. Por lo tanto, se trata de buscar el vector unitario v_1 que maximice $v'_1\,XX'v_1$, sujeto a la restricción $v'_1v_1=1$. Siguiendo el método utilizado en el caso de R^p, se llega a que v_1 es el vector propio de XX' asociado a su mayor valor propio μ_1 ($XX'v_1=\mu_1v_1$).

De esta forma se obtiene que el espacio q dimensional (q<p) que mejor se ajusta a la nube de puntos está engendrado por las vectores propios $v_1,\ v_2,\ ...,\ v_q$ asociados a los q mayores valores propios $\mu_1>\mu_2>...>\mu_q$, de la matriz X'X.

La proyección de un punto j sobre el eje $Z'_\alpha\,(\alpha=1,...,q)$, se representa mediante:

$$G_\alpha(j) = x_j'v_\alpha = \sum_i x_{ij}u_{\alpha i} = x_{1j}u_{\alpha 1} + \cdots + x_{pj}u_{\alpha n}$$

Y el conjunto de estas proyecciones (que se denomina factor), constituyen una nueva variable artificial combinación lineal de las n variables iniciales, que es el factor α.

6.3.3 Relación entre los análisis en los espacios R^p y R^n

Resulta que valores propios $\mu_1>\mu_2>...>\mu_q$, asociados a los vectores propios $v_1,\ v_2,\ ...,\ v_q$ de la matriz XX' son iguales respectivamente a los valores propios $\lambda_1>\lambda_2>...>\lambda_q$, asociados a los vectores propios $u_1,\ u_2,\ ...,\ u_q$ de la matriz X'X, es decir:

$$\lambda_1=\mu_1,\ \lambda_2=\mu_2,...,\ \lambda_q=\mu_q$$

lo que significa que la cantidad de información o varianza (suma de las proyecciones al cuadrado) recogida por los ejes respectivos en ambos espacios, es la misma.

Para demostrar lo afirmado en el párrafo anterior, partimos de la expresión $XX'v_\alpha=\mu_\alpha v_\alpha$ (que representa el hecho de que v_α es un vector propio de XX' asociado al valor propio μ_α) y premultiplicamos por X' para obtener $(X'X)X'v_\alpha=\mu_\alpha\,X'v_\alpha$, de donde se deduce que $X'v_\alpha$ es un vector propio de la matriz X'X asociado también al valor propio μ_α. Por lo tanto, a cada vector propio v_α de XX' relativo al valor propio u_α le corresponde un vector propio $X'v_\alpha$ de X'X relativo al mismo valor propio μ_α. Existirá entonces una proporcionalidad entre u_α y $X'v_\alpha$ y todo valor propio no nulo de la matriz XX' es valor propio de la matriz X'X. Además, como λ_1 es el mayor valor propio asociado a u_1, se deduce que $\lambda_1\geq\mu_1$.

Análogamente en el otro espacio, si partimos de la expresión $X'Xu_\alpha = \lambda_\alpha u_\alpha$ (que representa el hecho de que u_α es un vector propio de $X'X$ asociado al valor propio λ_α) y premultiplicamos por X para obtener $(XX')Xu_\alpha = \lambda_\alpha Xu_\alpha$, de donde se deduce que Xu_α es un vector propio de la matriz XX' asociado también al valor propio λ_α. Por lo tanto, a cada vector propio u_α de $X'X$ relativo al valor propio λ_α le corresponde un vector propio Xu_α de XX' relativo al mismo valor propio λ_α. Existirá entonces una proporcionalidad entre v_α y Xu_α y todo valor propio no nulo de la matriz $X'X$ es valor propio de la matriz XX'. Además, como μ_1 es el mayor valor propio asociado a v_1, se deduce que $\lambda_1 \leq \mu_1$.

Hemos deducido entonces que $\lambda_1 = \mu_1$, y de igual forma se puede deducir que $\forall \alpha = 1, ..., q$ $\lambda_\alpha = \mu_\alpha$. Además, conocidos los vectores propios de un subespacio se pueden obtener los del otro sin necesidad de una nueva factorización. Por ejemplo, dados los v_α, la proporcionalidad entre u_α y $X'v_\alpha$ permite escribir $u_\alpha = kX'v_\alpha$. Como $\mu'_\alpha u_\alpha = 1$, podemos escribir $k^2 v'_\alpha X'X v_\alpha = 1$. Pero, por otra parte, sabemos que $v'_\alpha X'X v_\alpha = \lambda_\alpha$ por ser la suma de las proyecciones al cuadrado (cada valor propio λ_α mide la suma de los cuadrados de las proyecciones sobre el eje α, o sea, $v'_\alpha X'X v_\alpha = \lambda_\alpha$). Esto nos lleva a escribir $k^2 \lambda_\alpha = 1 \Rightarrow k = \dfrac{1}{\sqrt{\lambda_\alpha}}$. Por lo tanto $u_\alpha = kX'v_\alpha \Rightarrow u_\alpha = \dfrac{1}{\sqrt{\lambda_\alpha}} X'v_\alpha$.

De la misma forma, y partiendo de la proporcionalidad entre v_α y Xu_α se obtiene que $v_\alpha = \dfrac{1}{\sqrt{\lambda_\alpha}} u_\alpha$

Existe entonces una proporcionalidad entre las coordenadas de los puntos individuo sobre el eje factorial α en R^p, Xu_α y las componentes del vector unitario director del eje α en el otro espacio, v_α. Análogamente, las coordenadas de los puntos variables sobre el eje α, $X'v_\alpha$ son proporcionales a las componentes del vector unitario director del eje α en el otro espacio, u_α.

$$G_\alpha = X'v_\alpha = \sqrt{\lambda_\alpha} u_\alpha \qquad G_\alpha(j) = \sum_i x_{ij} v_{\alpha i} = \sqrt{\lambda_\alpha} u_{\alpha j}$$

Estas relaciones permiten una reducción de cálculos, de modo que sólo es necesario obtener los valores y vectores propios de una matriz, y a partir de ellos se obtienen los de la otra. Además, por ser iguales los valores propios de las matrices, coinciden las cantidades de información recogida por los dos ejes respectivos en ambos análisis, lo que facilita la superposición de los espacios sobre el mismo gráfico.

Como $\lambda_1 > \lambda_2 > ... > \lambda_q$, λ_1 debe ser más importante que los demás respecto de la cantidad de información de la nube que recoge. Si a partir del que ocupa el lugar q, los valores propios $\lambda_{q+1}, \lambda_{q+2}, ..., \lambda_p$ pueden considerarse muy pequeños (próximos a cero), los ejes correspondientes recogen poca información, ya que la suma de las proyecciones al cuadrado sobre esos ejes es pequeña. De esta forma, el conjunto de los q primeros ejes permitirá resumir la nube de puntos con buena precisión. La cantidad de información, tasa de inercia, o parte de la varianza total, recogida por los q primeros ejes factoriales se define mediante $\tau_q = \sum_{h=1}^{q} \lambda_h \Big/ \sum_{h=1}^{p} \lambda_h$ y mide la parte de dispersión de la nube de puntos recogida en el subespacio R^q.

En general, se define el *porcentaje de inercia explicada por los k primeros ejes factoriales* como:

$$\tau_k = \frac{\sum_{h=1}^{k} \lambda_h}{\sum_{h=1}^{p} \lambda_h} = \frac{\sum_{h=1}^{k} \lambda_h}{traza(X'X)}$$

6.3.4 Reconstrucción de la tabla inicial de datos a partir de los ejes factoriales

Es posible reconstruir de forma aproximada los valores numéricos de la tabla de datos inicial X a partir de los q primeros ejes, utilizando los vectores directores de los ejes y los valores propios. En efecto:

$$v_\alpha = \frac{1}{\sqrt{\lambda_\alpha}} u_\alpha \Rightarrow \sqrt{\lambda_\alpha} v_\alpha = X u_\alpha \Rightarrow \sqrt{\lambda_\alpha} v_\alpha u_\alpha' = X u_\alpha u_\alpha' \Rightarrow \sum_{\alpha=1}^{p} \sqrt{\lambda_\alpha} v_\alpha u_\alpha' = X \sum_{\alpha=1}^{p} u_\alpha u_\alpha'$$

Como los vectores u_α son unitarios y perpendiculares, $\sum_{\alpha=1}^{p} u_\alpha u_\alpha'$ es la matriz identidad, ya que es el producto de la matriz ortogonal de los vectores propios por su traspuesta, que es también su inversa (por ortogonalidad), con lo que:

$$\sum_{\alpha=1}^{p}\sqrt{\lambda_{\alpha}}\,v_{\alpha}u_{\alpha}^{'} = X\sum_{\alpha=1}^{p}u_{\alpha}u_{\alpha}^{'} \Rightarrow X = \sum_{\alpha=1}^{p}\sqrt{\lambda_{\alpha}}\,v_{\alpha}u_{\alpha}^{'}$$

Si consideramos lo q ejes factoriales, se obtiene una representación exacta de la tabla de datos inicial, pero normalmente, a partir del que ocupa el lugar q, los valores propios λ_{q+1}, λ_{q+2}, ..., λ_p suelen ser muy pequeños (próximos a cero), con lo que los ejes correspondientes recogen poca información, ya que la suma de las proyecciones al cuadrado sobre esos ejes es pequeña. De esta forma estos últimos ejes aportarán poca información a la reconstrucción, considerándose la reconstrucción aproximada de la tabla de datos inicial X dada por:

$$X \approx \sum_{\alpha=1}^{q}\sqrt{\lambda_{\alpha}}\,v_{\alpha}u_{\alpha}^{'}$$

Se sustituyen así los nxp números de la matriz X por sólo nxq números constituidos por q vectores $\sqrt{\lambda_{\alpha}}v_{\alpha}$ y los q vectores u_{α}.

La calidad total de la reconstrucción de la tabla inicial X se mide mediante el coeficiente $\tau_q = \sum_{h=1}^{q}\lambda_h \Big/ \sum_{h=1}^{p}\lambda_h$

6.4 COMPONENTES PRINCIPALES COMO CASO PARTICULAR DEL ANÁLISIS FACTORIAL GENERAL

En el caso en que la tabla de datos de partida esté formada por variables cuantitativas y heterogéneas, es aplicable el análisis factorial general previa tipificación de las variables. El análisis resultante, una vez realizada la tipificación, resulta ser el análisis en componentes principales ya estudiado en un capítulo anterior.

El análisis en componentes principales se utiliza para describir una matriz R de variables continuas del tipo individuos por variables. Es decir, una matriz que recoge el valor que toman cada una de las variables j, $\{j = 1,...,p\}$ en cada uno de los individuos u observaciones i, $\{i = 1,...,n\}$.

$$p\ Variables$$

$$n\ Individuos \left\{ \quad R = \begin{pmatrix} r_{11} & r_{12} & \cdots & r_{1j} & \cdots & r_{1p} \\ r_{21} & r_{22} & \cdots & r_{2j} & \cdots & r_{2p} \\ \vdots & \vdots & & \vdots & & \vdots \\ r_{i1} & r_{i2} & \cdots & r_{ij} & \cdots & r_{ip} \\ \vdots & \vdots & & \vdots & & \vdots \\ r_{n1} & r_{n2} & \cdots & r_{nj} & \cdots & r_{np} \end{pmatrix} \right.$$

Al igual que en el análisis factorial general, los datos de la tabla anterior pueden representarse en dos espacios distintos. En el ***espacio de las variables R^p*** se representan los *n* individuos por sus coordenadas (p-tuplas) o valores que toman para cada una de las *p* variables. En el ***espacio de los individuos R^n*** se representan las *p* variables por sus coordenadas (n-tuplas) o valores que toman para cada uno de los *n* individuos.

Las variables Figuran en columnas y los individuos, en filas. Éstos pueden ser individuos encuestados, observaciones, marcas, consumidores de un producto, etc. Esta matriz puede ser muy disimétrica, y las variables, muy heterogéneas, tanto en media como en desviación. Por ejemplo, una variable puede medir las ventas en pesetas y otra, tipos de rendimientos, con lo cual las diferencias de medias serían enormes. Por esta razón, antes de aplicar el análisis factorial general a la matriz R, se realiza una transformación de la matriz, como veremos a continuación.

6.4.1 Análisis en R^p

Para evitar que variables que toman valores muy altos tengan un peso muy importante en la determinación de los ejes, se realiza una transformación consistente en centrar los datos de la siguiente forma:

$$x'_{ij} = r_{ij} - \bar{r}_j \ \text{ con } \ \bar{r}_j = \frac{1}{n} \sum_{i=1}^{n} r_{ij} = \text{media de la variable } j$$

De esta manera se elimina la influencia del nivel general de las variables, realizándose una traslación del origen al centro de gravedad de la nube. Gráficamente, podemos comprobar la conveniencia de realizar esta operación. Supongamos que la representación de los individuos es la del Gráfico (Figura 6-4):

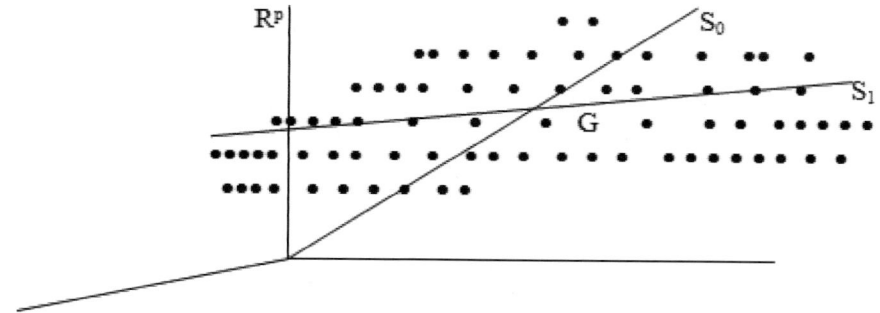

Figura 6-4

Buscamos el subespacio de dimensión reducida que, pasando por el origen, represente bien la nube de puntos. Si tomamos como solución el subespacio S_0, no obtendremos una buena representación. Se produce entonces una deformación fuerte al proyectar los puntos individuo sobre S_0. Sin embargo, lo que tratamos de estudiar no es la posición de los individuos con respecto al origen, sino sus posiciones respectivas, o sea, la forma de la nube. Es evidente que en un caso como el del gráfico que nos ocupa esto se lograría mejor y obtendríamos una representación más fiel sobre el subespacio S_1, que no pasa por el origen sino por el centro de gravedad G de la nube. Para realizar un análisis general en relación al centro de gravedad G, se traslada el origen de coordenadas al centro de gravedad.

Por otra parte, puede ocurrir que las dispersiones de las distintas variables que forman la tabla de datos sean muy diferentes, lo que hará necesaria otra transformación en los datos de partida, realizando una tipificación como sigue:

$$x_{ij} = \frac{r_{ij} - \bar{r}_j}{s_j \sqrt{n}} \quad \text{siendo} \quad s_j^2 = \frac{1}{n} \sum_{i=1}^{n} (r_{ij} - \bar{r}_j)^2$$

De esta forma, para dos individuos i e i', la distancia euclídea entre ellos, que en general hemos visto que viene definida por $d(i\,i') = \sqrt{\sum_j (x_{ij} - x_{i'j})^2}$, puede expresarse como sigue:

$$d^2(i\,i') = \sum_j (x_{ij} - x_{i'j})^2 = \sum_j \left(\frac{r_{ij} - \bar{r}_j}{s_j \sqrt{n}} - \frac{r_{i'j} - \bar{r}_j}{s_j \sqrt{n}} \right)^2 = \frac{1}{n} \sum_j \left(\frac{r_{ij} - r_{i'j}}{s_j} \right)^2$$

De esta forma, todas las variables tendrán una contribución semejante a la determinación de las proximidades y no habrá variables que por ser muy dispersas contribuyan más al cálculo de las distancias.

Otra característica importante de la tipificación realizada lo constituye el hecho de que la matriz de correlaciones C coincida con la matriz X'X, cuyo término general $c_{jj'}$ coincide con la correlación ente las variables j y j', como se muestra en la expresión:

$$c_{jj'} = \sum_i \frac{(r_{ij} - \bar{r}_j)(r_{ij'} - \bar{r}_{j'})}{s_j \sqrt{n} \, s_{j'} \sqrt{n}} = \sum_i \frac{(r_{ij} - \bar{r}_j)(r_{ij'} - \bar{r}_{j'})}{s_j \, s_{j'} \, n} = corr(j, j')$$

Por lo tanto, el análisis en componentes principales en R^p consistirá en realizar un análisis factorial general sobre la tabla X tipificada. El análisis consistirá entonces en obtener los vectores propios u_α de la matriz de correlaciones C=X'X, y las proyecciones de los individuos sobre los ejes dirigidos por estos vectores propios son las componentes principales, que se obtienen mediante $F_\alpha = X \, u_\alpha$, donde u_α es el vector propio de C=X'X asociado a su α-ésimo mayor valor propio λ_α. Para el individuo i, su proyección sobre el eje de vector director u_α viene dada por la combinación lineal:

$$F_\alpha(i) = x_i' u_\alpha = \sum_j x_{ij} u_{\alpha j} = x_{i1} u_{\alpha 1} + \cdots + x_{ip} u_{\alpha p}$$

La proporción de la variabilidad total recogida por la componente principal h-ésima (*porcentaje de inercia explicada por la componente principal h-ésima*) vendrá dada por:

$$\frac{\lambda_h}{\sum_{h=1}^{p} \lambda_h} = \frac{\lambda_h}{traza(C)} = \frac{\lambda_h}{p}$$

También se define el *porcentaje de inercia explicada por las k primeras componentes principales (o ejes factoriales)* como:

$$\frac{\sum_{h=1}^{k} \lambda_h}{\sum_{h=1}^{p} \lambda_h} = \frac{\sum_{h=1}^{k} \lambda_h}{traza(C)} = \frac{\sum_{h=1}^{k} \lambda_h}{p}$$

Se puede interpretar la nube de individuos en función de los factores, ya que la contribución absoluta de un individuo i a la formación de un eje α ($CTA_\alpha(i)$) es mayor cuanto más alta sea su proyección sobre el eje:

$$CTA_\alpha(i) = \frac{F_\alpha^2(i)}{\sum_i F_\alpha^2(i)}$$

También se puede obtener una medida de la calidad de la representación de un individuo i sobre el eje α a través de la contribución relativa $CTR_\alpha(i)$, o cociente entre la cantidad de información restituida en proyección y la información aportada por i:

$$CTR_\alpha(i) = \frac{F_\alpha^2(i)}{\sum_j x_{ij}^2}$$

Si en su representación en el plano de los factores (individuos representados por sus coordenadas sobre los factores), dos individuos están próximos, pueden interpretarse como individuos de comportamiento semejante, tomando valores próximos para todas las variables medidas sobre ellos.

6.4.2 Análisis en R^n

La transformación realizada en la tabla de datos produce efectos diferentes en este espacio. Así como en R^p se trasladaba el origen al centro de gravedad y se situaba a los individuos alrededor del origen, en R^n la transformación produce una deformación de la nube de puntos. El cambio de escala de cada variable (multiplicación por $1/(s_j \sqrt{n})$) sitúa todos los puntos variables a la distancia 1 del origen. En efecto:

$$d^2(j,O) = \sum_i x_{ij}^2 = \sum_i \left(\frac{r_{ij} - \bar{r}_j}{s_j \sqrt{n}}\right)^2 = \sum_i \frac{(r_{ij} - \bar{r}_j)^2 / n}{s_j^2} = \frac{\sum_i (r_{ij} - \bar{r}_j)^2 / n}{s_j^2} = \frac{s_j^2}{s_j^2} = 1$$

Los p puntos están en una hiperesfera de radio 1 cuyo centro es el origen. Al proyectar los puntos sobre el subespacio obtenido al aplicar el análisis factorial general se puede producir una contracción, con lo cual en proyección los puntos estarán situados a una distancia del origen menor o igual a 1.

La distancia entre 2 puntos variables en el espacio R^n puede expresarse en función del coeficiente de correlación $c_{jj'}$ entre las variables j y j' como sigue:

$$d^2(j,j') = \sum_i (x_{ij} - x_{ij'})^2 = \sum_i \left(\frac{r_{ij} - \bar{r}_j}{s_j \sqrt{n}} - \frac{r_{ij'} - \bar{r}_{j'}}{s_{j'} \sqrt{n}} \right)^2 = \frac{1}{n} \sum_i \left(\frac{r_{ij} - \bar{r}_j}{s_j} - \frac{r_{ij'} - \bar{r}_{j'}}{s_{j'}} \right)^2$$

$$= \frac{1}{n} \sum_i \left[\frac{(r_{ij} - \bar{r}_j)^2}{s_j^2} - \frac{(r_{ij'} - \bar{r}_{j'})^2}{s_{j'}^2} + 2 \frac{(r_{ij} - \bar{r}_j)(r_{ij'} - \bar{r}_{j'})}{s_j s_{j'}} \right] =$$

$$= \frac{\frac{1}{n} \sum_i (r_{ij} - \bar{r}_j)^2}{s_j^2} - \frac{\frac{1}{n} \sum_i (r_{ij'} - \bar{r}_{j'})^2}{s_{j'}^2} + 2 \frac{\frac{1}{n} \sum_i (r_{ij} - \bar{r}_j)(r_{ij'} - \bar{r}_{j'})}{s_j s_{j'}} =$$

$$= \frac{s_j^2}{s_j^2} - \frac{s_{j'}^2}{s_{j'}^2} + 2c_{jj'} = 2(1 - c_{jj'})$$

De esta forma, las proximidades entre los puntos variables se pueden interpretar en términos de correlación, de modo que, si dos variables están muy correlacionadas positivamente ($c_{jj'} \cong 1$), la distancia entre ellas es casi cero $(d^2(j,j') \cong 0)$. Si dos variables están muy correlacionadas negativamente ($c_{jj'} \cong -1$), la distancia entre ellas es máxima $(d^2(j,j') \cong 4)$. Si las dos variables están incorrelacionadas ($c_{jj'} \cong 0$), la distancia entre ellas es intermedia $(d^2(j,j') \cong 2)$.

Para obtener los factores puede no ser necesario diagonalizar la matriz XX'. Como ya se ha visto en el análisis general, los vectores propios de XX' asociados al valor propio λ_α se obtienen a partir de los de la matriz X'X mediante:

$$v_\alpha = \frac{1}{\sqrt{\lambda_\alpha}} u_\alpha$$

La proyección de los puntos variables sobre el eje α viene dada por el vector:

$$G_\alpha = X' v_\alpha = \sqrt{\lambda_\alpha} u_\alpha \qquad G_\alpha(j) = \sum_i x_{ij} v_{\alpha i} = \sqrt{\lambda_\alpha} u_{\alpha j}$$

Para la variable j, su proyección sobre el eje factorial α también puede expresarse como sigue:

$$G_\alpha(j) = \sum_i x_{ij} v_{\alpha i} = \frac{\sum_i x_{ij} F_\alpha(i)}{\sqrt{\lambda_\alpha}} = \frac{Cov(\alpha, j)}{s_\alpha s_j} = Corr(\alpha, j)$$

Se ha empleado la relación $F_\alpha(i) = v_{\alpha i} \sqrt{\lambda_\alpha}$.

Sobre los planos factoriales los puntos variables están situados en el interior de un círculo de radio unidad centrado en el origen. En efecto, hemos visto que los puntos variables están situados en la hiperesfera de radio unidad (por la transformación de la tipificación realizada en los datos iniciales) y al proyectarlos se puede producir una contracción y acercarse al origen, pero no una dilatación. Cuanto menor sea la pérdida de información, menor será la contracción. Los puntos variables están mejor representados en el plano mientras más próximos estén el borde del círculo. La nube de variables no está centrada en el origen, sino que las variables pueden estar situadas todas al mismo lado del origen si se correlacionan positivamente.

6.5 ANÁLISIS FACTORIAL DE CORRESPONDENCIAS

El análisis de correspondencias es un método multivariante factorial de reducción de la dimensión de una tabla de casos-variables con datos cualitativos con el fin de obtener un número reducido de factores, cuya posterior interpretación permitirá un estudio más simple del problema investigado. El hecho de que se manejen variables cualitativas (o, por supuesto, cuantitativas categorizadas) confiere a esta prueba factorial una característica diferencial: No se utilizan como datos de partida mediciones individuales, sino frecuencias de una tabla; es decir, número de individuos contenidos en cada casilla. El análisis factorial es de aplicación incluso con sólo dos caracteres o variables cualitativas (análisis de correspondencias simple), cada una de las cuales puede presentar varias modalidades o categorías. El método se generaliza cuando el número de variables o caracteres cualitativos es mayor de dos (análisis de correspondencias múltiple).

El conocido tratamiento conjunto de dos caracteres o variables cualitativas a través de la prueba de asociación o independencia de la χ^2 proporcionaba exclusivamente información sobre la relación significativa o no entre ambas, sin aclarar qué categorías o modalidades estaban implicadas. Sin embargo, el análisis de correspondencias extrae relaciones entre categorías y define similaridades o disimilaridades entre ellas, lo que permitirá su agrupamiento si se detecta que se corresponden. Y todo esto queda plasmado en un espacio dimensional de escasas variables sintéticas o factores que pueden ser interpretados o nombrados y que, además, deben condensar el máximo posible de información. Representaciones gráficas o mapas de correspondencias permiten visualizar globalmente las relaciones obtenidas.

Por obedecer a la sistemática general del análisis factorial, las dimensiones que definen el espacio en que se representan las categorías se obtienen como factores cuantitativos, por lo que el análisis de correspondencias acaba siendo un método de extracción de variables ficticias cuantitativas a partir de variables cualitativas originales, al definir aquéllas las relaciones entre las categorías de éstas. Esto puede permitir la aplicación posterior de otras pruebas multivariantes cuantitativas (regresión, clústeres...). Una posibilidad propia de este análisis es la inclusión a posteriori de una nueva categoría de alguna de las variables (categoría suplementaria) que, no habiendo participado en el cálculo, interese representar para su comparación con las originales. La abundancia y vistosidad de los resultados obtenidos hacen de esta prueba una magnífica fuente de hipótesis de trabajo para continuar la investigación.

El carácter cualitativo de las variables también obliga a un proceso metodológico distinto. Si se trata de estudios de similaridad o disimilaridad entre categorías, se habrá de cuantificar la diferencia o distancia entre ellas. En una tabla de frecuencias cada categoría de una variable está formada por un conjunto de individuos distribuidos en cada una de las categorías de la otra. Por tanto, el proceso para hallar la distancia entre dos categorías de una variable es el utilizado en Estadística para el cálculo del desajuste de dos distribuciones, por medio de las diferencias (desajustes) cuadráticas (para evitar enjugar diferencias positivas con negativas) relativas (es menos clara una diferencia de dos individuos en cuatro que en un dos por ciento). La suma de estas diferencias cuadráticas relativas entre las frecuencias de ambas distribuciones no es otra cosa que el conocido concepto de la χ^2. Así, el análisis de correspondencias puede considerarse como un análisis de componentes principales aplicado a variables cualitativas que, al no poder utilizar correlaciones, se basa en la distancia no euclídea de la χ^2.

6.6 ANÁLISIS DE CORRESPONDENCIAS SIMPLE

Ya sabemos que el análisis factorial de correspondencias simple está particularmente adaptado para tratar tablas de contingencia, representando los efectivos existentes en las múltiples modalidades (categorías) combinadas de dos caracteres (variables cualitativas). Si cruzamos en una tabla de contingencia el carácter I con modalidades desde i=1 hasta i=n (en filas), con el carácter J con modalidades desde j=1 hasta j=p (en columnas), podemos representar el número de unidades estadísticas que pertenecen simultáneamente a la modalidad i del carácter I y a la modalidad j del carácter J mediante k_{ij}. En este caso, la distinción entre observaciones y variables en el cuadro de doble entrada es artificial, pero, por similitud con componentes principales, suele hablarse a veces de individuos u observaciones cuando nos referimos al conjunto de las modalidades del carácter I (filas), y de variables cuando nos referimos al conjunto de las modalidades del carácter J (columnas), tal y como se observa en la Tabla siguiente:

I \ J	1	2	$\cdots$	j	$\cdots$	p
1						
2						
$\vdots$				$\vdots$		
i			$\cdots$	k_{ij}	$\cdots$	
$\vdots$				$\vdots$		
n						

De una forma general puede considerarse que los objetivos que se persiguen cuando se aplica el análisis factorial de correspondencias son similares a los perseguidos con la aplicación del análisis de componentes principales, y pueden resumirse en los dos puntos siguientes:

- Estudio de las relaciones existentes en el interior del conjunto de modalidades del carácter I y estudio de las relaciones existentes en el interior del conjunto de modalidades del carácter J.

- Estudio de las relaciones existentes entre las modalidades del carácter I y las modalidades del carácter J.

La tabla de datos (k_{ij}) es una matriz K de orden (n, p) donde k_{ij} representa la frecuencia absoluta de asociaciones entre los elementos i y j, es decir el número de veces que se presentan simultáneamente las modalidades i y j de los caracteres I y J.

Utilizaremos la siguiente notación:

$$k_{i.} = \sum_{j=1}^{p} k_{ij} = \text{efectivo total de la fila } i.$$

$$k_{.j} = \sum_{i=1}^{n} k_{ij} = \text{efectivo total de la columna } j.$$

$$k_{ij} = \sum_{i=1}^{n} \sum_{j=1}^{p} k_{ij} = \text{efectivo total de la población.}$$

El método buscado para el análisis factorial de correspondencias simple deberá ser simétrico con relación a las líneas y columnas de K (para estudiar las relaciones en el interior de los conjuntos I y J) y deberá permitir comparar las distribuciones de frecuencias de las dos características (para estudiar las relaciones entre los conjuntos I y J).

Para comparar dos líneas entre sí (filas o columnas) en una tabla de contingencia, no interesan los valores brutos sino los porcentajes o distribuciones condicionadas. En una tabla de contingencia, el análisis buscado debe trabajar no con los valores brutos k_{ij} sino con **perfiles** o porcentajes. No interesa poner de manifiesto las diferencias absolutas que existen entre dos líneas, sino que los elementos i,i' (j,j') se consideran semejantes si presentan la misma distribución condicionada.

Una primera caracterización de las modalidades *i* del carácter I (variables *i*) puede hacerse a partir del peso relativo (expresado en tanto por uno) de cada modalidad del carácter J en la modalidad *i*, $\dfrac{k_{i1}}{k_{i.}}, \dfrac{k_{i2}}{k_{i.}}, \cdots, \dfrac{k_{ip}}{k_{i.}}$, que denominamos **perfil de la variable i**, y que es la distribución de frecuencias condicionada del carácter J para I=i.

De modo análogo la caracterización de las modalidades *j* del carácter J (observaciones *j*) puede hacerse a partir del peso relativo (expresado en tanto por uno) de cada modalidad del carácter I en la modalidad *j*, $\dfrac{k_{1j}}{k_{.j}}, \dfrac{k_{2j}}{k_{.j}}, \cdots, \dfrac{k_{nj}}{k_{.j}}$, que denominamos **perfil de la observación j**, y que es la distribución de frecuencias condicionada del carácter I para J=j.

6.6.1 Formación de las nubes y definición de distancias

En R^p tomaremos la nube de *n* puntos *i* (*n* filas de la tabla de perfiles de las variables *i*) cuyas coordenadas son $\dfrac{k_{i1}}{k_{i.}}, \dfrac{k_{i2}}{k_{i.}}, \cdots, \dfrac{k_{ip}}{k_{i.}}$ i=1...n

En R^n se forma la nube de *p* puntos j (*p* columnas de la tabla de perfiles de las observaciones *j*) cuyas coordenadas son $\dfrac{k_{1j}}{k_{.j}}, \dfrac{k_{2j}}{k_{.j}}, \cdots, \dfrac{k_{nj}}{k_{.j}}$ j=1...p

Las transformaciones realizadas son idénticas en los dos espacios R^p y R^n. Sin embargo, ello va a llevar a transformaciones analíticas diferentes. Los nuevos datos en R^n no son la traspuesta de la matriz en R^p. Esto nos conduce a *realizar dos análisis factoriales diferentes, uno en cada espacio*. Pero encontraremos unas relaciones entre los factores que permitirán reducir los cálculos a una sola factorización facilitando además la interpretación.

A partir de ahora se trabajará con la **tabla de contingencia en frecuencias relativas** $f_{ij} = \dfrac{k_{ij}}{k}$ con $k = \displaystyle\sum_{i=1}^{n}\sum_{j=1}^{p} k_{ij}$. Tendremos el siguiente esquema:

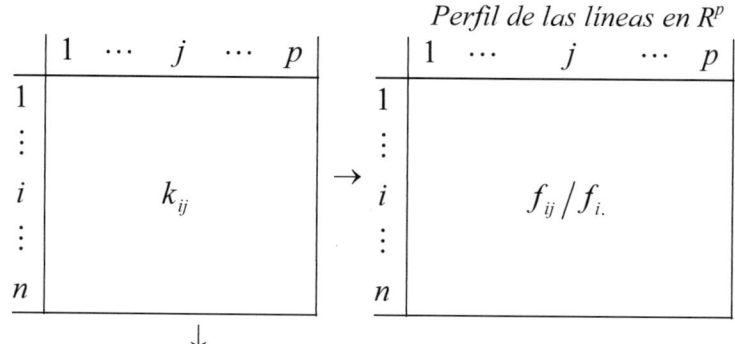

El análisis factorial de correspondencias trabaja con perfiles, pero no olvida las diferencias entre los efectivos de cada línea o columna, sino que le asigna un peso proporcional a su importancia en el total. En R^{p} cada punto i está afectado por un peso $f_{i.}$ y en R^{n} cada punto j está afectado por un peso $f_{.j}$ con lo que, de esta forma, se evita que al trabajar con perfiles se privilegie a las clases de efectivos pequeños.

El hecho de trabajar con perfiles, en vez de con los valores absolutos iniciales nos lleva a utilizar la distancia ji-cuadrado (distancia entre distribuciones) en vez de la euclídea. Partiendo de la definición de distancia ji-cuadrado dada al principio del Capítulo, en el análisis de correspondencias la distancia entre los individuos (puntos fila) i e i' en R^{p} vendrá definida como:

$$d_{ii'}^2 = \sum_{j=1}^{p} \frac{1}{k_{\cdot j}/k}\left(\frac{k_{ij}}{k_{i\cdot}} - \frac{k_{i'j}}{k_{i'\cdot}}\right)^2 = \sum_{j=1}^{p} \frac{1}{k_{\cdot j}/k}\left(\frac{k_{ij}/k}{k_{i\cdot}/k} - \frac{k_{i'j}/k}{k_{i'\cdot}/k}\right)^2 = \sum_{j=1}^{p} \frac{1}{f_{\cdot j}}\left(\frac{f_{ij}}{f_{i\cdot}} - \frac{f_{i'j}}{f_{i'\cdot}}\right)^2$$

De forma similar, en el análisis de correspondencias la distancia entre las variables (puntos columna) j y j' en R^n vendrá definida como:

$$d_{jj'}^2 = \sum_{i=1}^{n} \frac{1}{k_{i\cdot}/k}\left(\frac{k_{ij}}{k_{\cdot j}} - \frac{k_{ij'}}{k_{\cdot j'}}\right)^2 = \sum_{i=1}^{n} \frac{1}{k_{i\cdot}/k}\left(\frac{k_{ij}/k}{k_{\cdot j}/k} - \frac{k_{ij'}/k}{k_{\cdot j'}/k}\right)^2 = \sum_{i=1}^{n} \frac{1}{f_{i\cdot}}\left(\frac{f_{ij}}{f_{\cdot j}} - \frac{f_{ij'}}{f_{\cdot j'}}\right)^2$$

Realmente la única diferencia entre esta distancia y la euclídea es la ponderación, lo que evita que pequeñas diferencias entre las componentes de las líneas influyan mucho en la distancia. El uso de la distancia ji-cuadrado estabiliza los datos, hasta el punto de que, por el principio de la equivalencia distribucional, dos líneas (filas o columnas) con el mismo perfil pueden ser sustituidas por una sola afectada por una masa igual a la suma de las masas, sin que se alteren las distancias entre los demás pares de puntos en R^p o R^n.

6.6.2 Ejes factoriales: Análisis en R^p

Como el análisis es simétrico para filas y columnas, en el análisis factorial de correspondencias suele elegirse para columnas la dimensión más pequeña (p<n).

En Rp el objetivo es obtener una representación simplificada de los puntos fila cuyas coordenadas son $f_{ij}/f_{i\cdot}$, $j=1,\ldots,p$. Estos puntos están afectados de un peso o masa $f_{i\cdot}$ y la distancia entre ellos se mide a través de la distancia ji-cuadrado. Vamos a ver que este análisis de correspondencias es equivalente a un análisis en componentes principales de una tabla deducida de la inicial. Tenemos que la distancia entre los individuos (puntos fila) i e i' en R^p puede transformase como sigue:

$$d_{ii'}^2 = \sum_{j=1}^{p} \frac{1}{f_{\cdot j}}\left(\frac{f_{ij}}{f_{i\cdot}} - \frac{f_{i'j}}{f_{i'\cdot}}\right)^2 = \sum_{j=1}^{p}\left(\frac{f_{ij}}{f_{i\cdot}\cdot\sqrt{f_{\cdot j}}} - \frac{f_{i'j}}{f_{i'\cdot}\cdot\sqrt{f_{\cdot j}}}\right)^2$$

expresión que representa la distancia euclídea entre los puntos de coordenadas $\dfrac{f_{ij}}{f_{i\cdot}\cdot\sqrt{f_{\cdot j}}}$ y $\dfrac{f_{i'j}}{f_{i'\cdot}\cdot\sqrt{f_{\cdot j}}}$.

Por lo tanto, realizar un análisis con la distancia ji-cuadrado en la tabla $f_{ij}/f_{i\cdot}$, es equivalente al realizar un análisis con la distancia euclídea en la tabla $\dfrac{f_{ij}}{f_{i\cdot}\cdot\sqrt{f_{\cdot j}}}$ con los pesos $f_{i\cdot}$.

Las coordenadas del centro de gravedad de la nube de puntos $\dfrac{f_{ij}}{f_{i\cdot}\cdot\sqrt{f_{\cdot j}}}$ con los pesos $f_{i\cdot}$. son:

$$g_j = \sum_{i=1}^{n} \frac{f_{ij}}{f_{i\cdot}\cdot\sqrt{f_{\cdot j}}} f_{i\cdot} = \sum_{i=1}^{n} \frac{f_{ij}}{\sqrt{f_{\cdot j}}} = \frac{f_{\cdot j}}{\sqrt{f_{\cdot j}}} = \sqrt{f_{\cdot j}}$$

Como el análisis en componentes principales es centrado, trasladaremos el origen al centro de gravedad, con lo que las coordenadas de la nube de puntos $\dfrac{f_{ij}}{f_{i\cdot}\cdot\sqrt{f_{\cdot j}}}$ pasarán a ser $\dfrac{f_{ij}}{f_{i\cdot}\cdot\sqrt{f_{\cdot j}}} - \sqrt{f_{\cdot j}}$

La inercia de la nube de puntos pasará a ser:

$$I = \sum_{i=1}^{n} f_{i\cdot}.d^2(i,G) = \sum_{i=1}^{n} f_{i\cdot}\cdot\sum_{j=1}^{p}\left(\frac{f_{ij}}{f_{i\cdot}\cdot\sqrt{f_{\cdot j}}} - \sqrt{f_{\cdot j}}\right)^2 = \sum_{i,j}^{n,p} \frac{(f_{ij} - f_{i\cdot}.f_{\cdot j})^2}{f_{i\cdot}.f_{\cdot j}}$$

La proyección de un punto sobre un nuevo eje de vector unitario u_1 viene dada por el producto escalar del punto y el vector u_1, es decir:

$$F_1(i) = \sum_{j=1}^{p}\left(\frac{f_{ij}}{f_{i\cdot}\cdot\sqrt{f_{\cdot j}}} - \sqrt{f_{\cdot j}}\right)u_{1j}$$

Para hallar el primer factor, se trata de buscar u_1 que maximice la inercia de la nube proyectada, es decir, la suma de los cuadrados de las proyecciones cada una multiplicada por su peso (máx $\sum_{i=1}^{n} f_{i\cdot}.F_1^2(i)$). Pero sabemos que este problema es equivalente a diagonalizar (vectores propios) la matriz Z de término general:

$$z_{jj'} = \sum_{i=1}^{n} f_{i\cdot} \left(\frac{f_{ij}}{f_{i\cdot}\sqrt{f_{\cdot j}}} - \sqrt{f_{\cdot j}} \right) \left(\frac{f_{ij'}}{f_{i\cdot}\sqrt{f_{\cdot j'}}} - \sqrt{f_{\cdot j'}} \right) = \sum_{i=1}^{n} \left(\frac{f_{ij} - f_{i\cdot}f_{\cdot j}}{\sqrt{f_{i\cdot}}\sqrt{f_{\cdot j}}} \right) \left(\frac{f_{ij'} - f_{i\cdot}f_{\cdot j'}}{\sqrt{f_{i\cdot}}\sqrt{f_{\cdot j'}}} \right)$$

Esta matriz se puede expresar como Z=X'X siendo X la matriz de término general $x_{ij} = \dfrac{f_{ij} - f_{i\cdot}f_{\cdot j}}{\sqrt{f_{i\cdot}}\sqrt{f_{\cdot j}}}$. Por lo tanto, el análisis factorial de correspondencias relativo a la tabla inicial k_{ij}, es equivalente al análisis en componentes principales para la matriz de término general x_{ij}.

De todas formas, se pueden realizar algunas simplificaciones, basadas en el hecho de que el vector u_p director del eje p de coordenadas ($\sqrt{f_{\cdot 1}}, \sqrt{f_{\cdot 2}}, ..., \sqrt{f_{\cdot p}}$) es un vector propio de Z=X'X asociado al valor propio 0, ya que partiendo de la expresión desarrollada de Z u_p tenemos:

$$\sum_{j'=1}^{p} \sum_{i=1}^{n} f_{i\cdot} \left(\frac{f_{ij}}{f_{i\cdot}\sqrt{f_{\cdot j}}} - \sqrt{f_{\cdot j}} \right) \left(\frac{f_{ij'}}{f_{i\cdot}\sqrt{f_{\cdot j'}}} - \sqrt{f_{\cdot j'}} \right) \sqrt{f_{\cdot j'}} = \sum_{i=1}^{n} f_{i\cdot} \left(\frac{f_{ij}}{f_{i\cdot}\sqrt{f_{\cdot j}}} - \sqrt{f_{\cdot j}} \right) \left(\frac{\sum_{j'=1}^{p} f_{ij'}}{f_{i\cdot}} - \sum_{j'=1}^{p} f_{\cdot j'} \right)$$

$$= \sum_{i=1}^{n} f_{i\cdot} \left(\frac{f_{ij}}{f_{i\cdot}\sqrt{f_{\cdot j}}} - \sqrt{f_{\cdot j}} \right) \left(\frac{f_{i\cdot}}{f_{i\cdot}} - 1 \right) = 0 \Rightarrow \forall j \quad \sum_{j'=1}^{p} z_{jj'} \sqrt{f_{\cdot j'}} = 0 \rightarrow Z\, u_p = 0\, u_p$$

Los restantes vectores propios de Z deben ser ortogonales a u_p, luego:

$$\sum_{j=1}^{p} u_{\alpha j} \sqrt{f_{\cdot j}} = 0$$

con lo que todos los vectores propios de Z=X'X, $\forall \alpha \neq p$ son también vectores propios de S=X*'X* siendo $x_{ij}^{*} = \dfrac{f_{ij}}{\sqrt{f_{i\cdot}}\sqrt{f_{\cdot j}}}$ ya que $\displaystyle\sum_{j'=1}^{p} z_{jj'} u_{\alpha j'} = \sum_{j'=1}^{p} s_{jj'} u_{\alpha j'}, \quad \forall \alpha \neq p$

El vector u_p es también vector propio de S, pero asociado al valor propio 1, por lo que el análisis puede realizarse sobre la tabla X* no centrada. Esto conlleva que la proyección del punto i sobre el eje α toma la expresión:

$$F_{\alpha}(i) = \sum_{j=1}^{p} \left(\frac{f_{ij}}{f_{i\cdot}\sqrt{f_{\cdot j}}} - \sqrt{f_{\cdot j}} \right) u_{\alpha j} = \sum_{j=1}^{p} \left(\frac{f_{ij}}{f_{i\cdot}\sqrt{f_{\cdot j}}} \right) u_{\alpha j}$$

6.6.3 Ejes factoriales: Análisis en R^n

Como el análisis es simétrico para filas y columnas, se pueden deducir rápidamente los resultados para el análisis en R^n. Así tendremos que las coordenadas de los puntos j serán $f_{ij}/f_{\cdot j}$, su peso será $f_{\cdot j}$, el centro de gravedad G tendrá de coordenadas $g_i = \sqrt{f_{i\cdot}}$, la proyección de un punto j sobre el eje α cuyo vector director

es v_α es $\quad G_\alpha(j) = \sum_{i=1}^{n} \left(\dfrac{f_{ij}}{f_{\cdot j} \sqrt{f_{i\cdot}}} - \sqrt{f_{i\cdot}} \right) v_{\alpha i}$, la matriz a diagonalizar es W donde

$$w_{ii'} = \sum_{j=1}^{p} f_{\cdot j} \left(\frac{f_{ij}}{f_{\cdot j} \sqrt{f_{i\cdot}}} - \sqrt{f_{i\cdot}} \right) \left(\frac{f_{i'j}}{f_{\cdot j} \sqrt{f_{i'\cdot}}} - \sqrt{f_{i'\cdot}} \right) = \sum_{j=1}^{p} \left(\frac{f_{ij} - f_{i\cdot} f_{\cdot j}}{\sqrt{f_{i\cdot}} \cdot \sqrt{f_{\cdot j}}} \right) \left(\frac{f_{i'j} - f_{i'\cdot} f_{\cdot j}}{\sqrt{f_{i'\cdot}} \cdot \sqrt{f_{\cdot j}}} \right)$$

Además, el vector v_p director del eje p de coordenadas $(\sqrt{f_{1\cdot}}, \sqrt{f_{2\cdot}}, ..., \sqrt{f_{n\cdot}})$ es un vector propio de $W=XX'$ asociado al valor propio 0, y todos los vectores propios v_α de $W=XX'$ $\forall \alpha \neq p$ son también vectores propios de $W^*=X^*X^{*'}$ siendo v_p el vector propio asociado al valor propio 1. Esto conlleva a que la proyección del punto j sobre el eje α toma la expresión:

$$G_\alpha(j) = \sum_{i=1}^{n} \left(\frac{f_{ij}}{f_{\cdot j} \sqrt{f_{i\cdot}}} - \sqrt{f_{i\cdot}} \right) v_{\alpha i} = \sum_{i=1}^{n} \left(\frac{f_{ij}}{f_{\cdot j} \sqrt{f_{i\cdot}}} \right) v_{\alpha i}$$

6.6.4 Relación entre los análisis en R^p y R^n

Los valores propios λ_α no nulos de las matrices X'X y XX' son los mismos. Además, los vectores propios u_α de X'X y vectores propios v_α de XX' están relacionados mediante las expresiones $v_\alpha = \dfrac{1}{\sqrt{\lambda_\alpha}} X u_\alpha$ y $u_\alpha = \dfrac{1}{\sqrt{\lambda_\alpha}} X' v_\alpha$, y sustituyendo los términos de X por sus valores en función de las frecuencias en el análisis de correspondencias se tiene lo siguiente:

$$v_{\alpha i} = \frac{1}{\sqrt{\lambda_\alpha}} \sum_{j=1}^{p} \frac{f_{ij}}{\sqrt{f_{i\cdot}} \cdot \sqrt{f_{\cdot j}}} u_{\alpha j} = \frac{1}{\sqrt{\lambda_\alpha}} F_\alpha(i) \sqrt{f_{i\cdot}} \Rightarrow F_\alpha(i) = \frac{\sqrt{\lambda_\alpha} v_{\alpha i}}{\sqrt{f_{i\cdot}}}$$

$$u_{\alpha j} = \frac{1}{\sqrt{\lambda_\alpha}} \sum_{i=1}^{n} \frac{f_{ij}}{\sqrt{f_{i\cdot}} \cdot \sqrt{f_{\cdot j}}} v_{\alpha i} = \frac{1}{\sqrt{\lambda_\alpha}} G_\alpha(j) \sqrt{f_{\cdot j}} \Rightarrow G_\alpha(j) = \frac{\sqrt{\lambda_\alpha} u_{\alpha j}}{\sqrt{f_{\cdot j}}}$$

Estas relaciones entre los dos subespacios permiten representar simultáneamente los puntos línea y los puntos columna sobre los mismos gráficos, lo que favorece la interpretación de los resultados. Tenemos lo siguiente:

- La proyección de los puntos j sobre el eje α puede expresarse en función de la proyección de los puntos i (utilizando que $v_{\alpha i} = \dfrac{1}{\sqrt{\lambda_\alpha}} F_\alpha(i) \sqrt{f_{i\cdot}}$) como sigue:

$$G_\alpha(j) = \sum_{i=1}^{n}\left(\frac{f_{ij}}{f_{\cdot j}\sqrt{f_{i\cdot}}}\right) v_{\alpha i} = \frac{1}{\sqrt{\lambda_\alpha}} \sum_{i=1}^{n}\left(\frac{f_{ij}}{f_{\cdot j}\sqrt{f_{i\cdot}}}\right) F_\alpha(i)\sqrt{f_{i\cdot}} = \frac{1}{\sqrt{\lambda_\alpha}} \sum_{i=1}^{n}\left(\frac{f_{ij}}{f_{\cdot j}}\right) F_\alpha(i)$$

- La proyección de los puntos i sobre el eje α puede expresarse en función de la proyección de los puntos j (utilizando que $u_{\alpha j} = \dfrac{1}{\sqrt{\lambda_\alpha}} G_\alpha(j)\sqrt{f_{\cdot j}}$) como sigue:

$$F_\alpha(i) = \sum_{j=1}^{p}\left(\frac{f_{ij}}{f_{i\cdot}\sqrt{f_{\cdot j}}}\right) u_{\alpha j} = \frac{1}{\sqrt{\lambda_\alpha}} \sum_{j=1}^{p}\left(\frac{f_{ij}}{f_{i\cdot}\sqrt{f_{\cdot j}}}\right) G_\alpha(j)\sqrt{f_{\cdot j}} = \frac{1}{\sqrt{\lambda_\alpha}} \sum_{i=1}^{n}\left(\frac{f_{ij}}{f_{i\cdot}}\right) G_\alpha(j)$$

Según las expresiones anteriores resultan las relaciones siguientes:

- La proyección de un punto i sobre el eje α, $F_\alpha(i)$, es el baricentro (salvo el coeficiente $1/\sqrt{\lambda_\alpha}$) de las proyecciones de los puntos j sobre el mismo eje, cada punto afectado del peso $f_{ij}/f_{i\cdot}$ que es su importancia relativa en i.

- La proyección de un punto j sobre el eje α, $G_\alpha(j)$, es el baricentro (salvo el coeficiente $1/\sqrt{\lambda_\alpha}$) de las proyecciones de los puntos i sobre el mismo eje, cada punto afectado del peso $f_{ij}/f_{\cdot j}$ que es su importancia relativa en j.

Las relaciones anteriores, llamadas *relaciones baricéntricas, permiten pasar de un espacio a otro y representar simultáneamente sobre el mismo plano los puntos fila y columna, permitiendo así clarificar las relaciones entre filas y columnas.*

6.6.5 Reconstrucción de la tabla de frecuencias

En el análisis general habíamos visto que se reconstruía la tabla de frecuencias inicial a partir de los factores mediante $X = \sum_{\alpha=1}^{p} \sqrt{\lambda_\alpha} \, v_\alpha u_\alpha'$.

Si en la expresión anterior sustituimos $u_{\alpha j} = \dfrac{1}{\sqrt{\lambda_\alpha}} G_\alpha(j) \sqrt{f_{\cdot j}}$ y también

$v_{\alpha i} = \dfrac{1}{\sqrt{\lambda_\alpha}} F_\alpha(i) \sqrt{f_{i \cdot}}$, se tiene lo siguiente:

$$\frac{f_{ij}}{\sqrt{f_{\cdot j}} \sqrt{f_{i\cdot}}} = \sum_{\alpha=1}^{p} \sqrt{\lambda_\alpha} \; \frac{1}{\sqrt{\lambda_\alpha}} F_\alpha(i) \sqrt{f_{i\cdot}} \cdot \frac{1}{\sqrt{\lambda_\alpha}} G_\alpha(j) \sqrt{f_{\cdot j}} \Rightarrow \frac{f_{ij}}{f_i \cdot f_{\cdot j}} = \sum_{\alpha=1}^{p} \frac{1}{\sqrt{\lambda_\alpha}} F_\alpha(i) G_\alpha(j)$$

pero $\lambda_1 = 1$, $u_{1j} = \sqrt{f_{\cdot j}}$, $v_{1i} = \sqrt{f_{i\cdot}}$, $F_\alpha(i) = v_i \sqrt{\lambda_\alpha}/\sqrt{f_{i\cdot}} \Rightarrow F_1(i) = \sqrt{f_{i\cdot}}/\sqrt{f_{i\cdot}} = 1$, $G_1(j) = \sqrt{f_{\cdot j}}/\sqrt{f_{\cdot j}} = 1$, con lo que podemos reconstruir la tabla de frecuencias mediante:

$$f_{ij} = f_i \cdot f_{\cdot j} \left[1 + \sum_{\alpha=2}^{p} \frac{1}{\sqrt{\lambda_\alpha}} F_\alpha(i) G_\alpha(j) \right]$$

6.7 ANÁLISIS DE CORRESPONDENCIAS MÚLTIPLES

Hemos visto que el análisis factorial de correspondencias es de aplicación con dos caracteres o variables cualitativas (*análisis de correspondencias simple* o sencillamente *análisis factorial de correspondencias*), cada una de las cuales puede presentar varias modalidades o categorías. Pero el método es generalizable al caso de un número de variables o caracteres cualitativos mayor de dos (*análisis de correspondencias múltiple*).

Ya sabemos que el análisis factorial de correspondencias simple está particularmente adaptado para tratar tablas de contingencia, representando los efectivos existentes en las múltiples modalidades (categorías) combinadas de dos caracteres (variables cualitativas). Si cruzamos en una tabla de contingencia el carácter I con modalidades desde i=1 hasta i=n (en filas), con el carácter J con modalidades desde j=1 hasta j=p (en columnas), podemos representar el número de unidades estadísticas que pertenecen simultáneamente a la modalidad *i* del carácter I y a la modalidad *j* del carácter J mediante k_{ij}. En este caso, suele hablarse a veces de individuos u observaciones cuando nos referimos al conjunto de las modalidades del carácter I (filas), y de variables cuando nos referimos al conjunto de las modalidades del carácter J (columnas), pero sólo por simple similitud con el análisis en componentes principales, ya que los resultados hemos visto que son totalmente simétricos. Cuando el número de caracteres es mayor que dos (en vez de tener sólo los caracteres I, J tenemos los caracteres J_1, J_2, ..., J_Q) ya no se puede hablar de tabla de contingencia y la representación tabulada de los datos se complica. No obstante, el análisis en correspondencias múltiples permite estudiar las relaciones entre las modalidades de todas las características cualitativas consideradas.

En el análisis de correspondencias múltiples se ordenan los datos en una tabla Z denominada *tabla disyuntiva completa* que consta de un conjunto de individuos $I=1,...,i,...n$ (en filas), un conjunto de variables o caracteres cualitativos $J_1,...,J_k...J_Q$ (en columnas) y un conjunto de modalidades excluyentes $1,...,m_k$ para cada carácter cualitativo. El número total de modalidades será entonces $J=\sum_{k=1}^{Q} m_k$. La tabla disyuntiva completa Z de dimensión *IxJ* tiene el siguiente aspecto:

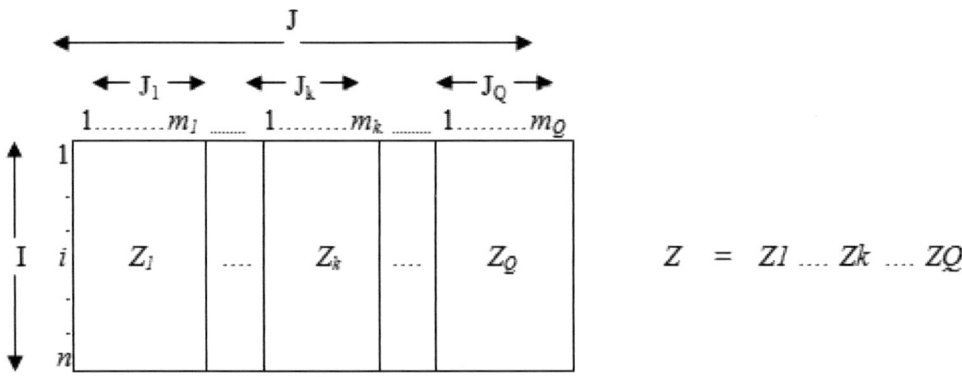

El elemento z_{ij} de la tabla toma el valor 0 o 1 según que el individuo *i* haya elegido (esté afectado por) la modalidad *j* o no. Por lo tanto, cada rectángulo de la tabla disyuntiva completa puede considerarse, aunque no lo sea, como una tabla de contingencia cuyos elementos son 0 o 1. La tabla disyuntiva completa Z consta entonces de Q subtablas yuxtapuestas, con la finalidad de obtener una representación simultánea de todas las modalidades (columnas) de todos los individuos (filas). Si las modalidades son excluyentes, cada subtabla tiene un único 1 en cada una de sus filas.

Si conservamos la notación que hemos manejado hasta ahora tenemos:

$z_{ij} = k_{ij} = 0$ ó 1.

$$k_{i.} = \sum_j k_{ij} = Q = \text{número de modalidades (cada subtabla tiene un único 1 en cada fila).}$$

$$k_{.j} = \sum_i k_{ij} = \text{número de individuos que poseen la modalidad } j.$$

$f_{ij}/f_{i.} = k_{ij}/k_{i.} = 1/Q = $ inverso del número de modalidades (0 si el individuo no elige j).

6.7.1 Obtención de los factores: Tabla de Burt

Para obtener los factores es necesario diagonalizar la matriz $V = D^{-1}B/Q$ donde $B = Z'Z$ es la tabla de Burtz, matriz simétrica formada por Q^2 bloques, de modo que sus bloques de la diagonal $Z'_k Z_k$ son tablas diagonales que cruzan una variable con ella misma, siendo los elementos de la diagonal los efectivos de cada modalidad $k_{.j}$. Los bloques fuera de la diagonal son tablas de contingencia obtenidas cruzando las características de dos en dos $Z'_k Z_k$ cuyos elementos son las frecuencias de asociación de las dos modalidades correspondientes. La matriz D es una matriz diagonal cuyos elementos diagonales son los de la matriz de Burtz, siendo nulos el resto de los elementos. El aspecto de la tabla de Burt es el siguiente:

	J_1	J_2	$\cdots$	J_Q
J_1	$0\,\ddots\,0$	C_{12}	$\cdots$	C_{1Q}
J_2	C_{21}	$0\,\ddots\,0$	$\cdots$	C_{2Q}
$\vdots$	$\vdots$	$\vdots$	$\ddots$	$\vdots$
J_Q	C_{Q1}	C_{Q2}	$\cdots$	$0\,\ddots\,0$

Las fórmulas de transición que ***permiten representar simultáneamente los puntos línea y los puntos columna sobre los mismos gráficos relacionando así los resultados en los dos subespacios*** tomarán ahora las siguientes expresiones:

$$F_\alpha(i) = \frac{1}{\sqrt{\lambda_\alpha}} \sum_{j=1}^{p} \left(\frac{f_{ij}}{f_{i.}} \right) G_\alpha(j) = \frac{1}{\sqrt{\lambda_\alpha}} \frac{1}{Q} \sum_{j=1}^{p} k_{ij} G_\alpha(j)$$

$$G_\alpha(j) = \frac{1}{\sqrt{\lambda_\alpha}} \sum_{i=1}^{n} \left(\frac{f_{ij}}{f_{.j}} \right) F_\alpha(i) = \frac{1}{\sqrt{\lambda_\alpha}} \frac{1}{k_{.j}} \sum_{i=1}^{n} k_{ij} F_\alpha(i)$$

Si tenemos en cuenta que $k_{ij}=1$ cuando el individuo i posee la modalidad j y cero cuando no, la **proyección de un punto individuo i sobre el eje** α, $F_\alpha(1)$, es el baricentro (salvo un coeficiente de dilatación $1/\sqrt{\lambda_\alpha}$) de las proyecciones de los puntos modalidades sobre el eje, $G_\alpha(j)$. Todas las modalidades están afectadas del mismo peso 1/Q. Análogamente, la **proyección de un punto modalidad j sobre el eje** α, $G_\alpha(j)$, es el baricentro (salvo un coeficiente de dilatación $1/\sqrt{\lambda_\alpha}$) de las proyecciones de los puntos individuos que poseen esa modalidad sobre el eje, $F_\alpha(i)$, todos ellos afectados del mismo peso $k_{\cdot j}$.

El **centro de gravedad de la nube de puntos variables** N(j) en Análisis Factorial de Correspondencias (ACM) es $\sqrt{f_i}$., que en este caso puede equipararse a una distribución uniforme $1/\sqrt{n}$, ya que $k_{i\cdot} = \sum_j k_{ij} = Q \Rightarrow \sum_i k_{\cdot i} = nQ \Rightarrow f_{i\cdot}=1/n$.

El **centro de gravedad de las modalidades de cada variable**, cada una ponderada por su peso, es el mismo que el de la nube de modalidades N(J), es decir, $1/\sqrt{n}$, ya que el centro de gravedad de la subtabla $I \times J_k$ se obtiene a partir de su distribución marginal. Como sólo recoge una variable, la suma de cada línea es 1 y el total de la tabla es n, de dónde $f_{i\cdot}=1/n$.

Como el Análisis Factorial de Correspondencias es centrado y el centro de gravedad de las modalidades de una variable coincide con el del conjunto J, y con el origen, las modalidades de cada variable están centradas en torno al origen, no pudiendo tener todas el mismo signo.

Al igual que en cualquier Análisis Factorial de Correspondencias, se calculan las **ayudas a la interpretación para cada fila y columna**, definiendo la contribución de una variable J_k al factor α, como la suma de las contribuciones de las modalidades de la variable:

$$CTA_\alpha(J_k)= \sum_{j\in J_k} CTA_\alpha(j)$$

La parte de inercia debida a una modalidad j es mayor cuanto menor sea el efectivo de esa modalidad. Si G representa el centro de gravedad, la **inercia debida a la modalidad j** viene dada por:

$$I(j)=f_{\cdot j}.d^2(G,j)=f_{\cdot j}\sum_{i=1}^{n}\left(\frac{f_{ij}}{f_{\cdot j}\sqrt{f_{i\cdot}}}-\sqrt{f_{i\cdot}}\right)^2 = \frac{k_{\cdot j}}{nQ}\sum_{i=1}^{n}\left(\frac{k_{ij}/nQ}{k_{\cdot j}\cdot 1/n}-1/\sqrt{n}\right)^2 = \frac{1}{Q}\left(1-\frac{k_{\cdot j}}{n}\right)$$

Por lo tanto, es aconsejable eliminar las modalidades elegidas muy pocas veces, construyendo otra modalidad uniéndola a la más próxima.

La parte de ***inercia debida a una variable*** es función creciente del número de modalidades de respuesta que tiene, ya que la inercia de una variable es la suma de las inercias de sus modalidades:

$$I(J_k) = \sum_{j \in J_k}^{n} I(j) = \sum_{j \in J_k}^{n} \frac{1}{Q}\left(1 - \frac{k._j}{n}\right) = \frac{1}{Q}(m_k - 1)$$

Si una variable tiene un número de modalidades demasiado grande, al igual que en el caso de que su efectivo sea muy pequeño, conviene reagrupar las modalidades en un número que sea razonable y mantener el sentido, para evitar así influencias extremas.

La ***inercia total*** es la suma de las inercias de todas las modalidades:

$$I = \sum_k I(J_k) = \sum_k \frac{1}{Q}(m_k - 1) = \frac{J}{Q} - 1$$

J/Q es el número medio de modalidades por variable cualitativa o carácter. En consecuencia, la inercia total sólo depende del número de modalidades y del de preguntas.

Si el número de variables es dos, y cada una tiene dos modalidades, los resultados se pueden analizar tanto por Análisis Factorial de Correspondencias (AFC) como por Análisis de Correspondencias Múltiples (ACM). En el primer caso obtendríamos un único factor que recoge el 100% de la inercia total. Esta inercia dependerá del grado de relación que exista entre las modalidades, de modo que, si están poco relacionadas, la inercia será próxima a cero, y si están muy relacionadas, la inercia tenderá a un valor alto.

Si la misma información la analizamos mediante análisis de correspondencias múltiples, obtendremos siempre la misma inercia ($J/Q-1=1$), pero obtendremos dos ejes. En el caso en que exista mucha relación entre las variables, el primer eje recogerá gran parte de la inercia (casi 1) y el segundo muy poca, mientras que en el caso de total independencia entre las dos variables ambos factores recogerán la misma cantidad de inercia, es decir, 1/2 cada uno.

## Capítulo 7

ANÁLISIS DE CORRESPONDENCIAS SIMPLES Y MÚLTIPLES CON PYTHON

7.1 ANÁLISIS DE CORRESPONDENCIAS SIMPLES EN PYTHON

7.1.1 Análisis de correspondencias simples con la librería *prince*

El comando MCA de la librería **Prince** de Python realiza análisis de correspondencias simples.

Como primer ejemplo, se realiza un análisis de correspondencias simple para analizar la relación entre las categorías de las variables *origen* y *cilindros* de los automóviles, características recogidas en el fichero de características comerciales de los automóviles *cochesimp.sav*. La variable origen de los coches tiene tres categorías 1=Estados Unidos, 2=Europa, 3=Japón. La variable cilindros tiene las categorías 3, 4, 5, 6 y 8.

Utilizaremos el comando MCA de la biblioteca *prince* de Python que se utiliza para trabajar en análisis de correspondencias.

Comenzamos importando las librerías necesarias y el conjunto de datos.

```
pip install prince
pip install mca
import numpy as np
import pandas as pd
import prince
import matplotlib.pyplot as plt

df = pd.read_excel('C:\DATOSAM\COCHESIMP.xlsx')
print(df)
```

```
     consumo  motor     cv   peso  acel  año  origen  cilindr    derivada
0       13.0   5031  130.0  1168  12.0   70  EE.UU.       8_   SIN_AVERIA
1       16.0   5735  165.0  1231  11.5   70  EE.UU.       8_   SIN_AVERIA
2       13.0   5211  150.0  1145  11.0   70  EE.UU.       8_   SIN_AVERIA
3       15.0   4982  150.0  1144  12.0   70  EE.UU.       8_   SIN_AVERIA
4       14.0   4949  140.0  1149  10.5   70  EE.UU.       8_   SIN_AVERIA
..       ...    ...    ...   ...   ...  ...     ...      ...          ...
400      9.0   2294   86.0   930  15.6   82  EE.UU.       4_   CON_AVERIA
401      5.0   1590   52.0   710  24.6   82  EUROPA       4_   CON_AVERIA
402      7.0   2212   84.0   765  11.6   82  EE.UU.       4_   CON_AVERIA
403      8.0   1966   79.0   875  18.6   82  EE.UU.       4_   CON_AVERIA
404      8.0   1950   82.0   906  19.4   82  EE.UU.       4_   CON_AVERIA
```

A continuación, formamos un dataframe con las variables categóricas que se van a utilizar en el análisis de correspondencias simples.

```
df1 = df[['origen', 'cilindr']]
print(df1)
```

```
     cilindr  origen
0         8_  EE.UU.
1         8_  EE.UU.
2         8_  EE.UU.
3         8_  EE.UU.
4         8_  EE.UU.
..       ...     ...
400       4_  EE.UU.
401       4_  EUROPA
402       4_  EE.UU.
403       4_  EE.UU.
404       4_  EE.UU.
```

A continuación, se crea el objeto MCA, se ajusta el modelo a los datos y se transforman los datos para obtener las coordenadas en el nuevo espacio.

```
mca = prince.MCA(n_components=2)
mca = mca.fit(df1)
mca_results = mca.transform(df1)
```

Se continúa mostrando las coordenadas de filas y columnas para la representación del mapa de correspondencias.

```
print("Row Coordinates:")
print(mca.row_coordinates(df1))

print("\nColum coordinates:")
print(mca.column_coordinates(df1))
```

```
Row Coordinates:
             0          1
0    -0.990684   0.030117
1    -0.990684   0.030117
2    -0.990684   0.030117
3    -0.990684   0.030117
4    -0.990684   0.030117
..         ...        ...
400   0.057636   0.029875
401   1.101814   0.864666
402   0.057636   0.029875
403   0.057636   0.029875
404   0.057636   0.029875

[405 rows x 2 columns]

Colum coordinates:
                     0          1
cilindr_3_    1.789241  -5.765856
cilindr_4_    0.806813   0.038273
cilindr_5_    1.852475   6.105816
cilindr_6_   -0.747045  -0.087046
cilindr_8_   -1.093204   0.038649
origen_EE.UU. -0.702351   0.008288
origen_EUROPA 1.190160   1.309294
origen_JAPON  1.149534  -1.236395
```

Ahora visualizamos el mapa de correspondencias. La sintaxis es la siguiente:

```python
plt.figure(figsize=(10, 8))

plt.scatter(row_coords[0], row_coords[1], color='red', label='Rows')
for i, txt in enumerate(row_coords.index):
    plt.annotate(txt, (row_coords[0][i], row_coords[1][i]), color='red')

plt.scatter(col_coords[0], col_coords[1], color='blue', label='Columns')
for i, txt in enumerate(col_coords.index):
    plt.annotate(txt, (col_coords[0][i], col_coords[1][i]), color='blue')

plt.axhline(0, color='grey', linestyle='--', linewidth=0.5)
plt.axvline(0, color='grey', linestyle='--', linewidth=0.5)
plt.xlabel('Dimension 1')
plt.ylabel('Dimension 2')
plt.title('Correspondence Map')
plt.legend()
plt.grid(True)
plt.show()
```

Obtenemos el mapa se correspondencias que se muestra a continuación:

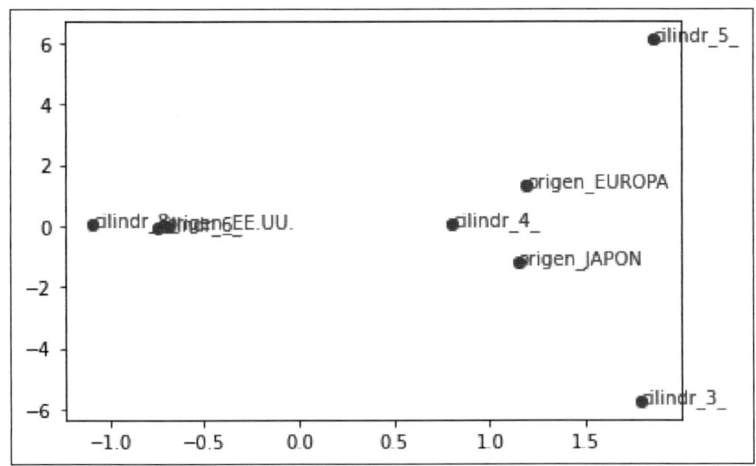

En primer lugar, se observa que los coches de Estados Unidos están asociados con las categorías más altas de cilindrada (6 y 8 cilindros).

En segundo lugar, se observa que los coches de Japón y Europa están asociados con las categorías más bajas de cilindradas (4 cilindros).

En tercer lugar, se observa que los coches de 3 y 6 cilindros no se asocian claramente con ningún origen, ya que son observaciones raras que afectan a muy pocos coches en la base de datos.

La sintaxis completa sería la siguiente:

```
pip install prince
pip install mca
import numpy as np
import pandas as pd
import prince
import matplotlib.pyplot as plt

df = pd.read_excel('C:\DATOSAM\COCHESIMP.xlsx')
print(df)

df1 = df[['cilindr', 'origen']]
print(df1)

mca = prince.MCA(n_components=2)
mca = mca.fit(df1)
mca_results = mca.transform(df1)

print("Row Coordinates:")
print(mca.row_coordinates(df1))

print("\nColum coordinates:")
print(mca.column_coordinates(df1))

row_coords = mca.row_coordinates(df1)
col_coords = mca.column_coordinates(df1)

plt.figure(figsize=(10, 8))

plt.scatter(row_coords[0], row_coords[1], color='red', label='Rows')
for i, txt in enumerate(row_coords.index):
    plt.annotate(txt, (row_coords[0][i], row_coords[1][i]), color='red')

plt.scatter(col_coords[0], col_coords[1], color='blue', label='Cokumns')
for i, txt in enumerate(col_coords.index):
    plt.annotate(txt, (col_coords[0][i], col_coords[1][i]), color='blue')

plt.axhline(0, color='grey', linestyle='--', linewidth=0.5)
plt.axvline(0, color='grey', linestyle='--', linewidth=0.5)
plt.xlabel('Dimension 1')
plt.ylabel('Dimension 2')
plt.title('Correspondence Map')
plt.legend()
plt.grid(True)
plt.show()
```

7.1.2 Análisis de correspondencias simples con la librería *prince* a partir de una tabla de contingencia

La sintaxis anterior podría variarse considerando la tabla de contingencia de las dos variables que se cruzan (se obtiene un mapa de correspondencias muy similar al obtenido con la sintaxis anterior). La sintaxis sería la siguiente:

```python
pip install prince
pip install mca
import numpy as np
import pandas as pd
import prince
import matplotlib.pyplot as plt

df = pd.read_excel('C:\DATOSAM\COCHESIMP.xlsx')
print(df)

contingency_table = pd.crosstab(df['origen'], df['cilindr'])
print(contingency_table)

mca = prince.MCA(n_components=2)
mca = mca.fit(contingency_table)
mca_results = mca.transform(contingency_table)

print("Row Coordinates:")
print(mca.row_coordinates(contingency_table))

print("\nColumn Coordinates:")
print(mca.column_coordinates(contingency_table))

row_coords = mca.row_coordinates(contingency_table)
col_coords = mca.column_coordinates(contingency_table)

plt.figure(figsize=(10, 8))

plt.scatter(row_coords[0], row_coords[1], color='red', label='Rows')
for i, txt in enumerate(row_coords.index):
    plt.annotate(txt, (row_coords[0][i], row_coords[1][i]), color='red')

plt.scatter(col_coords[0], col_coords[1], color='blue', label='Colums')
for i, txt in enumerate(col_coords.index):
    plt.annotate(txt, (col_coords[0][i], col_coords[1][i]), color='blue')
plt.axhline(0, color='grey', linestyle='--', linewidth=0.5)
plt.axvline(0, color='grey', linestyle='--', linewidth=0.5)
plt.xlabel('Dimension 1')
plt.ylabel('Dimension 2')
plt.title('Simple Correspondence Map')
plt.legend()
plt.grid(True)
plt.show()
```

7.1.3 Análisis de correspondencias simples con la librería *scikit learn* a partir de una tabla de contingencia

La biblioteca scikit learn no tiene comandos directos para realizar Análisis de Correspondencias, pero puede utilizarse adecuadamente MCA para esta tarea. Una sintaxis adecuada sería la siguiente:

```python
pipe install mca
import mca
import pandas as pd
import prince
import matplotlib.pyplot as plt

df = pd.read_excel('C:\DATOSAM\COCHESIMP.xlsx')
print(df)

contingency_table = pd.crosstab(df['origen'], df['cilindr'])
print(contingency_table)

mca = prince.MCA(
    n_components=2,
    n_iter=10,
    copy=True,
    check_input=True,
    engine='sklearn'  # Puedes elegir entre 'auto', 'sklearn', 'tsvd'
)

mca = mca.fit(contingency_table)
row_coords = mca.row_coordinates(contingency_table)
col_coords = mca.column_coordinates(contingency_table)

fig, ax = plt.subplots(figsize=(8, 8))

ax.scatter(row_coords[0], row_coords[1], c='blue', label='Filas')
for i, txt in enumerate(row_coords.index):
    ax.annotate(txt, (row_coords[0][i], row_coords[1][i]), color='blue')

ax.scatter(col_coords[0], col_coords[1], c='red', label='Columnas')
for i, txt in enumerate(col_coords.index):
    ax.annotate(txt, (col_coords[0][i], col_coords[1][i]), color='red')
```

7.1.4 Análisis de correspondencias simples con la librería *scipy*

Comenzamos importando las librerías necesarias, leyendo el conjunto de datos y formando la tabla de contingencia de las variables que se cruzan

```
import pandas as pd
import matplotlib.pyplot as plt
from scipy.linalg import svd

df = pd.read_excel('C:\DATOSAM\COCHESIMP.xlsx')
print(df)

df1 = pd.crosstab(df['origen'], df['cilindr'])
print(df1)
```

```
      consumo   motor      cv   peso   acel   año   origen cilindr    derivada
0        13.0    5031   130.0   1168   12.0    70   EE.UU.      8_   SIN_AVERIA
1        16.0    5735   165.0   1231   11.5    70   EE.UU.      8_   SIN_AVERIA
2        13.0    5211   150.0   1145   11.0    70   EE.UU.      8_   SIN_AVERIA
3        15.0    4982   150.0   1144   12.0    70   EE.UU.      8_   SIN_AVERIA
4        14.0    4949   140.0   1149   10.5    70   EE.UU.      8_   SIN_AVERIA
..        ...     ...     ...    ...    ...   ...      ...     ...          ...
400       9.0    2294    86.0    930   15.6    82   EE.UU.      4_   CON_AVERIA
401       5.0    1590    52.0    710   24.6    82   EUROPA      4_   CON_AVERIA
402       7.0    2212    84.0    765   11.6    82   EE.UU.      4_   CON_AVERIA
403       8.0    1966    79.0    875   18.6    82   EE.UU.      4_   CON_AVERIA
404       8.0    1950    82.0    906   19.4    82   EE.UU.      4_   CON_AVERIA

[405 rows x 9 columns]
cilindr   3_   4_   5_   6_    8_
origen
EE.UU.     0   72    0   74   107
EUROPA     0   66    3    4     0
JAPON      4   69    0    6     0
```

El Análisis de Correspondencias implica primero la normalización de la tabla de contingencia. Esto se hace dividiendo cada celda por el total general.

```
total = df1.values.sum()
P = df1 / total
```

A continuación, se calculan perfiles de filas y columnas y la matriz de desviación, que se obtiene restando el producto de los perfiles fila y columna de la matriz de contingencia normalizada.

```
r = P.sum(axis=1).values.reshape(-1, 1)

c = P.sum(axis=0).values.reshape(1, -1)

S = (P - r.dot(c)) / np.sqrt(r.dot(c))
```

A continuación, se realiza una descomposición en valores singulares de la matriz de desviación para obtener las coordenadas de las filas y las columnas para la representación del mapa de correspondencias.

```
U, s, Vt = svd(S, full_matrices=False)
row_coords = U[:, :2] * s[:2]
col_coords = Vt[:2, :].T * s[:2]

print("Row coordinates:")
print(row_coords)

print("\nColum coordinates:")
print(col_coords)

Coordenadas de las filas:
[[ 0.39355589 -0.00180252]
 [-0.35822718 -0.15296521]
 [-0.3599376   0.15026744]]

Coordenadas de las columnas:
[[-0.12606387  0.15768408]
 [-0.40893073 -0.00752955]
 [-0.11303286 -0.14461001]
 [ 0.24120048  0.01090896]
 [ 0.39836853 -0.00546662]]
```

Finalmente se representa el mapa de correspondencias.

```
plt.figure(figsize=(9, 7))

# graph the rows
plt.scatter(row_coords[:, 0], row_coords[:, 1], color='red', label="Rows")
for i, txt in enumerate(df1.index):
    plt.annotate(txt, (row_coords[i, 0], row_coords[i, 1]), color='red')

# graph the columns
plt.scatter(col_coords[:, 0], col_coords[:, 1], color='blue', label='Columns')
for i, txt in enumerate(df1.columns):
    plt.annotate(txt, (col_coords[i, 0], col_coords[i, 1]), color='blue')

# Add lines and labels
plt.axhline(0, color='grey', linestyle='--', linewidth=0.5)
plt.axvline(0, color='grey', linestyle='--', linewidth=0.5)
plt.xlabel('Dimension 1')
plt.ylabel('Dimension 2')
plt.title('Correspondence map')
plt.legend()
plt.grid(True)
plt.show()
```

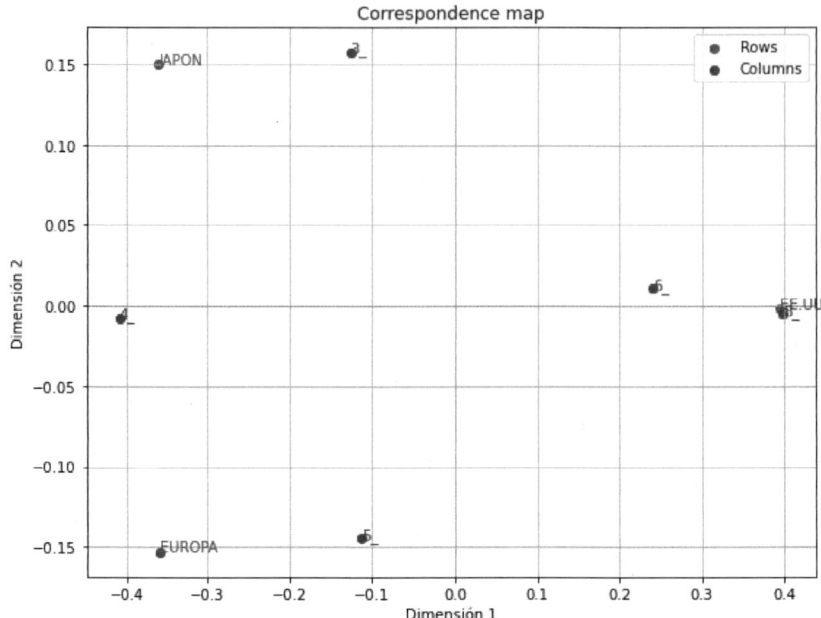

Como se observa en el mapa de correspondencias, los coches europeos y americanos se asocian con las cilindradas más bajas (3, 4 y 5 cilindros). Los coches americanos se asocian con las cilindradas altas (6 y 8 cilindros).

La sintaxis completa sería la siguiente:

```
import pandas as pd
import matplotlib.pyplot as plt
from scipy.linalg import svd

df = pd.read_excel('C:\DATOSAM\COCHESIMP.xlsx')
print(df)

df1 = pd.crosstab(df['origen'], df['cilindr'])
print(df1)

total = df1.values.sum()
P = df1 / total

r = P.sum(axis=1).values.reshape(-1, 1)

c = P.sum(axis=0).values.reshape(1, -1)

S = (P - r.dot(c)) / np.sqrt(r.dot(c))
```

```python
U, s, Vt = svd(S, full_matrices=False)

row_coords = U[:, :2] * s[:2]

col_coords = Vt[:2, :].T * s[:2]

print("Row coordinates:")
print(row_coords)

print("\nColum coordinates:")
print(col_coords)

plt.figure(figsize=(9, 7))

# graph the rows
plt.scatter(row_coords[:, 0], row_coords[:, 1], color='red', label='Rows')
for i, txt in enumerate(df1.index):
    plt.annotate(txt, (row_coords[i, 0], row_coords[i, 1]), color='red')

# graph the columns
plt.scatter(col_coords[:, 0], col_coords[:, 1], color='blue', label='Columns')
for i, txt in enumerate(df1.columns):
    plt.annotate(txt, (col_coords[i, 0], col_coords[i, 1]), color='blue')

# Add lines and labels
plt.axhline(0, color='grey', linestyle='--', linewidth=0.5)
plt.axvline(0, color='grey', linestyle='--', linewidth=0.5)
plt.xlabel('Dimension 1')
plt.ylabel('Dimension 2')
plt.title('Correspondence map')
plt.legend()
plt.grid(True)
plt.show()
```

7.2 ANÁLISIS DE CORRESPONDENCIAS MÚLTIPLES EN PYTHON

7.2.1 Análisis de correspondencias múltiples con la librería *prince*

El comando MCA de la librería **Prince** de Python realiza análisis de correspondencias simples.

Como ejemplo, se realiza un análisis de correspondencias múltiple para analizar la relación entre las categorías de las variables *origen, cilindros* y *derivada* (indica si el automóvil ha derivado al taller en alguna ocasión) de los automóviles, características recogidas en el fichero de características comerciales de los automóviles *COCHESIMP.xlsx*. La variable origen de los coches tiene tres categorías 1=Estados Unidos, 2=Europa, 3=Japón. La variable cilindros tiene las categorías 3, 4, 5, 6 y 8. La variable derivada tiene dos categorías: 0 si el coche no ha derivado nunca al taller por no tener averías y 1 si el coche ha derivado al taller alguna vez por haber tenido avería.

Paralelamente al caso ya visto de las correspondencias simples, la sintaxis sería la siguiente:

```python
pipe install prince
pipe install mca
import numpy as np
import pandas as pd
import prince
import matplotlib.pyplot as plt

df = pd.read_excel('C:\DATOSAM\COCHESIMP.xlsx')
print(df)

df1 = df[['origen', 'cilindr', 'derivada']]
print(df1)

mca = prince.MCA(n_components=2)
mca = mca.fit(df1)
mca_results = mca.transform(df1)

print("Row Coordinates:")
print(mca.row_coordinates(df1))

print("\nColum coordinates:")
print(mca.column_coordinates(df1))

row_coords = mca.row_coordinates(df1)
col_coords = mca.column_coordinates(df1)
row_coords = mca.row_coordinates(df1)
col_coords = mca.column_coordinates(df1)

plt.figure(figsize=(10, 8))

plt.scatter(row_coords[0], row_coords[1], color='red', label='Rows')
for i, txt in enumerate(row_coords.index):
    plt.annotate(txt, (row_coords[0][i], row_coords[1][i]), color='red')

plt.scatter(col_coords[0], col_coords[1], color='blue', label='Columns')
for i, txt in enumerate(col_coords.index):
    plt.annotate(txt, (col_coords[0][i], col_coords[1][i]), color='blue')
```

Se obtiene el mapa de correspondencias de la Figura siguiente:

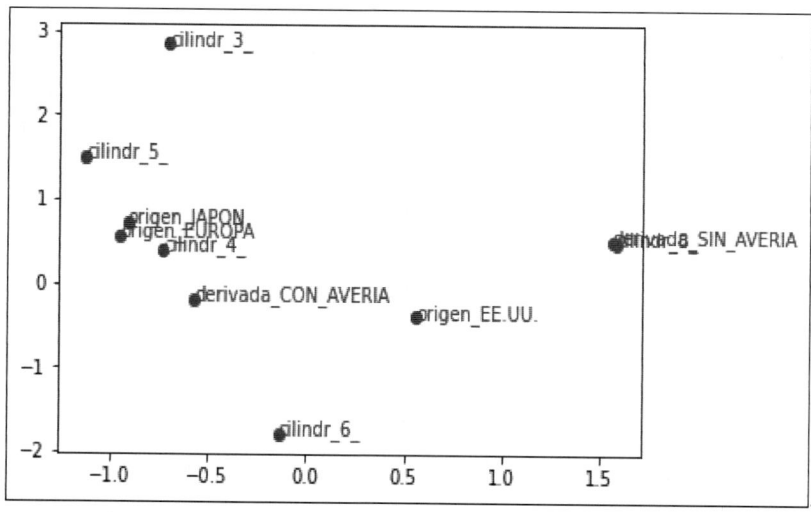

Observamos en el mapa que los coches de 8 cilindros se asocian con la ausencia de averías independientemente de su origen. Los coches de 3 cilindros no se relacionan ni con el origen ni con las averías. Ello es debido a que hay muy pocos automóviles en la base de datos con esos cilindros. Los coches de 6 cilindros también tienden a ser puntos aislados con poca relación con otras variables. Se relacionarían en todo caso con coches americanos que suelen derivar al taller con averías. Los coches de 4 cilindros se relacionan con coches europeos y japoneses que suelen derivar al taller. Lo mismo le ocurre a los coches de 5 cilindros, aunque hay muy pocos en la base de datos para generalizar conclusiones.

Vemos que el mapa perceptual de correspondencias múltiples permite relacionar las categorías de las tres variables que se consideran.

7.2.2 Análisis de correspondencias múltiples con la librería *scikit learn*

Comenzamos leyendo los datos como un dataframe y construyendo un dataframe contenido en el anterior que contiene solo las tres variables a cruzar.

```python
import pandas as pd
import numpy as np
import prince
import matplotlib.pyplot as plt

df = pd.read_excel('C:\DATOSAM\COCHESIMP.xlsx')
print(df)

df1 = pd.DataFrame(df)
print(df1)

data=df1[['origen', 'cilindr', 'derivada']]
print(data)
```

```
     consumo   motor     cv   peso   acel   ano   origen  cilindr    derivada
0       13.0    5031  130.0   1168   12.0    70   EE.UU.       8_   SIN_AVERIA
1       16.0    5735  165.0   1231   11.5    70   EE.UU.       8_   SIN_AVERIA
2       13.0    5211  150.0   1145   11.0    70   EE.UU.       8_   SIN_AVERIA
3       15.0    4982  150.0   1144   12.0    70   EE.UU.       8_   SIN_AVERIA
4       14.0    4949  140.0   1149   10.5    70   EE.UU.       8_   SIN_AVERIA
..       ...     ...    ...    ...    ...   ...      ...      ...          ...
400      9.0    2294   86.0    930   15.6    82   EE.UU.       4_   CON_AVERIA
401      5.0    1590   52.0    710   24.6    82   EUROPA       4_   CON_AVERIA
402      7.0    2212   84.0    765   11.6    82   EE.UU.       4_   CON_AVERIA
403      8.0    1966   79.0    875   18.6    82   EE.UU.       4_   CON_AVERIA
404      8.0    1950   82.0    906   19.4    82   EE.UU.       4_   CON_AVERIA

[405 rows x 9 columns]
     origen  cilindr    derivada
0    EE.UU.       8_   SIN_AVERIA
1    EE.UU.       8_   SIN_AVERIA
2    EE.UU.       8_   SIN_AVERIA
3    EE.UU.       8_   SIN_AVERIA
4    EE.UU.       8_   SIN_AVERIA
..      ...      ...          ...
400  EE.UU.       4_   CON_AVERIA
401  EUROPA       4_   CON_AVERIA
402  EE.UU.       4_   CON_AVERIA
403  EE.UU.       4_   CON_AVERIA
404  EE.UU.       4_   CON_AVERIA
```

A continuación, creamos el modelo de Análisis de Correspondencias Múltiples, lo ajustamos a los datos y los transformamos para elaborar el mapa de correspondencias.

```
correspondence = prince.MCA(
    n_components=2,
    n_iter=100,
    copy=True,
    check_input=True,
    engine='sklearn',
    random_state=42
)

correspondence = mca.fit(data)
data_transformed = correspondence.transform(data)
```

A continuación, calculamos y visualizamos las coordenadas factoriales de las modalidades.

```
row_coords=correspondence.row_coordinates(data)
col_coords=correspondence.column_coordinates(data)
print(row_coords)
print(col_coords)
```

```
            0          1
0     1.391411   0.311612
1     1.391411   0.311612
2     1.391411   0.311612
3     1.391411   0.311612
4     1.391411   0.311612
..       ...        ...
400  -0.277727  -0.089140
401  -0.846440   0.399664
402  -0.277727  -0.089140
403  -0.277727  -0.089140
404  -0.277727  -0.089140
```

```
                            0          1
origen_EE.UU.         0.557846  -0.387577
origen_EUROPA        -0.950609   0.559128
origen_JAPON         -0.908107   0.724564
cilindr_3_           -0.701473   2.847791
cilindr_4_           -0.727588   0.399815
cilindr_5_           -1.128193   1.494756
cilindr_6_           -0.137984  -1.789089
cilindr_8_            1.573755   0.482676
derivada_CON_AVERIA  -0.566903  -0.184882
derivada_SIN_AVERIA   1.558983   0.508426
```

Finalmente representamos el mapa de correspondencias.

```python
fig, ax = plt.subplots(figsize=(8, 8))

ax.scatter(row_coords[0], row_coords[1], c='blue', label='Rows')
for i, txt in enumerate(row_coords.index):
    ax.annotate(txt, (row_coords[0][i], row_coords[1][i]), color='blue')

ax.scatter(col_coords[0], col_coords[1], c='red', label='Columns')
for i, txt in enumerate(col_coords.index):
    ax.annotate(txt, (col_coords[0][i], col_coords[1][i]), color='red')
```

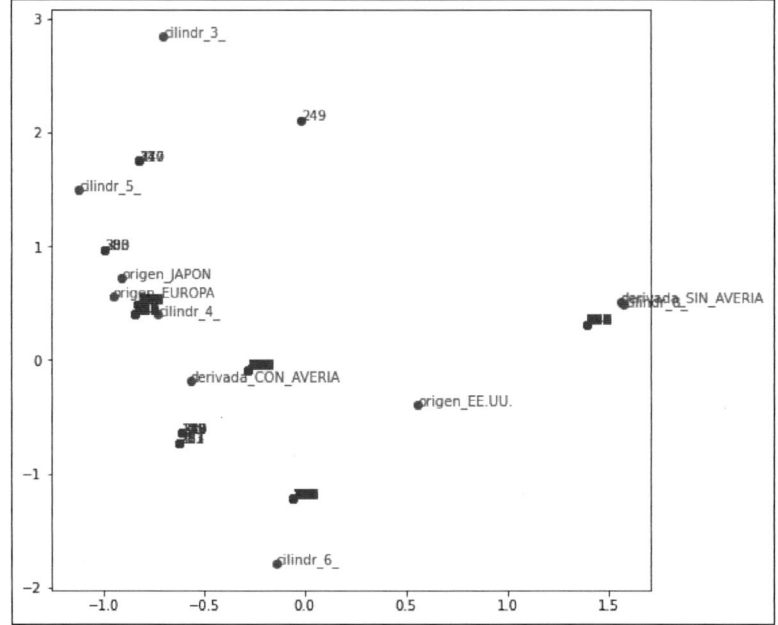

Observamos en el mapa que los coches de 8 cilindros se asocian con la ausencia de averías independientemente de su origen. Los coches de 3 cilindros no se relacionan ni con el origen ni con las averías. Ello es debido a que hay muy pocos automóviles en la base de datos con esos cilindros. Los coches de 6 cilindros también tienden a ser puntos aislados con poca relación con otras variables. Se relacionarían en todo caso con coches americanos que suelen derivar al taller con averías. Los coches de 4 cilindros se relacionan con coches europeos y japoneses que suelen derivar al taller. Lo mismo le ocurre a los coches de 5 cilindros, aunque hay muy pocos en la base de datos para generalizar conclusiones.:

La sintaxis completa sería la siguiente:

```
import pandas as pd
import numpy as np
import prince
import matplotlib.pyplot as plt

df = pd.read_excel('C:\DATOSAM\COCHESIMP.xlsx')
print(df)

df1 = pd.DataFrame(df)
print(df1)

data=df1[['origen', 'cilindr', 'derivada']]
print(data)

correspondence = prince.MCA(
    n_components=2,
    n_iter=100,
    copy=True,
    check_input=True,
    engine='sklearn',
    random_state=42
)

correspondence = mca.fit(data)
data_transformed = correspondence.transform(data)

row_coords=correspondence.row_coordinates(data)
col_coords=correspondence.column_coordinates(data)
print(row_coords)
print(col_coords)


fig, ax = plt.subplots(figsize=(8, 8))

ax.scatter(row_coords[0], row_coords[1], c='blue', label='Rows')
for i, txt in enumerate(row_coords.index):
    ax.annotate(txt, (row_coords[0][i], row_coords[1][i]), color='blue')

ax.scatter(col_coords[0], col_coords[1], c='red', label='Columns')
for i, txt in enumerate(col_coords.index):
    ax.annotate(txt, (col_coords[0][i], col_coords[1][i]), color='red')
```

Ejercicio 7-1. Como segundo ejemplo realizamos un análisis de correspondencias múltiple para buscar la relación entre la categoría laboral (catlab), la clasificación étnica (minoría) y el género (sexo) de los empleados de una empresa (fichero EMPLEADOS.xlsx) con vistas a tomar medidas sobre reestructuración de plantilla y políticas de personal.

Estamos ante un caso de análisis de correspondencias múltiples, ya que hay que relacionar entre sí las categorías de tres variables. La variable sexo toma los valores 1 para hombre y 2 para mujer, la variable categoría laboral toma los valores 1 para administrativos, 2 para seguridad y 3 para directivos. La variable minoría toma los valores 1 si no se trata de minoría ética y 2 en caso contrario. Se utilizará la biblioteca *prince*.

Comenzamos importando las librerías necesarias y el fichero de datos para formar un dataframe con las variables a cruzar.

```python
import pandas as pd
import numpy as np
import prince
import matplotlib.pyplot as plt

df = pd.read_excel('C:\DATOSAM\EMPLEADOS.xlsx')
print(df)

df1 = pd.DataFrame(df)
print(df1)

data=df1[['catlab', 'sexo', 'minoria']]
print(data)
```

```
     id  sexo            fechnac  educ  ...  salini  tiempemp  expprev  minoria
0     1     1 1952-02-03 00:00:00    15  ...   27000        98      144        1
1     2     1 1958-05-23 00:00:00    16  ...   18750        98       36        1
2     3     2 1929-07-26 00:00:00    12  ...   12000        98      381        1
3     4     2 1947-04-15 00:00:00     8  ...   13200        98      190        1
4     5     1 1955-02-09 00:00:00    15  ...   21000        98      138        1
..   ...   ...                 ...   ...  ...     ...       ...      ...      ...
469  470     1 1964-01-22 00:00:00    12  ...   15750        64       69        2
470  471     1 1966-08-03 00:00:00    15  ...   15750        64       32        2
471  472     1 1966-02-21 00:00:00    15  ...   15750        63       46        1
472  473     2 1937-11-25 00:00:00    12  ...   12750        63      139        1
473  474     2 1968-11-05 00:00:00    12  ...   14250        63        9        1

[474 rows x 10 columns]
     catlab  sexo  minoria
0         3     1        1
1         1     1        1
2         1     2        1
3         1     2        1
4         1     1        1
..      ...   ...      ...
469       1     1        2
470       1     1        2
471       1     1        1
472       1     2        1
473       1     2        1
```

A continuación, se aplica el análisis de correspondencias múltiples creando el objeto MCA, ajustando el modelo a los datos y se transforman los datos para obtener las coordenadas en el nuevo espacio.

```python
correspondence = prince.MCA(
    n_components=2,
    n_iter=100,
    copy=True,
    check_input=True,
    engine='sklearn',
    random_state=42
)

correspondence = mca.fit(data)
data_transformed = correspondence.transform(data)

row_coords=correspondence.row_coordinates(data)
col_coords=correspondence.column_coordinates(data)
print(row_coords)
print(col_coords)
```

Se muestran las coordenadas de filas y columnas para la representación del mapa de correspondencias.

```
            0         1
0    1.018470 -0.845467
1    0.141442 -0.133347
2   -0.681124 -0.187975
3   -0.681124 -0.187975
4    0.141442 -0.133347
..        ...       ...
469  0.192878  0.861623
470  0.192878  0.861623
471  0.141442 -0.133347
472 -0.681124 -0.187975
473 -0.681124 -0.187975

[474 rows x 2 columns]
                 0         1
catlab_1  -0.456710  0.115565
catlab_2   1.950650  2.349363
catlab_3   1.346644 -1.254557
sexo_1     0.770750  0.047896
sexo_2    -0.920618 -0.057209
minoria_1 -0.023205 -0.420021
minoria_2  0.082558  1.494305
```

A continuación, se obtiene el mapa de correspondencias

```
fig, ax = plt.subplots(figsize=(8, 8))

ax.scatter(row_coords[0], row_coords[1], c='blue', label='Rows')
for i, txt in enumerate(row_coords.index):
    ax.annotate(txt, (row_coords[0][i], row_coords[1][i]), color='blue')

ax.scatter(col_coords[0], col_coords[1], c='red', label='Columns')
for i, txt in enumerate(col_coords.index):
    ax.annotate(txt, (col_coords[0][i], col_coords[1][i]), color='red')

plt.title('(ACM)')
plt.xlabel('Dim 1')
plt.ylabel('Dim 2')
plt.grid(True)
plt.show()
```

La representación del mapa es la siguiente:

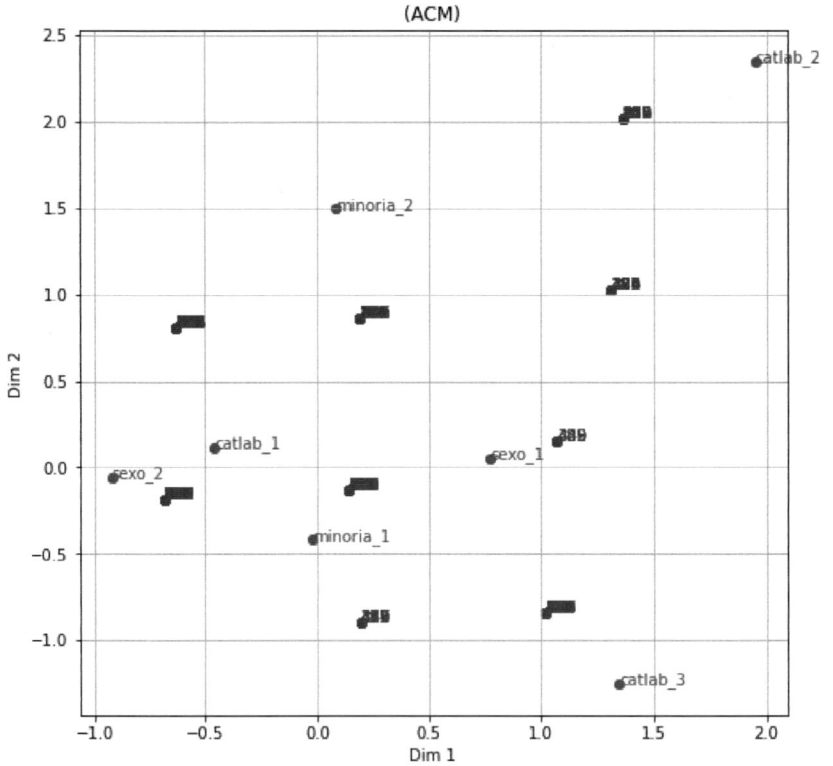

Se observa que están relacionados la categoría laboral de administrativo con el sexo mujer y con no ser minoría étnica. La minoría étnica está relacionada de forma parecida con el sexo hombre y el sexo mujer. La categoría laboral directivo está relacionada con el sexo hombre. La categoría laboral directivo está mucho más relacionada con no ser minoría étnica que con serlo. La categoría laboral directivo está mucho más relacionada con ser hombre que con ser mujer. La categoría laboral seguridad está relacionada con ser minoría étnica. La categoría laboral seguridad está mucho más relacionada con ser hombre que con ser mujer.

La sintaxis completa sería la siguiente:

```python
import pandas as pd
import numpy as np
import prince
import matplotlib.pyplot as plt

df = pd.read_excel('C:\DATOSAM\EMPLEADOS.xlsx')
print(df)

df1 = pd.DataFrame(df)
print(df1)

data=df1[['catlab', 'sexo', 'minoria']]
print(data)

correspondence = prince.MCA(
    n_components=2,
    n_iter=100,
    copy=True,
    check_input=True,
    engine='sklearn',
    random_state=42
)

correspondence = mca.fit(data)
data_transformed = correspondence.transform(data)

row_coords=correspondence.row_coordinates(data)
col_coords=correspondence.column_coordinates(data)
print(row_coords)
print(col_coords)
```

```
fig, ax = plt.subplots(figsize=(8, 8))

ax.scatter(row_coords[0], row_coords[1], c='blue', label='Rows')
for i, txt in enumerate(row_coords.index):
    ax.annotate(txt, (row_coords[0][i], row_coords[1][i]), color='blue')

ax.scatter(col_coords[0], col_coords[1], c='red', label='Columns')
for i, txt in enumerate(col_coords.index):
    ax.annotate(txt, (col_coords[0][i], col_coords[1][i]), color='red')

plt.title('(ACM)')
plt.xlabel('Dim 1')
plt.ylabel('Dim 2')
plt.grid(True)
plt.show()
```

Ejercicio 7-2. Se dispone de la tabla de contingencia que se muestra más abajo formada por dos variables cualitativas tomadas de un estudio sobre 100 madres de recién nacidos para analizar la relación entre su clase social y el control médico del embarazo que han llevado a cabo. Se trata dea nalizar las relaciones entre ambas variables y sus categorías.

Clase social	Control médico del embarazo				
	Excelente	Bueno	Malo	Nulo	Total
Alta	8	5	0	0	13
Media	12	26	13	0	51
Baja	0	9	21	6	36
Total	20	40	34	6	100

Como se trata de analizar la relación entre las categorías de dos variables cualitativas (clase social y control médico del embarazo), utilizaremos un análisis de correspondencias simples.

La primera tarea será pasar la tabla de contingencia a un fichero de nombre *correspondenciassimples.xlsx*. Para ello creamos las variables CLASESOC (clase social) y CONTROLM (control médico del embarazo). Los tres valores de la variable CLASESOC se etiquetarán con los números 1 (alta), 2(media) y 3 (baja). Los cuatro valores de la variable CONTROLM se etiquetarán con los números 1 (excelente), 2 (bueno), 3 (malo) y 4 (nulo).

Según la tabla de contingencia el par (1,1) se repetirá 8 veces en el fichero, el par (1,2) se repetirá 5 veces y así sucesivamente. El conjunto de datos tendrá el aspecto que se indica a continuación (en sus primeros datos)

CLASESOC	CONTROLM
1	1
1	1
1	1
1	1
1	1
1	1
1	1
1	1
1	2
1	2
1	2
1	2
1	2

La sintaxis adecuada utilizando la librería *prince* sería la siguiente:

```
pipe install prince
pipe install mca
import numpy as np
import pandas as pd
import prince
import matplotlib.pyplot as plt

df = pd.read_excel('C:\DATOSAM\CORRESPONDENCIASSIMPLES.xlsx')
print(df)

df1 = df[['CLASESOC', 'CONTROLM']]
print(df1)

mca = prince.MCA(n_components=2)
mca = mca.fit(df1)
mca_results = mca.transform(df1)

print("Row Coordinates:")
print(mca.row_coordinates(df1))

print("\nColum coordinates:")
print(mca.column_coordinates(df1))

row_coords = mca.row_coordinates(df1)
col_coords = mca.column_coordinates(df1)
```

```python
plt.figure(figsize=(10, 8))

plt.scatter(row_coords[0], row_coords[1], color='red', label='Rows')
for i, txt in enumerate(row_coords.index):
    plt.annotate(txt, (row_coords[0][i], row_coords[1][i]), color='red')

plt.scatter(col_coords[0], col_coords[1], color='blue', label='Columns')
for i, txt in enumerate(col_coords.index):
    plt.annotate(txt, (col_coords[0][i], col_coords[1][i]), color='blue')

plt.axhline(0, color='grey', linestyle='--', linewidth=0.5)
plt.axvline(0, color='grey', linestyle='--', linewidth=0.5)
plt.xlabel('Dimension 1')
plt.ylabel('Dimension 2')
plt.title('Correspondence Map')
plt.legend()
plt.grid(True)
plt.show()
```

Se obtiene el siguiente mapa de correspondencias simples.

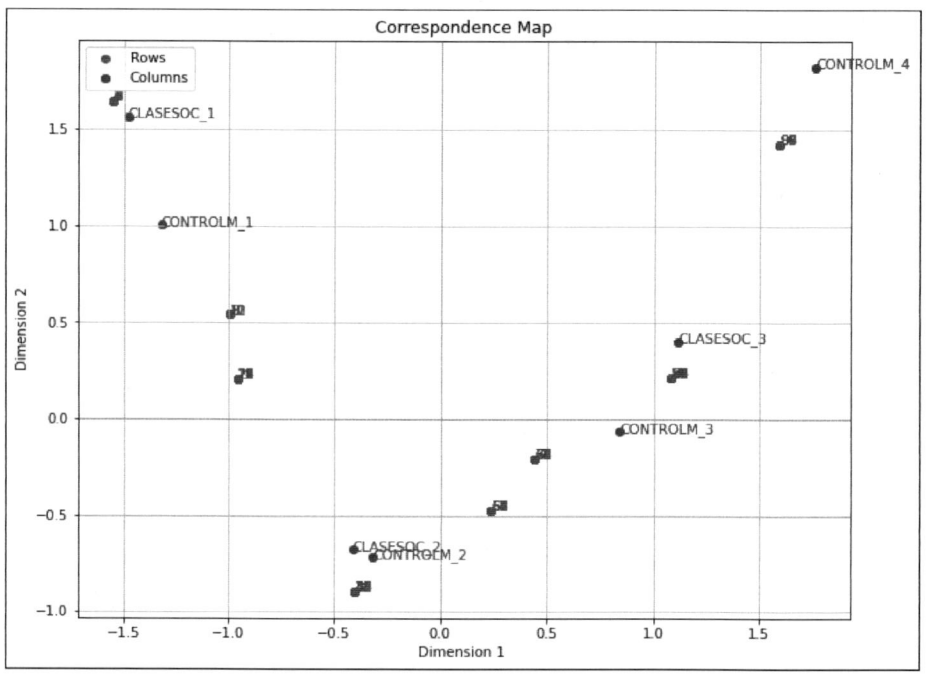

Observamos que la clase social alta está relacionada con un excelente control del embarazo, la clase media está relacionada con un buen control del embarazo, la clase baja está relacionada con un mal control del embarazo y el control nulo del embarazo no está relacionado con ninguna categoría de clase social, pero la clase social más cercana al mismo es la clase baja.

Una sintaxis alternativa utilizando scipy sería la siguiente:

```python
import pandas as pd
import matplotlib.pyplot as plt
from scipy.linalg import svd

df = pd.read_excel('C:\DATOSAM\CORRESPONDENCIASSIMPLES.xlsx')
print(df)

df1 = pd.crosstab(df['CLASESOC'], df['CONTROLM'])
print(df1)

total = df1.values.sum()
P = df1 / total

r = P.sum(axis=1).values.reshape(-1, 1)

c = P.sum(axis=0).values.reshape(1, -1)

S = (P - r.dot(c)) / np.sqrt(r.dot(c))

U, s, Vt = svd(S, full_matrices=False)

row_coords = U[:, :2] * s[:2]

col_coords = Vt[:2, :].T * s[:2]

print("Row coordinates:")
print(row_coords)

print("\nColum coordinates:")
print(col_coords)
plt.figure(figsize=(9, 7))

# graph the rows
plt.scatter(row_coords[:, 0], row_coords[:, 1], color='red', label='Rows')
for i, txt in enumerate(df1.index):
    plt.annotate(txt, (row_coords[i, 0], row_coords[i, 1]), color='red')

# graph the columns
plt.scatter(col_coords[:, 0], col_coords[:, 1], color='blue', label='Columns')
for i, txt in enumerate(df1.columns):
    plt.annotate(txt, (col_coords[i, 0], col_coords[i, 1]), color='blue')

# Add lines and labels
plt.axhline(0, color='grey', linestyle='--', linewidth=0.5)
plt.axvline(0, color='grey', linestyle='--', linewidth=0.5)
plt.xlabel('Dimension 1')
plt.ylabel('Dimension 2')
plt.title('Correspondence map')
plt.legend()
plt.grid(True)
plt.show()
```

El mapa de correspondencias simples resultante sería el siguiente.

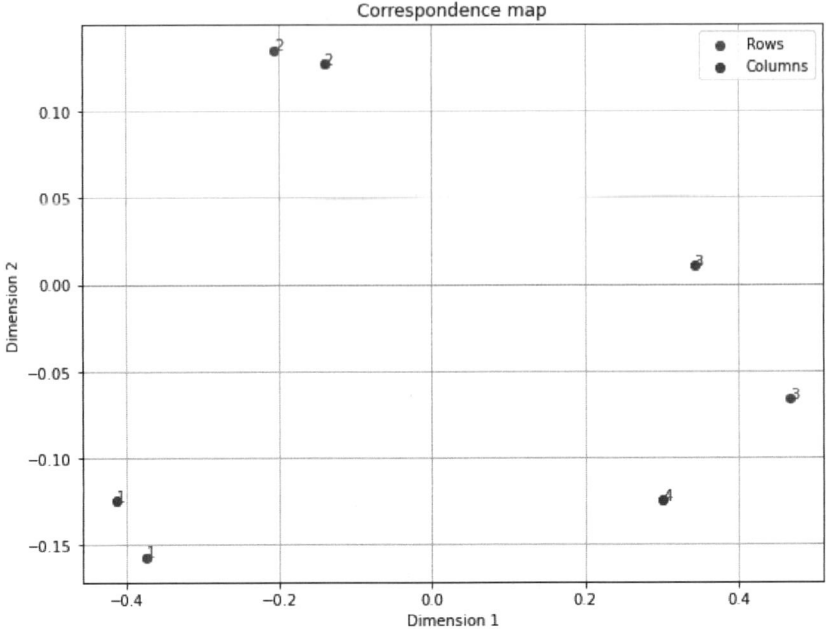

La interpretación sería la misma que en el caso anterior.

Ejercicio 7-3. Consideramos los datos del ejercicio anterior e introducimos como nueva variable cualitativa la edad con dos posibles valores (mujeres con edad superior a 30 años y mujeres con edad menor o igual a 30 años). En el ejercicio se muestran las tres tabals de contingencia que relacionan las tres variables dos a dos. Se trata de estuidiar ahora las relaciones entre las tres variables cualitativas y entre sus categorías.

La tabla del ejercicio anterior que cruzaba las variables clase social y control médico del embarazo era la siguiente:

Clase social	Control médico del embarazo				
	Excelente	Bueno	Malo	Nulo	Total
Alta	8	5	0	0	13
Media	12	26	13	0	51
Baja	0	9	21	6	36
Total	20	40	34	6	100

Pero ahora añadimos las tablas del cruce de la nueva variable edad con las dos variables anteriores.

Edad	Clase social			
	Alta	Media	Baja	Total
< 30	9	35	27	71
≥ 30	4	16	9	29
Total	13	51	36	100

Edad	Control médico del embarazo				
	Excelente	Bueno	Malo	Nulo	Total
< 30	11	29	26	5	71
≥ 30	9	11	8	1	29
Total	20	40	34	6	100

Estamos ahora ante un análisis de correspondencias múltiple para relacionar las categorías de tres variables cualitativas.

La tabla de Burt asociada a las tablas anteriores será la siguiente:

		Alta	Media	Baja	Excel.	Bueno	Malo	Nulo	<30	≥30
Clase s.	Alta	13	0	0	8	5	0	0	9	4
	Media		51	0	12	26	13	0	35	16
	Baja			36	0	9	21	6	27	9
Control m.	Excel.				20	0	0	0	11	9
	Bueno					40	0	0	29	11
	Malo						34	0	26	8
	Nulo							6	5	1
Edad	< 30								71	0
	≥ 30									29

La tabla de Burt es fundamental a la hora de formar el conjunto de datos. Las tre variables cuyas categorías queremos relacionar con el análisis de correspondencias múltiples se denominarán CLASESOC, CONTROLM y EDAD. Los tres valores de la variable CLASESOC se etiquetarán con los números 1, 2 y 3. Los cuatro valores de la variable CONTROLM se etiquetarán con los números 1, 2, 3 y 4. Los dos valores de la variable EDAD se etiquetarán con los números 1 y 2. De esta forma, el conjunto de datos derivado de la tabla de Burt tendrá el siguiente aspecto:

CLASESOC	CONTROLM	EDAD
1	1	1
1	1	1
1	1	1
1	1	1
1	1	1
1	1	1
1	1	1
1	1	1
1	2	1
1	2	2
1	2	2
1	2	2
1	2	2
2	1	1
2	1	1
2	1	1

Este conjunto de datos se almacenará como un fichero de nombre *correspondencias.xls*. La sintaxis siguiente utilizando las bibliotecas *prince* y *scikit learn*, resolvería el problema.

```python
import pandas as pd
import numpy as np
import prince
import matplotlib.pyplot as plt

df = pd.read_excel('C:\DATOSAM\CORRESPONDENCIAS.xlsx')
print(df)

correspondence = prince.MCA(
    n_components=2,
    n_iter=100,
    copy=True,
    check_input=True,
    engine='sklearn',
    random_state=42
)

correspondence = mca.fit(df)
data_transformed = correspondence.transform(df)

row_coords=correspondence.row_coordinates(df)
col_coords=correspondence.column_coordinates(df)
print(row_coords)
print(col_coords)

fig, ax = plt.subplots(figsize=(8, 8))

ax.scatter(row_coords[0], row_coords[1], c='blue', label='Rows')
for i, txt in enumerate(row_coords.index):
    ax.annotate(txt, (row_coords[0][i], row_coords[1][i]), color='blue')

ax.scatter(col_coords[0], col_coords[1], c='red', label='Columns')
for i, txt in enumerate(col_coords.index):
    ax.annotate(txt, (col_coords[0][i], col_coords[1][i]), color='red')
plt.title('(ACM)')
plt.xlabel('Dim 1')
plt.ylabel('Dim 2')
plt.grid(True)
plt.show()
```

Se obtiene el mapa de correspondencias siguiente:

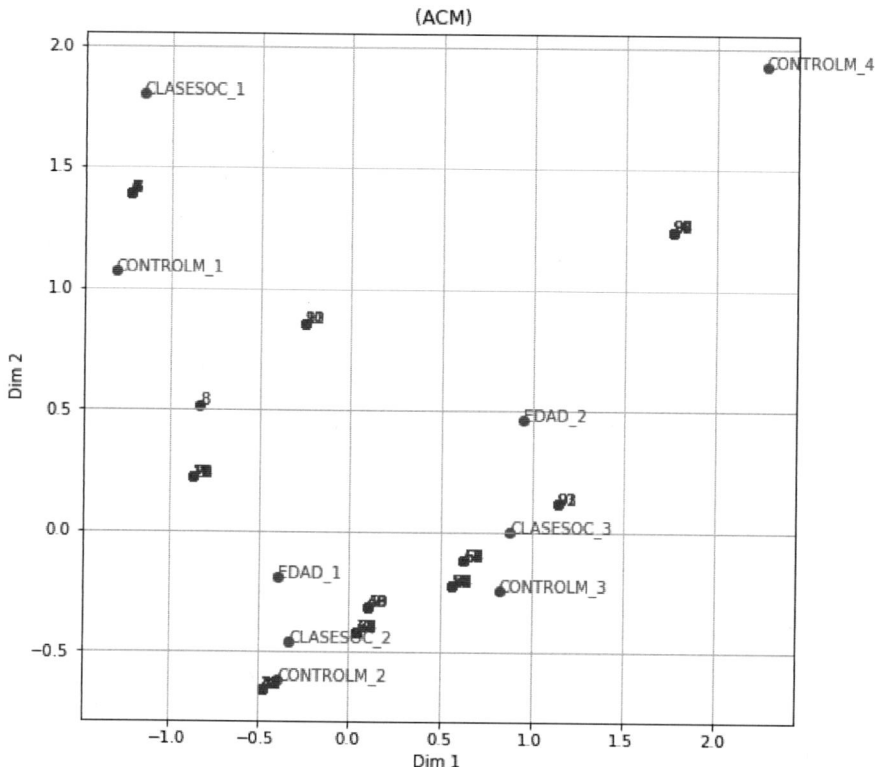

Observando el mapa de correspondencias vemos que existe una clara correspondencia entre la clase alta y el control excelente del embarazo independientemente de la edad. También existe una correspondencia muy alta entre la clase media y un buen control del embarazo en las mujeres jóvenes (mayor que en las mujeres que superan los 30 años). También hay buena correspondencia entre la clase baja y el mal control del embarazo especialmente para las mujeres que superan los 30 años. El control nulo del embarazo tiende a no relacionarse con ninguna clase social ni tipo de control del embarazo, aunque estaría más cercano a las mujeres mayores y clase social baja.

## Capítulo 8

CLASIFICACIÓN Y SEGMENTACIÓN MEDIANTE ANÁLISIS CLÚSTER

8.1 ANÁLISIS CLÚSTER

El análisis clúster es un método estadístico multivariante de clasificación automática de datos. A partir de una tabla de casos-variables, trata de situar los casos (individuos) en grupos homogéneos, conglomerados o clústeres, no conocidos de antemano, pero sugeridos por la propia esencia de los datos, de manera que individuos que puedan ser considerados similares sean asignados a un mismo clúster, mientras que individuos diferentes (disimilares) se localicen en clústeres distintos. La diferencia esencial con el Análisis Discriminante estriba en que en este último es necesario especificar previamente los grupos por un camino objetivo, ajeno a la medida de las variables en los casos de la muestra. El análisis clúster define grupos tan distintos como sea posible en función de los propios datos.

Existen dos grandes tipos de análisis de clústeres: aquéllos que asignan los casos a grupos diferenciados que el propio análisis configura, sin que unos dependan de otros, se conocen como *no jerárquicos* (por ejemplo, algoritmos de las H-medias y de las K-medias), y aquéllos que configuran grupos con estructura arborescente, de forma que clústeres de niveles más bajos van siendo englobados en otros de niveles superiores, se denominan *jerárquicos* (por ejemplo, Lance-Williams). Los métodos no jerárquicos pueden, a su vez, producir *clústeres disjuntos* (cada caso pertenece a un y sólo un clúster), o bien **solapados** (un caso puede pertenecer a más de un grupo). Estos últimos, de difícil interpretación, son poco usados.

8.2 PRINCIPIOS DEL ANÁLISIS CLÚSTER

Podríamos resumir los *principios básicos del análisis clúster* (o de conglomerados) como sigue:

- El análisis clúster es un método estadístico multivariante de clasificación automática de datos.

- Su finalidad esencial es revelar concentraciones en los datos (casos o variables) para su agrupamiento eficiente en clústeres (o conglomerados) según su homogeneidad.

- El agrupamiento puede realizarse tanto para casos como variables, pudiendo utilizarse variables cualitativas o cuantitativas.

- Los grupos de casos o variables se realizan basándose en la proximidad o lejanía de unos con otras, por lo tanto, es esencial el uso adecuado del concepto de distancia.

- Es fundamental que los elementos dentro de un clúster sean homogéneos y lo más diferentes posibles de los contenidas en otros clústeres.

- El análisis clúster es por tanto una técnica de clasificación, conociéndose también con el nombre de *taxonomía numérica*. Otros nombres asignados al mismo concepto son análisis de *conglomerados, análisis tipológico, clasificación automática* y otros.

- El número de clústeres no es conocido de antemano y los grupos se crean en función de la naturaleza de los datos. Se trata por tanto de una técnica de clasificación *post hoc*.

Podíamos definir el análisis clúster como un método estadístico multivariante de clasificación automática que a partir de una tabla de datos (casos-variables), trata de situarlos en grupos homogéneos, conglomerados o clústeres, no conocidos de antemano, pero sugeridos por la propia esencia de los datos, de manera que los individuos que puedan ser considerados similares sean asignados a un mismo clúster, mientras que individuos diferentes (disimilares) se localicen en clústeres distintos. La diferencia esencial con el análisis discriminante estriba en que en este último es necesario especificar previamente los grupos por un camino objetivo (técnica de clasificación ad hoc), ajeno a la medida de las variables en los casos de la muestra. El análisis clúster define grupos tan distintos como sea posible en función de los propios datos sin especificación previa de los citados grupos (técnica de clasificación post hoc).

Para trabajar en análisis clúster es necesario tener presentes determinadas condiciones entre las que destacan las siguientes:

- Si las variables de aglomeración están en escalas muy diferentes será necesario estandarizar previamente las variables, o por lo menos trabajar con desviaciones respecto de la media.

- Es necesario observar también los valores atípicos y desaparecidos porque los métodos jerárquicos no tienen solución con valores perdidos y los valores atípicos deforman las distancias y producen clústeres unitarios.

- También es nocivo para el análisis clúster la presencia de variables correlacionadas, de ahí la importancia del análisis previo de multicolinealidad.

- Si es necesario se realiza un análisis factorial previo y posteriormente se aglomeran las puntuaciones factoriales.

- La solución del análisis clúster no tiene por qué ser única, pero no deben encontrase soluciones contradictorias por distintos métodos.

- El número de observaciones en cada clúster debe ser relevante, ya que en caso contrario puede haber valores atípicos que difuminen la construcción de los clústeres.

- Los conglomerados deben de tener sentido conceptual y no variar mucho al variar la muestra o el método de aglomeración.

- Los grupos finales serán tan distintos como permitan los datos. Con estos grupos se podrán realizar otros análisis: descriptivos, discriminante, regresión logística, diferencias…

8.3 EL PROBLEMA MATEMÁTICO

De forma más general, podemos representar la tabla de datos (casos-variables) mediante la matriz siguiente:

$$A = \left(a_{ij}\right) = \begin{bmatrix} a_{11} & a_{12} & a_{13} & \cdots & a_{1m} \\ a_{21} & a_{22} & a_{23} & \cdots & a_{2m} \\ a_{31} & a_{32} & a_{33} & \cdots & a_{3m} \\ \cdots & \cdots & \cdots & \cdots & \cdots \\ a_{n1} & a_{n2} & a_{n3} & \cdots & a_{nm} \end{bmatrix}$$

Los individuos que forman parte del estudio, y que se intentan clasificar, vendrán caracterizados o definidos por diferentes valores obtenidos al medir determinadas variables sobre ellos, es decir, cada individuo poseerá un determinado valor para cada una de las variables que se traten en el estudio. De esta manera, si se consideran n individuos que se denotan por $P_1, \cdots, P_n$, y se consideran m variables, llamadas $x_1, \cdots, x_m$, los datos que definen a toda la muestra se pueden representar en la matriz de datos $A = \left(a_{ij}\right)$, de modo que cada individuo aparece en cada una de las filas, y los valores que cada variable toma para individuo aparece en cada una de las columnas. Es decir, las puntuaciones que definen al individuo P_i serán los valores $a_{i1}, a_{i2}, \cdots, a_{im}$. Por tanto, los individuos se corresponden con las filas de la matriz y las variables con sus columnas.

Por otro lado, tendremos presente que un espacio métrico es un espacio en el que se ha definido una distancia (métrica o forma de medir). Si en un espacio métrico consideramos como sistema de ejes de coordenadas el definido por las variables objeto del estudio, se está en un espacio de tantas dimensiones como número de variables se considera, es decir, m dimensiones. Entonces, cada uno de los n individuos puede ser tomado como un punto en dicho espacio métrico dando lugar a una nube de n puntos. De este modo, cada uno de los valores a_{ij} (que representa la proporción de la variable x_j que entra a formar parte del individuo P_i), que definen a cada uno de los individuos se considerarán como las coordenadas del mismo. Simétricamente, también puede considerarse un espacio métrico con el sistema de ejes coordenados definido por los n individuos y considerar cada una de las m variables como un punto de dicho espacio métrico dando lugar a una nube de m puntos. El objetivo del análisis clúster consiste en separar de alguna forma los puntos de estas nubes, de modo que se obtengan grupos de individuos o variables relativamente parecidos. Debido a este objetivo de separar los puntos es por lo que se recurre a un espacio métrico donde se tenga definida una forma de medir (métrica) a través de una *distancia* para comprender la separación.

8.3.1 El concepto de distancia

Hay varias formas de considerar la distancia que separa a dos objetos y no sólo la distancia que usamos habitualmente basada en que la distancia más corta entre dos puntos es la línea recta. En Matemáticas se consideran distancias sólo las funciones definidas adecuadamente que cumplen determinadas propiedades.

Formalmente, una distancia d definida en un conjunto E es una aplicación entre el producto cartesiano $E \times E$ y los números reales no negativos $R^+ \cup \{0\} = [0, \infty)$, de modo que a cada par de elementos $(a, b) \in E \times E$ se le asigna un número real no negativo r que define la distancia entre los puntos a y b de E.

$$d : E \times E \to R^+ \cup \{0\} = [0, \infty)$$
$$(a, b) \to r \Leftrightarrow d(a, b) = r$$

La distancia d verifica las siguientes condiciones:

- $d(a, b) \geq 0$ y $d(a, a) = 0$. Toda distancia es *definida positiva*, es decir, la distancia entre dos elementos cualesquiera es mayor o igual que cero, y sólo es cero si $b = a$.

- $d(a, b) = d(b, a)$. Se trata de la *propiedad de simetría*, lo que equivale a decir que la distancia de a a b es la misma que la de b a a.

- $d(a, b) \leq d(a, c) + d(c, b)$. Se trata de la *desigualdad triangular*, es decir, la distancia entre dos puntos cualesquiera, a y b, es menor o igual que la suma de la distancia de a a un tercer punto c, más la distancia de c a b.

- Si $i \neq j$, entonces $d(i, j) > 0$.

8.3.2 Clasificaciones jerárquicas y disimilitudes

La finalidad básica del análisis de conglomerados es elaborar clasificaciones de los individuos objeto del estudio con una estructura jerarquizada persiguiendo el objetivo de poder decidir cuál de los diferentes niveles de la jerarquía es el más apropiado para establecer la clasificación. El planteamiento matemático dado a la clasificación numérica parte de los conceptos de *jerarquía indexada* y *distancia ultramétrica*. El primero de ellos es el que nos conduce al establecimiento de una jerarquía en la clasificación estructurada en niveles, mientras que el segundo es el que nos señala cómo determinar una distancia entre los individuos.

Consideremos el conjunto finito $F = \{1, 2, \cdots, n\}$, y el conjunto de las partes de dicho conjunto, $P(F)$, es decir, el conjunto que tiene como elementos a todos los posibles subconjuntos de F:

$$P(F) = \{\varnothing, \{1\}, \{2\}, \cdots, \{n\}, \{1,2\}, \cdots, \{1,n\}, \{2,3\}, \cdots, \{n-1,n\}, \{1,2,3\}, \cdots, F\}$$

Diremos que un subconjunto H del conjunto de las partes de F, $H \subset P(F)$, es una *jerarquía* de F, o una jerarquía del conjunto de las partes de F si verifica los siguientes axiomas:

- *Axioma de la intersección*: Dados dos elementos, h y h' de H, o son disjuntos (esto es, no tienen elementos comunes) o uno de ellos está contenido en el otro, es decir, $\forall h, h' \in H$, $h \cap h' \in \{h, h', \varnothing\}$.

- *Axioma de la reunión*: todo elemento de H es el resultado de la unión de los elementos de H que contiene, o bien no contiene ningún elemento de H, es decir, $\forall h, \in H$, $\cup \{h' : h' \in H, h' \subset h\} \in \{h, \varnothing\}$.

Si además de verificar las dos condiciones anteriores, H contiene al conjunto F completo y a todas las partes formadas por un solo elemento, es decir, si se cumple que $F \in H$, $\{i\} \in H$, $\forall i \in F$, se dice entonces que H es una *jerarquía total*. Los elementos de H (que no olvidemos son subconjuntos de F, por ser H un elemento de las partes de F) se llaman *conglomerados, clústeres* o *clases*. Si $h_1, \cdots, h_p$ son elementos de la jerarquía H y verifican que F es la unión de todos ellos, es decir, si $F = h_1 \cup \cdots \cup h_p$, se dice que el conjunto formado por dichos elementos de H, $\{h_1, \cdots, h_p\}$ es una *partición* de F.

De la definición anterior de conglomerado, clúster, clase o partición, como elemento de una jerarquía, se deduce que dos clases de un mismo nivel (es decir, dos clases o dos elementos de H de modo que una no está incluida en la otra) son disjuntas (axioma de la intersección) y que una clase es la reunión de las clases comparables de nivel inferior (axioma de la reunión). Por ejemplo, si el conjunto finito estuviera formado por los cinco elementos siguientes, $F = \{1,2,3,4,5\}$, una jerarquía de F podría ser el conjunto $H = \{\{1\}, \{2\}, \{3\}, \{4\}, \{5\}, \{2,3\}, \{4,5\}, \{1,2,3\}, F\}$. Una jerarquía diferente a la anterior, pero también una jerarquía del mismo conjunto podría ser la definida por el conjunto:

$$H' = \{\{1\}, \{2\}, \{3\}, \{4\}, \{5\}, \{1,4\}, \{2,3\}, \{1,3,4\}, F\}..$$

Para definir una *jerarquía indexada* se considera en primer lugar un número real no negativo $D(h)$, llamado *índice de jerarquía*, que permite cuantificar las diferencias entre las clases o grupos de una jerarquía H que se consideren de un mismo nivel. De este modo, se define el *índice de la jerarquía* en H a través de una función D definida como:

$$D : H \rightarrow R^+ \cup \{0\} = [0, \infty)$$
$$h \rightarrow D(h)$$

que hace corresponder a cada clase h de la jerarquía un número real no negativo $D(h)$ que es su índice de jerarquía y que verifica las siguientes propiedades:

- El índice de jerarquía de las clases formadas por un único individuo es cero, es decir, $D(\{i\}) = 0, \quad \forall i \in F$.

- Si una clase contiene a otra, el índice de jerarquía de la menor es más pequeño que el de la mayor, esto es, $h \subset h' \Rightarrow D(h) < D(h')$

Si una jerarquía está dotada de un índice de jerarquía se dice que es una *jerarquía indexada*. En el ejemplo anterior en el que considerábamos la jerarquía $H = \{\{1\}, \{2\}, \{3\}, \{4\}, \{5\}, \{2,3\}, \{4,5\}, \{1,2,3\}, F\}$, un posible índice asociado a esta jerarquía puede ser $D(\{1\}) = D(\{2\}) = D(\{3\}) = D(\{4\}) = D(\{5\}) = 0$, $D(\{2,3\}) = 0,3$, $D(\{4,5\}) = 0,5$, $D(\{1,2,3\}) = 0,8$ y $D(F) = 1$. De las expresiones anteriores, podemos afirmar que los individuos 2 y 3 son más similares que 4 y 5, puesto que su índice de jerarquía es más pequeño $D(\{2,3\}) = 0,3 < D(\{4,5\}) = 0,5$. Además, al aumentar el nivel de una clase, aumenta el índice de jerarquía, es decir, disminuye la similitud entre los individuos de su clase $D(\{2,3\}) = 0,3 < D(\{1,2,3\}) = 0,8$

El análisis de conglomerados construye clasificaciones jerárquicas, en general, a partir de las similitudes determinadas entre los individuos. Sin embargo, las descripciones teóricas de los algoritmos que permiten reagrupar a los individuos y a los grupos, ya formados o por formar, se basan en el *concepto de disimilitud* (contrario al de similitud). Definamos, entonces el concepto de disimilitud y a partir de él su relación con el de similitud. Es claro que a medida que aumenta el nivel de una clase, aumenta el índice de jerarquía y, por tanto, disminuye la similitud entre los elementos de la clase. La noción de índice de jerarquía D que acabamos de definir se utiliza para cuantificar las diferencias entre las clases de un mismo nivel. Este índice no es exactamente una disimilitud, pero a partir de él, podemos definir una disimilitud entre individuos u objetos d en el conjunto finito F sin más que considerar que la disimilitud entre dos individuos i y j es el índice de jerarquía asociado a la menor de las clases que los contiene, es decir,

$d(i, j) = D(h)$, siendo h la menor clase que contiene a los individuos i y j. De este modo, la **disimilitud de dos elementos de una misma clase** es el índice de jerarquía de la menor clase a la que pertenecen.

Por otro lado, la **similitud s entre dos individuos** i y j se puede definir a partir de una disimilitud d como el complemento al valor máximo de dicha disimilitud, es decir: $s(i, j) = Max_d - d(i, j)$, siendo Max_d el mayor valor de d sobre cualquier par de individuos. A partir de la definición de s se puede definir un **índice de similitud** sobre una jerarquía H, como la aplicación:

$$S : H \to [0, Max_d]$$
$$h \to S(h)$$

que hace corresponder a cada clase h de H un número real $S(h)$ comprendido entre 0 y Max_d, de modo que se verifiquen las condiciones siguientes:

- El índice de similitud de las clases formadas por un único individuo es máxima, es decir, $S(\{i\}) = Max_d \quad \forall i \in F$.

- Si una clase contiene a otra, el índice de similitud de la menor es más grande que el de la mayor, esto es, $h \subset h' \Rightarrow S(h) > S(h')$.

De forma análoga a como se indicó con la disimilitud d, la similitud s, permite cuantificar las similitudes o parecidos entre dos individuos u objetos, sin más que considerar que la similitud entre dos individuos es el índice de similitud de la menor clase que los contiene $s(i, j) = S(h)$, siendo h la menor clase que contiene a los individuos i y j. Por otra parte, una disimilitud permite definir una relación sobre el conjunto F de modo que, dado un número real $x \geq 0$, se define la relación binaria Rx de modo que dos individuos, i y j están relacionados por la relación Rx si y sólo si su disimilitud es menor o igual que x, es decir, $iR_x j \Leftrightarrow d(i, j) \leq x$. Esta relación es de equivalencia cumpliendo las propiedades reflexiva, simétrica y transitiva. A partir de esta relación de equivalencia, se define la **partición o clúster de nivel x** como la partición de F definida por la relación Rx. Los elementos de esta partición son las clases, conglomerados o clústeres. La relación de equivalencia que se acaba de definir también podría definirse a partir del concepto de similitud, sin más que considerar como nueva definición de R_x la siguiente: $iR_x j \Leftrightarrow s(i, j) \geq x$.

8.3.3 Distancia ultramétrica y algoritmos de clasificación

Consideramos el conjunto finito $F = \{1, 2, \cdots, n\}$. Una distancia ultramétrica sobre F es una función u que asigna a cada par de elementos (i,j) del conjunto F un número real no negativo como sigue:

$$u : F \times F \to R^+ \cup \{0\} = [0, \infty)$$
$$u(i, j) = r \qquad ,$$

verificando las siguientes propiedades:

- $u(i, j) \geq 0 \quad u(i, i) = 0$. Es definida positiva, es decir, la distancia entre dos elementos cualesquiera es mayor o igual que cero $u(i, j) \geq 0$, y sólo es cero si $j = 1$.

- $u(i, j) = u(j, i)$. Es simétrica, lo que equivale a decir que la distancia de i a j es la misma que la de j a i:

- $u(i, j) \leq \sup\{u(i, k), u(j, k)\}$. Cumple el axioma ultramétrico, es decir, la distancia entre dos puntos cualesquiera i y j es menor o igual que el supremo de las distancias de i a un tercer punto k, y la distancia de j a k.

- Si $i \neq j$, entonces $d(i, j) > 0$.

Se observa que la diferencia entre una distancia métrica definida anteriormente y una distancia ultramétrica se establece en el diferente enunciado de la tercera propiedad. Para las distancias métricas se debe cumplir la desigualdad triangular, mientras que para las ultramétricas debe cumplirse el axioma ultramétrico. Por otra parte, la distinción entre distancias y **pseudo-distancias** que se establece, para el caso de las métricas, si no se verifica la condición 4, puede extenderse al caso de las ultramétricas. Es obvio que la propiedad ultamétrica es más fuerte que la desigualdad triangular y geométricamente es equivalente a que todos los triángulos definidos por tres puntos, $\{i, j, k\}$, de la geometría ultramétrica definida sobre F sean isósceles, siendo la base el lado de longitud menor.

Ya sabemos que una jerarquía indexada está formada por una sucesión de particiones (o clústeres) $C_0, C_1, \cdots; C_n$ de niveles cada vez respectivamente mayores. Si sobre un conjunto finito F hay definida una distancia ultramétrica u se pueden construir dichas particiones según el llamado **algoritmo fundamental de clasificación**, que consta de los siguientes pasos:

- La partición inicial está formada por cada uno de los individuos del conjunto $F = \{1, 2, \cdots, n\}$, es decir, $C_0 : \{1\}, \{2\}, \cdots, \{n\}$

- A continuación, en un segundo paso se unen los dos individuos más próximos según la ultramétrica u, es decir, si i y j son tales que $u(i, j)$ es mínimo, se toma como segunda partición al conjunto $C_1 : \{1\}, \{2\}, \cdots, \{i, j\}, \cdots, \{n\}$ con $(n-1)$ elementos

- La partición en el paso r-ésimo es $C_{r-1} : h_1, h_2, \cdots, h_p$ y si u es una distancia ultramétrica sobre las clases de C_{r-1}, se agrupan las clases más próximas, es decir, las clases h_i y h_j tales que $u(h_i, h_j) = mínim\epsilon$.

- La partición $(r + 1)$-ésima es $C_r : h_1, h_2, \cdots, h_i \cup h_j, \cdots, h_p$ y se forma por la unión, en una misma clase, de las dos clases más próximas consideradas en el punto anterior, h_i y h_j. A continuación, se define sobre las clases de Cr una ultramétrica u' de forma análoga a como se indicó anteriormente, es decir, $u'(h_k, h_m) = u(h_k, h_m)$ y $u'(h_k, h_i \cup h_j) = u(h_i, h_k) = u(h_j, h_k)$ $\forall h_k \neq h_i, h_j$.

- Se repiten los dos pasos anteriores las veces precisas hasta llegar a la partición $C_m = F$

Por construcción, el resultado de este algoritmo es una jerarquía indexada H de índice D, definido por $D(h_i \cup h_j) = u(h_i, h_j)$ si h_i y h_j son las clases más próximas en la partición C_{r-1}.

Por lo tanto, un algoritmo de clasificación consiste en transformar la disimilitud inicial para convertirla en una distancia ultramétrica y a continuación construir la jerarquía indexada. El problema es que, en general, la disimilitud no verifica las propiedades de ser una distancia ultramétrica. Así pues, el algoritmo de clasificación, en el caso de que la disimilitud no sea ultramétrica, deberá ser modificado en el sentido de que se forma la partición $(r+1)$ $C_r : h_1, h_2, \cdots, h_i \cup h_j, \cdots, h_p$ sin poder definir una ultramétrica d' sobre las clases de C_r, tal y como se hizo anteriormente porque, en general, no será cierto que $d(h_j, h_k) = d(h_i, h_k)$.

Ahora definiremos la distancia de $h_i \cup h_j$ a h_k como una función de $d(h_i, h_k)$ y de $d(h_j, h_k)$, de modo que $d'(h_k, h_m)$ no varíe para las restantes clases cumpliendo: $d'(h_k, h_i \cup h_j) = f(d(h_i, h_k), d(h_j, h_k))$. Algunos algoritmos hacen depender d' también de $d(h_i, h_j)$. S para algún h_k se verificará que $d(h_i, h_k) = d(h_k, h_j)$, la función f verifica $f(d(h_i, h_k), d(h_j, h_k)) = d(h_i, h_k) = d(h_k, h_j)$.

Los distintos algoritmos de clasificación diferirán según sea la definición de d' al pasar de C_{r-1} a C_r. Veremos posteriormente algunos de los más utilizados, que darán lugar a los diferentes métodos de análisis de conglomerados. Para algunos de ellos se podrán utilizar diferentes medidas de disimilitud o de similitud entre los individuos.

8.3.4 Medidas de similitud

Según la clasificación de Sneath y Sokal existen cuatro grandes tipos de medidas de similitud.

- *Distancias*: se trata de las distintas medidas entre los puntos del espacio definido por los individuos. Se trata de las medidas inversas de las similitudes, es decir, disimilitudes. El ejemplo más clásico es la *distancia euclídea*.

- *Coeficientes de asociación*: se utilizan cuando trabajamos con datos cualitativos, aunque también se pueden aplicar a datos cuantitativos si se está dispuesto a sacrificar alguna información proporcionada por los individuos o las variables. Estas medidas son, básicamente, una forma de medir la concordancia o conformidad entre los estados de dos columnas de datos.

- *Coeficientes angulares*: se utilizan para medir la proporcionalidad e independencia entre los vectores que definen los individuos. El más común es el coeficiente de correlación aplicado a variables continuas.

- *Coeficientes de similitud probabilística*: miden la homogeneidad del sistema por particiones o subparticiones del conjunto de los individuos e incluyen información estadística. La idea de utilizar estos coeficientes se basa en relacionarlos con diferentes clasificaciones utilizando para ellas criterios de bondad o buenos ajustes estadísticos. Las principales propiedades de estos coeficientes es que son aditivos, se distribuyen como la *Chi cuadrado* y son probabilísticas. Esta última propiedad permite, en aquellos casos en que es posible, establecer una hipótesis nula y contrastarla por los métodos estadísticos tradicionales.

A continuación, se presentan los ejemplos más característicos de cada uno de estos tipos de medidas de similitud.

$$
Distancias \begin{cases} \textit{Distancia euclídea al cuadrado } d(i,j)^2 = \sum_k \left(x_{ik} - x_{jk}\right)^2 \\[2mm] \textit{Distancia euclídea } d(i,j) = \sqrt{\sum_k \left(x_{ik} - x_{jk}\right)^2} \\[2mm] \textit{Distancia de Minkoswki } d_q(i,j) = \left(\sum_k \left|x_{ik} - x_{jk}\right|^q\right)^{1/q} \\[2mm] \textit{Distancia City - Block o de Manjatan } d_1(i,j) = \sum_k \left|x_{ik} - x_{jk}\right| \\[2mm] \textit{Distancia de Tchebichev } d_\infty(i,j) = Max_k \left(\left|x_{ik} - x_{jk}\right|\right) \\[2mm] \textit{Distancia de Camberra } d_{CANB}(i,j) = \sum_k \dfrac{\left|x_{ik} - x_{jk}\right|}{\left(x_{ik} + x_{jk}\right)} \end{cases}
$$

Se observa que la distancia euclídea al cuadrado entre dos individuos se define como la suma de los cuadrados de las diferencias de todas las coordenadas de los dos puntos. La distancia euclídea se define como la raíz cuadrada positiva de la distancia anterior. La distancia de Minkowski es una distancia genérica que da lugar a otras distancias en casos particulares y se define como la raíz q-ésima de la suma de las potencias q-ésimas de las diferencias, en valor absoluto, de las coordenadas de los dos puntos considerados. La distancia City-Block o distancia de Manhattan, es un caso particular de la distancia o medida de Minkowski cuando $q = 1$ y resulta ser la suma de las diferencias, en valor absoluto, de todas las coordenadas de los dos individuos cuya distancia se calcula. El valor de esta medida es cero para la similitud perfecta y aumenta a medida que los objetos son más disimilares. La distancia de Chebychev se define como el caso límite de la medida de Minkowski para q tendiendo a infinito, es decir, es el máximo de las diferencias absolutas de los valores de todas las coordenadas. La distancia Canberra es una modificación de la distancia Maniatan que es sensible a proporciones y no sólo a valores absolutos.

Los coeficientes de asociación suelen utilizarse para el caso de variables cualitativas, y en general para el caso de datos binarios (o dicotómicos), que son aquéllos que sólo pueden presentar dos opciones (blanco – negro, sí – no, hombre – mujer, verdadero – falso, etc.). En este caso existen diferentes medidas de proximidad o similitud, que se verán a continuación, partiendo de una tabla de frecuencias 2x2 en la que se representa el número de elementos de la población en los que se constata la presencia o ausencia del carácter (variable cualitativa) en estudio.

$Variable\ 1 \rightarrow$ $Variable\ 2$ $\downarrow$	Presencia	Ausencia
Presencia	a	b
Ausencia	c	d

$$\text{Coeficientes de asociación}\begin{cases} \text{Jaccard - Sneath } S_J = \dfrac{a}{(a+u)} = \dfrac{a}{(a+b+c)} \\ \text{Coeficiente de emparejamiento simple} \\ S_{SM} = \dfrac{m}{(m+u)} = \dfrac{m}{n} = \dfrac{(a+d)}{(a+b+c+d)} \\ \text{Coeficiente de Yule } S_Y = \dfrac{(ad-bc)}{(ad+bc)} \end{cases}$$

El *coeficiente de Jaccard - Sneath* es uno de los coeficientes más sencillos, que no tiene en cuenta los emparejamientos negativos, y se define como el número de emparejamientos positivos entre la suma de los emparejamientos positivos y los desacuerdos. A partir de su expresión se deduce que S_J tiende a cero cuando a/u tiende a cero, esto es, S_J es cero cuando el número de emparejamientos positivos coincide con el de desacuerdos. también S_J tiende a uno cuando u tiende a cero, es decir, S_J vale uno cuando no hay desacuerdos. El coeficiente de Yule varía entre +1 y -1. El *coeficiente de emparejamiento simple* se define como el cociente entre el número de emparejamientos y el número total de casos considerados. De su expresión se deduce:

$$S_{SM} \rightarrow 0 \quad si \quad \frac{m}{u} \rightarrow 0 \ \ y \ S_J \rightarrow 1 \quad si \quad \frac{u}{m} \rightarrow 1 .$$

En el caso de los *coeficientes angulares* su campo de variación está entre -1 y +1. Los valores cercanos a 0 indican disimilitud entre los individuos y los valores que se acercan a +1 o a -1 indican similitud positiva o negativa respectivamente. El cálculo de este coeficiente entre los individuos i y j se realiza en función de X_i y X_j que son las medias correspondientes a los individuos i y j.

$$Coeficientes\ angulares \begin{cases} Coeficiente\ de\ correlación\ \ r_{ij} = \dfrac{\sum_{k}(x_{ij}-X_i)(x_{jk}-X_j)}{\left(\sum_{k}(x_{ik}-X_i)^2 \sum_{k}(x_{jk}-X_j)^2\right)^{1/2}} \\[2em] Distancia\ del\ coseno\ \ cos\alpha_{ij} = \dfrac{\left(\sum_{k}x_{ik}x_{jk}\right)}{\left(\sum_{k}(x_{ik})^2 \sum_{k}(x_{jk})^2\right)^{1/2}} \end{cases}$$

Los *coeficientes de similitud probabilística* calculan la probabilidad acumulada de que un par de individuos *i* y *j*, sean tan similares, o más, que lo que empíricamente se puede afirmar sobre la base de la distribución observada.

Para el caso de variables cualitativas y en general para el caso de datos binarios o dicotómicos existen varias medidas de similaridad adicionales que se muestran en la tabla siguiente:

Russel y Rao	$RR_{xy} = \dfrac{a}{a+b+c}$	*Sokal y Sneath*	$SS_{xy} = \dfrac{2(a+d)}{2(a+d)+b+c}$
Parejas simples	$PS_{xy} = \dfrac{a+d}{a+b+c+d}$	*Rogers y Tanimoto*	$RT_{xy} = \dfrac{a+d}{a+d+2(b+c)}$
Jaccard	$J_{xy} = \dfrac{a}{a+b+c}$	*Sokal y Sneath*(2)	$SS2_{xy} = \dfrac{a}{a+2(b+c)}$
Dice y Soren sen	$D_{xy} = \dfrac{2a}{2a+b+c}$	*Kulczynski*	$K_{xy} = \dfrac{a}{b+c}$

Hay otro grupo de medidas denominadas medidas de similaridad para probabilidades condicionales, entre las que destacan las siguientes:

Kulczynski (*medida* 2)	$K2_{xy} = \dfrac{a/(a+b)+a/(a+c)}{2}$
Sokal y Sneath (*medida* 4)	$SS4_{xy} = \dfrac{a/(a+b)+a/(a+c)+d/(b+d)+d/(c+d)}{4}$
Hamann	$H_{xy} = \dfrac{(a+d)-(b+c)}{a+b+c+d}$

También suele considerarse un subgrupo de medidas denominadas de predicción entre las que se encuentran la D_{xy} de Anderberg, la Y_{xy} de Yule y la Q_{xy} de Yule, que se definen como sigue:

$$D_{xy} = \frac{max(a,b)+max(c,d)+max(a,c)+max(b,d)-max(a+c,b+d)-max(a+b,c+d)}{2(a+b+c+d)}$$

$$Y_{xy} = \frac{\sqrt{ad}-\sqrt{bc}}{\sqrt{ad}+\sqrt{bc}} \qquad\qquad Q_{xy} = \frac{ad-bc}{ad+bc}$$

Por último, se usan otras medidas binarias, entre las que destacan las siguientes:

Ochiai	$O_{xy} = \sqrt{\dfrac{a}{a+b} \cdot \dfrac{a}{a+c}}$	*Sokal y Sneath* (5)	$SSS_{xy} = \dfrac{ad}{\sqrt{(a+b)(a+c)(b+d)(c+d)}}$
Sokal y Sneath (3)	$SS3_{xy} = \dfrac{a+d}{b+c}$	*Correlación phi*	$\phi_{xy} = \dfrac{ad-bc}{(a+b)(a+c)(b+c)(c+d)}$
Euclídea binaria	$EB_{xy} = \sqrt{b+c}$	*Diferencia de forma*	$DF_{xy} = \dfrac{(a+b+c+d)(b+c)-(b-c)^2}{(a+b+c+d)^2}$
Euclidea binaria ^{2}	$EB_{xy}^2 = b+c$	*Varianza disimilar*	$V_{xy} = \dfrac{b+c}{4(a+b+c+d)}$
Dispersión	$D_{xy} = \dfrac{ad-bc}{(a+b+c+d)^2}$	*Diferencia de tamaño*	$T_{xy} = \dfrac{(b-c)^2}{(a+b+c+d)^2}$
Lance y Wiliams	$LW_{xy} = \dfrac{b+c}{2a+b+c}$	*Diferencia de patrón*	$P_{xy} = \dfrac{bc}{(a+b+c+d)^2}$

8.4 PROCEDIMIENTOS Y TÉCNICAS EN EL ANÁLISIS DE CONGLOMERADOS

Ya sabemos que el análisis de conglomerados o análisis clúster es un conjunto de métodos y técnicas estadísticas que permiten describir y reconocer diferentes agrupaciones que subyacen en un conjunto de datos, es decir, permiten clasificar, o dividir en grupos más o menos homogéneos, un conjunto de individuos que están definidos por diferentes variables. El objetivo principal del análisis de conglomerados consiste, por tanto, en conseguir una o más particiones de un conjunto de individuos en base a determinadas características de los mismos. Estas características estarán definidas por las puntuaciones que cada uno de ellos tiene con relación a diferentes variables. Así, se podrá decir que dos individuos son similares si pertenecen a la misma clase, grupo, conglomerado o clúster. Si se consigue este objetivo, se tendrá que todos los individuos que están contenidos en el mismo conglomerado se parecerán entre sí, y serán diferentes de los individuos que pertenecen a otro conglomerado. Por tanto, los miembros de un conglomerado gozarán de unas características comunes que los diferencian de los miembros de otros conglomerados. Estas características deberán, por la definición del objetivo a conseguir, ser genéricas, y es claro que difícilmente una única característica podrá definir un conglomerado.

El método para ejecutar un análisis de conglomerados comienza con la selección de los individuos objeto del estudio, incluyendo en algunos casos su codificación a partir de las variables o caracteres que los definen y su transformación adecuada para someterlos al análisis si es necesario (tipificación de variables, desviaciones respecto de la media, etc.). A continuación, se determina la matriz de disimilitudes definiendo las distancias, similitudes o disimilitudes de los individuos. Una vez determinadas las disimilitudes de los individuos, se procede a ejecutar el algoritmo que formará las diferentes agrupaciones o conglomerados de individuos. Determinada ya la clasificación, el paso siguiente consiste en obtener una representación gráfica de los conglomerados obtenidos, de modo que se puedan visualizar los resultados alcanzados. Este proceso se lleva a cabo mediante un dendrograma. Conseguido el propósito de la clasificación, la última fase a llevar a cabo es la interpretación de los resultados obtenidos.

Los diferentes métodos de análisis de conglomerados surgen de las diferentes formas de llevar a cabo la agrupación de los individuos, es decir, dependiendo del algoritmo que se utilice para llevar a cabo la agrupación de individuos o grupos de individuos, se obtienen diferentes métodos de análisis de conglomerados. Una clasificación de los métodos de análisis de conglomerados basada en los algoritmos de agrupación de individuos podría ser la siguiente:

- *Métodos Aglomerativos-Divisivos*: un método es aglomerativo si considera tantos grupos como individuos y sucesivamente va fusionando los dos grupos más similares, hasta llegar a una clasificación determinada; mientras que un método es divisivo si parte de un solo grupo formado por todos los individuos, de modo que en cada etapa va separando individuos de los grupos establecidos anteriormente, formándose así nuevos grupos.

- *Métodos Jerárquicos-No jerárquicos*: un método es jerárquico si consiste en una secuencia de $g+1$ clústeres: $G_0, ..., G_g$ en la que G_0 es la partición disjunta de todos los individuos y G_g es el conjunto partición. El número de partes de cada una de las particiones disminuye progresivamente, lo que hace que éstas sean cada vez más amplias y menos homogéneas. Por el contrario, un método se dice no jerárquico cuando se forman grupos homogéneos sin establecer relaciones de orden o jerárquicas entre dichos grupos.

- *Métodos Solapados-Exclusivos*: un método es solapado si admite que un individuo pueda pertenecer a dos grupos simultáneamente en alguna de las etapas de clasificación, mientras que se dice exclusivo si ningún individuo puede pertenecer simultáneamente a dos grupos en la misma etapa.

- Método *Secuenciales-Simultáneos*: un método es secuencial si a cada grupo se le aplica el mismo algoritmo en forma recursiva, mientras que los métodos simultáneos son aquellos en los que la clasificación se logra por una simple y no reiterada operación sobre los individuos.

- *Métodos Monotéticos-Politéticos*: un método se dice monotético si está basado en una característica única de los objetos a clasificar; mientras que es politético si se basa en varias características de los mismos, sin exigir que todos los objetos las posean, aunque sí las suficientes como para poder justificar la analogía entre los miembros de una misma clase.

- *Métodos Directos-Iterativos*: un método es directo si utiliza algoritmos en los que una vez asignado un individuo a un grupo ya no se saca del mismo, mientras que los métodos iterativos corrigen las asignaciones previas volviendo a comprobar en posteriores iteraciones si la asignación de un individuo a un conglomerado es óptima, llevando a cabo un nuevo reagrupamiento de los individuos si es necesario.

- *Métodos Ponderados-No ponderados*: los métodos no ponderados son aquellos que establecen el mismo peso a todas las características de los individuos a clasificar; mientras que los ponderados hacen recaer mayor peso en determinadas características.

- *Métodos Adaptativos-No adaptativos*: Los métodos no adaptativos son aquellos para los que el algoritmo utilizado se dirige hacia una solución en la que el método de formación de conglomerados es fijo y está predeterminado, mientras que los adaptativos (menos utilizados) son aquellos que de alguna manera aprenden durante el proceso de formación de los grupos y modifican el criterio de optimización o la medida de similitud a utilizar.

8.5 CONGLOMERADOS JERÁRQUICOS, SECUENCIALES, AGLOMERATIVOS Y EXCLUSIVOS (S.A.H.N.)

Los *métodos de análisis de conglomerados* que más se usan son los que son a la vez secuenciales, aglomerativos, jerárquicos y exclusivos, y que reciben el acrónimo, en lengua inglesa, de S.A.H.N. (*Sequential, Agglomerative, Hierarchic* y *Nonoverlaping*). En todos los *métodos de tipo S.A.H.N.* se siguen dos pasos fundamentales en el proceso de elaboración de los conglomerados.

- El primero de ellos es que los coeficientes de similitud o disimilitud entre los nuevos conglomerados establecidos y los candidatos potenciales a ser admitidos se recalcula en cada etapa, y

- el otro es el criterio de admisión de nuevos miembros a un conglomerado ya establecido. En los párrafos siguientes se estudian los diferentes métodos de análisis de conglomerados de tipo S.A.H.N.

8.5.1 Método de unión simple (Single Linkage Clustering), entorno o vecino más cercano (Nearest Neighbour) o método del mínimo (Minimum Method)

Este método relaciona un elemento con un grupo si tiene la mayor similitud con cualquiera de los elementos individuales de ese grupo. Este tipo de unión permite que se pueda realizar con sólo inspeccionar la matriz de similitudes. Los dos primeros casos que se combinan son aquellos cuya distancia es la menor o cuya similitud es máxima. La distancia entre el nuevo conglomerado y un caso individual se calcula como la mínima distancia entre el caso individual y un caso del conglomerado. La distancia entre dos casos que no han sido unidos no cambia. En cada caso, la distancia entre dos conglomerados se toma como la distancia entre dos puntos más cercanos. Este método utiliza la distancia:

$$d'\left(h_k, h_i \cup h_j\right) = Min\left(d\left(h_i, h_k\right), d\left(h_j, h_k\right)\right)$$

8.5.2 Método de la distancia máxima o método del máximo (Complete Linkage Clustering, Furthest Neighbour o Maximum Method)

En este método la similitud de un elemento con un grupo se calcula como la similitud de dicho elemento con el individuo más alejado de ese grupo. La distancia entre dos clústeres se calcula como la distancia entre sus dos puntos más alejados. Este método se define mediante la distancia siguiente:

$$d'\left(h_k, h_i \cup h_j\right) = Max\left(d\left(h_i, h_k\right), d\left(h_j, h_k\right)\right)$$

8.5.3 Método de la media o de la distancia promedio no ponderado (Weighted Pair Groups Method Using Arithmetic Averages WPGMW)

Este método pondera los nuevos miembros admitidos en un conglomerado con el mismo peso que los existentes hasta entonces. El método combina conglomerados de modo que la distancia media entre todos los casos en el conglomerado resultante sea la menor posible. Así, la distancia entre dos conglomerados se toma como la media de las distancias entre todos los posibles pares de casos en el conglomerado resultante. Este método usa la distancia:

$$d'\left(h_k, h_i \cup h_j\right) = \left(\frac{1}{2}\right)d\left(h_i, h_k\right) + \left(\frac{1}{2}\right)d\left(h_j, h_k\right)$$

8.5.4 Método de la media ponderada o de la distancia Promedio Ponderado (Group Average o Unweighted Pair Groups Method Using Arithmetic Averages UPGMA)

En este método, similar al de la media, la distancia entre dos conglomerados se define como la media de las distancias entre todos los pares de casos en los que un miembro del par es de cada uno de los conglomerados. La distancia se define ponderando respecto a n_i y n_j; es decir, ponderando con respecto al número de individuos de h_i y *de* h_j de la siguiente forma:

$$d'\left(h_k, h_i \cup h_j\right) = \left(\frac{n_i}{\left(n_i + n_j\right)}\right) d\left(h_i, h_k\right) + \left(\frac{n_j}{\left(n_i + n_j\right)}\right) d\left(h_j, h_k\right)$$

8.5.5 Método de la mediana o de la distancia mediana (Weighted Pair Group Centroid Method WPGMC)

En este método los dos conglomerados que están siendo combinados pesan lo mismo en el cálculo del centroide y es indiferente el número de casos de cada uno. Esto permite que conglomerados pequeños tengan igual efecto en la caracterización que los conglomerados grandes con los que están siendo mezclados. Este método utiliza sólo la distancia euclídea al cuadrado definiéndose su distancia como sigue.

$$d'\left(h_k, h_i \cup h_j\right) = \left(\frac{1}{2}\right) d\left(h_i, h_k\right) + \left(\frac{1}{2}\right) d\left(h_j, h_k\right) - \left(\frac{1}{4}\right) d\left(h_i, h_j\right)$$

8.5.6 Método del Centroide o de la Distancia Prototipo (Unweighted Pair Group Centroid Method UPGMC)

Este método calcula la distancia entre dos conglomerados como la distancia entre sus medias para todas las variables.

Una desventaja del método es que la distancia con la que los conglomerados se combinan disminuye de un paso al siguiente. Es una propiedad no deseable pues los conglomerados mezclados en etapas posteriores son menos similares que los mezclados en etapas anteriores. El centroide de un conglomerado mezclado es una combinación ponderada de los centroides de los dos conglomerados individuales, donde los pesos son proporcionales a los tamaños de los conglomerados. Este método es similar al anterior, pero en él se hace intervenir el número de individuos de h_i y de h_j, que son n_i y n_j, respectivamente. La distancia que se define es la siguiente:

$$d'\left(h_k, h_i \cup h_j\right) = \left(\frac{n_i}{\left(n_i + n_j\right)}\right) d\left(h_i, h_k\right) + \left(\frac{n_j}{\left(n_i + n_j\right)}\right) d\left(h_j, h_k\right) - \left(\frac{n_i n_j}{\left(n_i + n_j\right)^2}\right) d\left(h_i, h_j\right)$$

8.5.7 Método de Ward o de mínima varianza

Para este método se considera la distancia euclídea al cuadrado como medida de disimilitud.

Llamando $d\left(x_i, x_j\right)^2 = \left\|x_i - x_j\right\|^2$ a la distancia entre los puntos x_i y x_j, la varianza total (o inercia) del conjunto de puntos es la cantidad dada por la expresión $I = \sum m_i \left\|x_i - G\right\|^2$, siendo G el centro de gravedad de los puntos dados, con masas respectiva m_i. Si existe una partición del conjunto de individuos en q conglomerados, el q-ésimo conglomerado tiene como centro de gravedad a G_q y masa m_q. Entonces la inercia se puede descomponer como la suma de la varianza que existe dentro de los conglomerados y la que hay entre unos conglomerados y otros, de la forma $I = \sum_q m_q \left\|G_q - G\right\|^2 + \sum_q \sum_{i \in q} m_i \left\|x_i - G_q\right\|^2$. Si x_i y x_j son dos elementos de masas m_i y m_j, respectivamente, que se unen en un elemento x de masa $m = m_i + m_j$, con $x = \left(m_i x_i + m_j x_j\right) / \left(m_i + m\right)$, podemos descomponer la varianza I_{ij} de x_i y x_j con respecto a G por la ecuación $I_{ij} = m_i \left\|x_i - x\right\|^2 + m_j \left\|x_j - x\right\|^2 + m \left\|x - G\right\|^2$. El último término es el único que permanece constante si se cambian x_i y x_j por su centro de gravedad x. La reducción en la varianza es $\Delta I_{ij} = m_i \left\|x_i - x\right\|^2 + m_j \left\|x_j - x\right\|^2$. Reemplazando x por su valor como función de x_i y x_j, tenemos:

$$\Delta I_{ij} = \left(\frac{\left(m_i m_j\right)}{\left(m_i + m_j\right)}\right) \left\|x_i - x\right\|^2 = \left(\frac{\left(m_i m_j\right)}{\left(m_i + m_j\right)}\right) d\left(x_j - x_j\right)^2$$

El método que se sigue para hacer conglomerados con este método consiste en encontrar los individuos x_i y x_j con la condición de que hagan mínima ΔI_{ij}, en lugar de ser los individuos más cercanos. Por tanto, puede considerarse a ΔI_{ij} como un nuevo índice de disimilitud.

Por medio de este método, los individuos con menor peso son los que más pronto se unen. El cuadrado de la distancia de un punto z a un centro de conglomerados x, se puede escribir en función de las distancias a los puntos x_i y x_j:

$$d(x-z)^2 = \left(\frac{1}{(m_i + m_j)(m_i d(x_i, z)^2)}\right) + m_j d(x_j, z)^2 - \left(\frac{(m_i m_j)}{(m_i + m_j)}\right) d(x_i, x_j)^2$$

8.5.8 Fórmula de Lance y Williams para la distancia entre grupos

Matemáticamente, Lance y Williams desarrollaron una fórmula general que puede ser utilizada para describir los distintos tipos de enlaces de los métodos jerárquicos aglomerativos. La *fórmula de Lance y Williams para la distancia entre grupos* es la siguiente:

$$D_{k(i,j)} = \alpha_i D_{ki} + \alpha_j D_{kj} + \beta D_{ij} + \gamma |D_{ki} - D_{kj}|$$

donde D_{ij} es la distancia entre los grupos i y j, y α, β y γ son los tres parámetros del modelo. Se observa lo siguiente:

$\alpha_i = \alpha_j = 1/2$, $\beta = 0$ y $\gamma = -1/2 \Rightarrow$ enlace simple

$\alpha_i = \alpha_j = 1/2$, $\beta = 0$ y $\gamma = 1/2 \Rightarrow$ enlace completo

$\alpha_i = \alpha_j = 1/2$, $\beta = -1/4$ y $\gamma = 0 \Rightarrow$ método de la mediana

$\alpha_i = \dfrac{n_i}{n_i + n_j}$, $\alpha_j = \dfrac{n_j}{n_i + n_j}$, $\beta = -\alpha_i \alpha_j$ y $\gamma = 0 \Rightarrow$ enlace centroide

$\alpha_i = \dfrac{n_i}{n_i + n_j}$, $\alpha_j = \dfrac{n_j}{n_i + n_j}$, $\beta = \gamma = 0 \Rightarrow$ enlace promedio

$\alpha_i = \dfrac{n_k + n_i}{n_k + n_i + n_j}$, $\alpha_j = \dfrac{n_k + n_j}{n_k + n_i + n_j}$, $\beta = \dfrac{-n_k}{n_k + n_i + n_j}$ y $\gamma = 0 \Rightarrow$ Ward

$\alpha_i + \alpha_j + \beta = 1$, $\alpha_i = \alpha_j$, $\beta < 1$ y $\gamma = 0 \Rightarrow$ método flexible (cuádruple restricción)

El último método (*cuádruple restricción*) consiste en utilizar la forma de Lance y Williams variando los coeficientes según las necesidades del clasificador, pero respetando las cuatro restricciones impuestas.

Los métodos de clústeres jerárquicos, por la laboriosidad de los cálculos, no resultan prácticos para procesar grandes ficheros de datos. En estos casos, puede ser aconsejable realizar un análisis previo no jerárquico, que proporcione un número preliminar razonable de clústeres (en lugar de individuos) que servirán luego de partida para su posterior clasificación jerárquica.

Como resumen, los métodos jerárquicos producen resultados más ricos que los no jerárquicos. Con un solo análisis se obtiene una configuración de grupos en cada nivel de clasificación. Los mismos indicadores que en clasificación no jerárquica valoraban la adecuación del número de clústeres (Criterio cúbico de clústeres, Pseudo F, etc.) permiten detectar aquí el nivel jerárquico en que la separación de los grupos formados es más ostensible.

8.6 REPRESENTACIÓN GRÁFICA: DENDROGRAMA

Es habitual en la investigación la necesidad de clasificar los datos en grupos con estructura arborescente de dependencia, de acuerdo con diferentes niveles de jerarquía. Partiendo de tantos grupos iniciales como individuos se estudian, se trata de conseguir agrupaciones sucesivas entre ellos de forma que progresivamente se vayan integrando en clústeres los cuales, a su vez, se unirán entre sí en un nivel superior formando grupos mayores que más tarde se juntarán hasta llegar al clúster final que contiene todos los casos analizados. La representación gráfica de estas etapas de formación de grupos, a modo de árbol invertido, se denomina *dendrograma* y se representa a continuación:

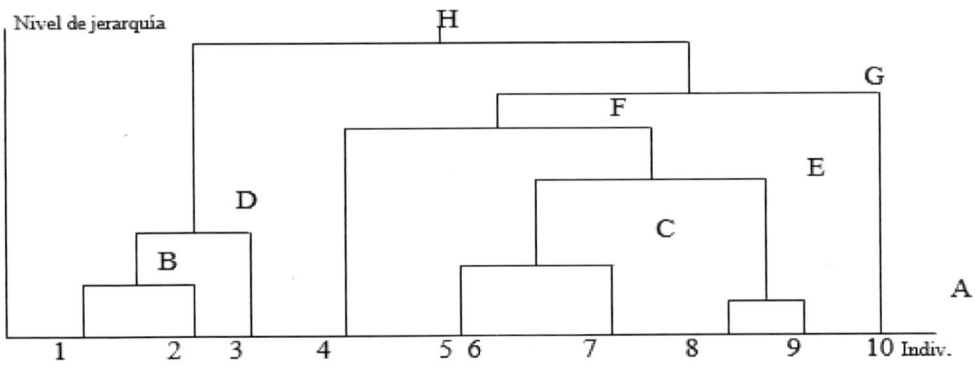

La figura, que corresponde a un estudio de los individuos, muestra cómo el 8 y el 9 se agrupan en un primer clúster (A). En un nivel inmediatamente superior, se unen los individuos 1 y 2 (clúster B); y enseguida los 5, 6, y 7 (C). Un paso siguiente engloba el clúster B con el individuo 3 (D); y así sucesivamente hasta que todos ellos quedan estructurados al conseguir, en el nivel más alto, el clúster total (H) que reúne los 10 casos.

8.7 CONGLOMERADOS NO JERÁRQUICOS

La clasificación de todos los casos de una tabla de datos en grupos separados que configura el propio análisis proporciona clústeres no jerárquicos. Esta denominación alude a la no existencia de una estructura vertical de dependencia entre los grupos formados y, por consiguiente, éstos no se presentan en distintos niveles de jerarquía. El análisis precisa que el investigador fije de antemano el número de clústeres en que quiere agrupar sus datos.

Como puede no existir un número definido de grupos o, si existe, generalmente no se conoce, la prueba debe ser repetida con diferente número a fin de tantear la clasificación que mejor se ajuste al objetivo del problema, o la de más clara interpretación.

Los métodos no jerárquicos, también se conocen como *métodos partitivos* o de optimización, dado que, como hemos visto, tienen por objetivo realizar una sola partición de los individuos en K grupos. Esto implica que el investigador debe especificar a priori los grupos que deben ser formados. Ésta es, posiblemente, la principal diferencia respecto de los métodos jerárquicos. La asignación de individuos a los grupos se hace mediante algún proceso que optimice el criterio de selección. Otra diferencia está en que estos métodos trabajan con la matriz de datos original y no requieren su conversión en una matriz de proximidades. Pedret agrupa los métodos no jerárquicos en las cuatro familias siguientes: *reasignación, búsqueda de la densidad, directos y reducción de dimensiones*.

Los *métodos de reasignación* permiten que un individuo asignado a un grupo en un determinado paso del proceso sea reasignado a otro grupo en un paso posterior si esto optimiza el criterio de selección. El proceso termina cuando no quedan individuos cuya reasignación permita optimizar el resultado que se ha conseguido. Algunos de los algoritmos más conocidos dentro de estos métodos son el *método K-means (o K-medias)* de McQueen (1967), el *Quick Cluster Analysis* y el *método de Forgy*, los cuales se suelen agrupar bajo el nombre de *métodos centroides o centros de gravedad*. Por otra parte, está el *método de las nubes dinámicas*, debido a Diday.

Los *métodos de búsqueda de la densidad* presentan una aproximación tipológica y una aproximación probabilística. En la primera aproximación, los grupos se forman buscando las zonas en las cuales se da una mayor concentración de individuos. Entre los algoritmos más conocidos dentro de estos métodos están el *análisis modal de Wishart*, el *método de Taxmap de Carmichael y Sneath*, y el *método de Fortin*. En la segunda aproximación, se parte del postulado de que las variables siguen una ley de probabilidad según la cual los parámetros varían de un grupo a otro. Se trata de encontrar los individuos que pertenecen a la misma distribución. Destaca en esta aproximación el *método de las combinaciones de Wolf*.

Los *métodos directos* permiten clasificar simultáneamente a los individuos y a las variables. Las entidades agrupadas, ya no son los individuos o las variables, sino que son las observaciones, es decir, los cruces que configuran la matriz de datos.

Los *métodos de reducción de dimensiones*, como el análisis factorial de tipo Q, guardan relación con el análisis clúster. Este método consiste en buscar factores en el espacio de los individuos, correspondiendo cada factor a un grupo. La interpretación de los grupos puede ser compleja dado que cada individuo puede corresponder a varios factores diferentes.

Resulta muy intuitivo suponer que una clasificación correcta debe ser aquélla en que la dispersión dentro de cada grupo formado sea la menor posible. Esta condición se denomina *criterio de varianza,* y lleva a seleccionar una configuración cuando la suma de las varianzas dentro de cada grupo (varianza residual) sea mínima.

Se han propuesto diversos algoritmos de clasificación no jerárquica, basados en minimizar progresivamente esta varianza, que difieren en la elección de los clústeres provisionales que necesita el arranque del proceso y en el método de asignación de individuos a los grupos. Aquí se describen los dos más utilizados.

El ***algoritmo de las H-medias*** parte de una primera configuración arbitraria de grupos con su correspondiente media, eligiendo un primer individuo de arranque de cada grupo y asignando posteriormente cada caso al grupo cuya media es más cercana. Una vez que todos los casos han sido ubicados, calcula de nuevo las medias o centroides y las toma en lugar de los primeros individuos como una mejor aproximación de los mismos, repitiendo el proceso mientras la varianza residual vaya disminuyendo. La partición de arranque define el número de clústeres que, lógicamente, puede disminuir si ningún caso es asignado a alguno de ellos.

El ***algoritmo de las K-medias***, el más importante desde los puntos de vista conceptual y práctico, parte también de unas medias arbitrarias y, mediante pruebas sucesivas, contrasta el efecto que sobre la varianza residual tiene la asignación de cada uno de los casos a cada uno de los grupos. El valor mínimo de varianza determina una configuración de nuevos grupos con sus respectivas medias. Se asignan otra vez todos los casos a estos nuevos centroides en un proceso que se repite hasta que ninguna transferencia puede ya disminuir la varianza residual; o se alcance otro criterio de parada: un número limitado de pasos de iteración o, simplemente, que la diferencia obtenida entre los centroides de dos pasos consecutivos sea menor que un valor prefijado. El procedimiento configura los grupos maximizando, a su vez, la distancia entre sus centros de gravedad. Como la varianza total es fija, minimizar la residual hace máxima la factorial o intergrupos. Y puesto que minimizar la varianza residual equivale a conseguir que sea mínima la suma de distancias al cuadrado desde los casos a la media del clúster al que van a ser asignados, es esta distancia euclídea al cuadrado la usada por el método.

Como se comprueban los casos secuencialmente para ver su influencia individual, el cálculo puede verse afectado por el orden de los mismos en la tabla; pese a lo cual es el algoritmo que mejores resultados produce. Otras variantes propuestas a este método llevan a clasificaciones muy similares.

Como cualquier otro método de clasificación no jerárquica, proporciona una solución final única para el número de clústeres elegido, a la que se llegará con menor número de iteraciones cuanto más cerca estén las "medias" de arranque de las que van a ser finalmente obtenidas. Los programas automáticos seleccionan generalmente estos primeros valores, tantos como grupos se pretenda formar, entre los puntos más separados de la nube.

Los clústeres no jerárquicos están indicados para grandes tablas de datos, y son también útiles para la detección de casos atípicos: Si se elige previamente un número elevado de grupos, superior al deseado, aquéllos que contengan muy escaso número de individuos servirían para detectar casos extremos que podrían distorsionar la configuración. Es aconsejable realizar el análisis definitivo sin ellos, ya con el número deseado de grupos para después, opcionalmente, asignar los atípicos al clúster adecuado que habrá sido formado sin su influencia distorsionante. Un problema importante que tiene el investigador para clasificar sus datos en grupos es, como se ha dicho, la elección de un número adecuado de clústeres. Puesto que siempre será conveniente efectuar varios tanteos, la selección del más apropiado al fenómeno que se estudia ha de basarse en criterios tanto matemáticos como de interpretabilidad. Entre los primeros, se han definido numerosos indicadores de adecuación como el Criterio cúbico de clústeres y la Pseudo F que se describen en el ejemplo de aplicación práctica. El uso inteligente de estos criterios, combinado con la interpretabilidad práctica de los grupos, constituye el arte de la decisión en la clasificación multivariante de datos.

Matemáticamente, un método de clasificación no jerarquizado consiste en formar un número prefijado K de clases homogéneas excluyentes, pero con máxima divergencia entre las clases. Las K clases o clústeres forman una única partición (*clustering*) y no están organizadas jerárquicamente ni relacionadas entre sí. La clasificación no jerárquica o de reagrupamiento tiene una estructura matemática menos precisa que la clasificación jerárquica. El número de métodos existentes ha crecido excesivamente en los últimos años y algunos problemas derivados de su utilización todavía no han sido resueltos.

Supongamos que N es el número de sujetos a clasificar formando K grupos, respecto a n variables $X_1,...,X_n$. Sean W, B y T las matrices de dispersión dentro grupos, entre grupos y total respectivamente. Como $T = B + W$ y T no depende de la forma en que han sido agrupados los sujetos, un criterio razonable de clasificación consiste en construir K grupos de forma que B sea máxima o W sea mínima, siguiendo algún criterio apropiado. Algunos de estos criterios son:

a) Minimizar *Traza(W)*

b) Minimizar *Determinate(W)*

c) Minimizar *Det(W)/Det(T)*

d) Maximizar *Traza(W⁻¹B)*

e) Minimizar $\sum_{i=1}^{K}\sum_{h=1}^{N_i}(X_{ih} - \overline{X}_i)'S_i^{-1}(X_{ih} - \overline{X}_i)$

Los criterios a) y b) se justifican porque tratan de minimizar la magnitud de la matriz *W*. El criterio e) es llamado *criterio de Wilks* y es equivalente a b) porque *det(T)* es constante. El caso d) es el llamado *criterio de Hotelling* y el criterio e) representa la suma de las distancias de Mahalanobis de cada sujeto al centroide del grupo al que es asignado.

Como el número de formas de agrupar *N* sujetos en *K* grupos es del orden de k^N*k!, una vez elegido el criterio de optimización, es necesario seguir algún algoritmo adecuado de clasificación para evitar un número tan elevado de agrupamientos.

El método ISODATA, introducido por Ball y Hall (1967), es uno de los más conocidos. Esencialmente consiste en partir de *K* clases (construidas por ejemplo aleatoriamente) y reasignar un sujeto de una clase *i* a una clase *j* si se mejora el criterio elegido de optimización. Para un seguimiento matemático de estos métodos véase Gnanadesikan (1977) y Escudero (1977).

8.8 ANÁLISIS CLÚSTER EN DOS FASES

El *Análisis de conglomerados en dos fases* permite la selección automática del número más apropiado de conglomerados y medidas para la selección de los distintos modelos de conglomerados. Además, y como valor añadido fundamental respecto de otras técnicas de análisis de conglomerados, admite la posibilidad de crear modelos de conglomerados basados al mismo tiempo en variables categóricas y continuas.

El *Análisis de conglomerados en dos fases* puede analizar archivos de datos grandes y además, su implementación en el software suele ofrecer la posibilidad de guardar el modelo de conglomerados en un archivo XML externo y, a continuación, leer el archivo y actualizar el modelo de conglomerados con datos más recientes. El algoritmo que emplea este procedimiento incluye varias funciones atractivas que lo hacen diferente de las técnicas de conglomeración tradicionales. Por ejemplo:

- *Tratamiento de variables categóricas y continuas:* Al suponer que las variables son independientes, es posible aplicar una distribución normal multinomial conjunta en las variables continuas y categóricas.

- *Selección automática del número de conglomerados:* Mediante la comparación de los valores de un criterio de selección del modelo para diferentes soluciones de conglomeración, el procedimiento puede determinar automáticamente el número óptimo de conglomerados.

- *Escalabilidad:* Mediante la construcción de un árbol de características de conglomerados (CF) que resume los registros, el algoritmo en dos fases puede analizar archivos de datos de gran tamaño.

8.9 ESQUEMA GENERAL DEL ANÁLISIS CLÚSTER

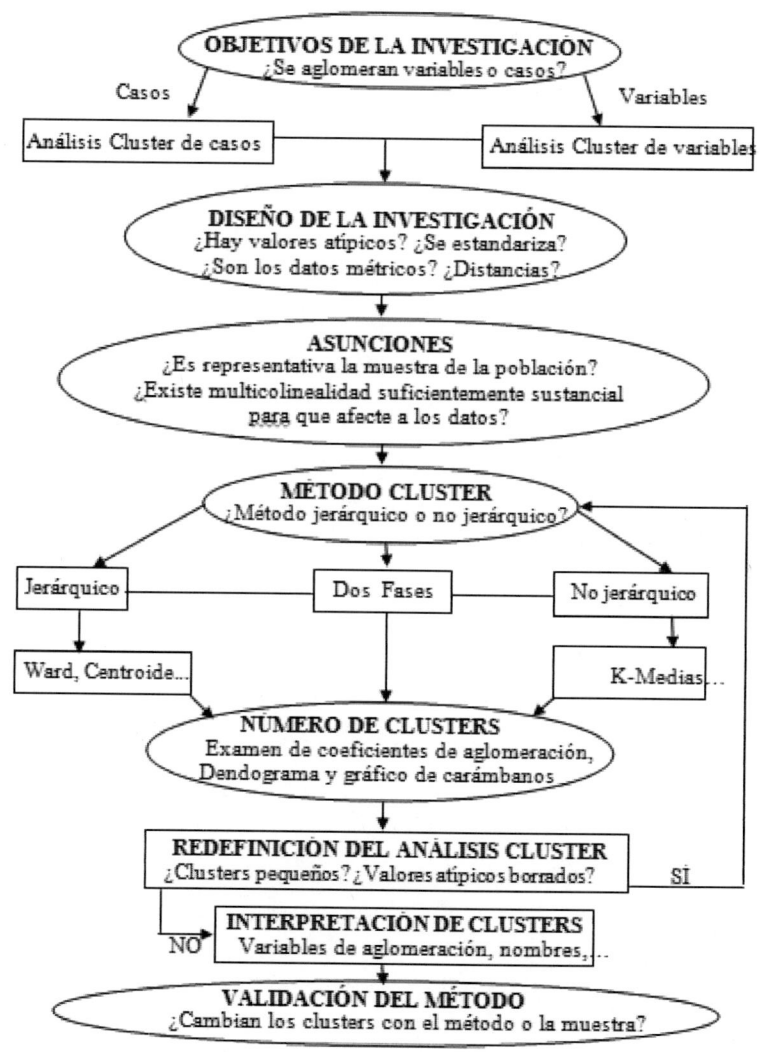

## Capítulo 9

ANÁLISIS CLÚSTER A TRAVÉS DE PYTHON

9.1 ANÁLISIS CLÚSTER JERÁRQUICO A TRAVÉS DE PYTHON

Como ejemplo, queremos clasificar los barrios de Madrid por nivel de desarrollo en función de las variables del archivo *zonasmad.xlsx*. Los datos ya son conocidos de capítulos anteriores y se presentan a continuación.

		b	pt	p14	p65	p10	anal	nes	ocu	ocuin	ocuser	tec	pd	tm
1	Centro	166.5	23.3	38.1	152.8	4.2	21.4	54.1	7.6	41.7	8.8	0.8	10.3
2	Arganzuela	121.1	23.5	18.4	106.1	2.0	16.5	69.4	7.6	28.6	7.2	0.6	8.4
3	Retiro	126.0	27.2	16.8	109.2	1.2	28.1	39.9	6.3	30.1	10.4	1.9	4.7
4	Salamanca	180.0	30.5	33.4	162.1	1.0	45.3	57.5	7.6	45.1	16.1	2.6	5.4
5	Chamartín	180.0	30.5	16.1	130.3	1.3	39.3	48.1	7.2	35.8	14.5	2.8	4.8
6	Tetuán	164.2	31.3	23.5	145.1	4.2	24.2	52.3	9.6	37.9	9.6	1.1	12.2
7	Chamberí	182.7	29.4	35.0	165.4	1.8	47.2	59.4	7.5	46.4	17.1	2.4	6.1
8	Fuencarral	176.2	51.3	15.6	142.2	3.6	21.6	95.6	10.3	38.7	11.1	1.6	14.3
9	Moncloa	108.4	23.4	13.4	94.2	1.5	32.5	34.6	5.3	26.0	8.7	1.4	5.5
10	Latina	289.5	79.5	23.1	239.7	6.0	22.7	86.6	17.7	59.8	10.4	1.3	26.4
11	Carabanchel	255.6	60.5	24.1	218.3	7.3	16.6	77.4	19.4	50.1	7.5	1.0	28.2
12	Villaverde	195.0	48.5	16.1	166.1	8.3	9.0	56.6	19.3	30.7	3.7	0.5	26.3
13	Mediodía	171.7	49.3	11.1	139.9	9.8	5.5	48.5	13.3	28.1	2.9	0.3	22.9
14	Vallecas	186.2	42.2	20.3	159.8	10.3	7.2	53.7	13.6	32.5	3.1	0.3	23.8
15	Moratalaz	145.9	40.8	10.9	121.4	3.9	10.1	73.7	16.5	49.0	11.6	2.1	19.7
16	Ciudad Lineal	135.1	55.3	21.9	201.5	4.3	28.2	73.7	16.5	49.0	11.6	2.1	19.7
17	San Blas	137.7	32.1	10.3	118.5	6.0	6.3	41.4	12.2	24.1	2.9	0.2	18.2
18	Hortaleza	167.9	51.4	10.1	132.6	4.0	15.5	51.6	12.3	33.7	7.9	1.4	15.8

A continuación, realizamos el análisis clúster jerárquico mediante el método de Ward. Comenzamos leyendo los datos del archivo y creando un dataframe con las variables de clasificación, que serán todas menos la variable categórica que contiene los nombres de los barrios.

```
import numpy as np
import pandas as pd
from sklearn.decomposition import PCA
from sklearn.preprocessing import StandardScaler
import matplotlib.pyplot as plt
data=pd.read_excel('C:\DATOSAM\zonasmad.xlsx')
df = pd.DataFrame(data)
print(df)

X=df.drop(columns=['b'])
y=df['b']
print(X)
print(y)
```

	b	pt	p14	p65	p10	...	ocuin	ocuser	tec	pd	tm
0	Centro	166.5	23.3	38.1	152.8	...	7.6	41.7	8.8	0.8	10.3
1	Arganzuela	121.1	23.5	18.4	106.1	...	7.6	28.6	7.2	0.6	8.4
2	Retiro	126.0	27.2	16.8	109.2	...	6.3	30.1	10.4	1.9	4.7
3	Salamanca	180.0	30.5	33.4	162.1	...	7.6	45.1	16.1	2.6	5.4
4	Chamartín	180.0	30.5	16.1	130.3	...	7.2	35.8	14.5	2.8	4.8
5	Tetuán	164.2	31.3	23.5	145.1	...	9.6	37.9	9.6	1.1	12.2
6	Chamberi	182.7	29.4	35.0	165.4	...	7.5	46.4	17.1	2.4	6.1
7	Fuencarral	176.2	51.3	15.6	142.2	...	10.3	38.7	11.1	1.6	14.3
8	Moncloa	108.4	23.4	13.4	94.2	...	5.3	26.0	8.7	1.4	5.5
9	Latina	289.5	79.5	23.1	239.7	...	17.7	59.8	10.4	1.3	26.4
10	Carabanchel	255.9	60.5	24.1	218.3	...	19.4	50.1	7.5	1.0	28.2
11	Villaverde	195.0	48.5	16.1	166.1	...	19.3	30.7	3.7	0.5	26.3
12	Mediodía	171.7	49.3	11.1	139.9	...	13.3	28.1	2.9	0.3	22.9
13	Vallecas	186.2	42.2	20.3	159.8	...	13.6	32.5	3.1	0.3	23.8
14	Moratalaz	145.9	40.8	10.9	121.4	...	16.5	49.0	11.6	2.1	19.7
15	C_Lineal	135.1	55.3	21.9	201.5	...	16.5	49.0	11.6	2.1	19.7
16	San_Blas	137.7	32.1	10.3	118.5	...	12.2	24.1	2.9	0.2	18.2
17	Hortaleza	167.9	51.4	10.1	132.6	...	12.3	33.7	7.9	1.4	15.8

	pt	p14	p65	p10	anal	nes	ocu	ocuin	ocuser	tec	pd	tm
0	166.5	23.3	38.1	152.8	4.2	21.4	54.1	7.6	41.7	8.8	0.8	10.3
1	121.1	23.5	18.4	106.1	2.0	16.5	69.4	7.6	28.6	7.2	0.6	8.4
2	126.0	27.2	16.8	109.2	1.2	28.1	39.9	6.3	30.1	10.4	1.9	4.7
3	180.0	30.5	33.4	162.1	1.2	45.3	57.5	7.6	45.1	16.1	2.6	5.4
4	180.0	30.5	16.1	130.3	1.3	39.3	48.1	7.2	35.8	14.5	2.8	4.8
5	164.2	31.3	23.5	145.1	4.2	24.2	52.3	9.6	37.9	9.6	1.1	12.2
6	182.7	29.4	35.0	165.4	1.8	47.2	59.4	7.5	46.4	17.1	2.4	6.1
7	176.2	51.3	15.6	142.2	3.6	21.6	95.6	10.3	38.7	11.1	1.6	14.3
8	108.4	23.4	13.4	94.2	1.5	32.5	34.6	5.3	26.0	8.7	1.4	5.5
9	289.5	79.5	23.1	239.7	6.0	22.7	86.6	17.7	59.8	10.4	1.3	26.4
10	255.9	60.5	24.1	218.3	7.3	16.6	77.4	19.4	50.1	7.5	1.0	28.2
11	195.0	48.5	16.1	166.1	8.3	9.0	56.6	19.3	30.7	3.7	0.5	26.3
12	171.7	49.3	11.1	139.9	9.8	5.5	48.5	13.3	28.1	2.9	0.3	22.9
13	186.2	42.2	20.3	159.8	10.3	7.2	53.7	13.6	32.5	3.1	0.3	23.8
14	145.9	40.8	10.9	121.4	3.9	10.1	73.7	16.5	49.0	11.6	2.1	19.7
15	135.1	55.3	21.9	201.5	4.3	28.2	73.7	16.5	49.0	11.6	2.1	19.7
16	137.7	32.1	10.3	118.5	6.0	6.3	41.4	12.2	24.1	2.9	0.2	18.2
17	167.9	51.4	10.1	132.6	4.0	15.5	51.6	12.3	33.7	7.9	1.4	15.8

```
0             Centro
1          Arganzuela
2             Retiro
3          Salamanca
4          Chamartín
5             Tetuán
6           Chamberi
7          Fuencarral
8            Moncloa
9             Latina
10        Carabanchel
11         Villaverde
12           Mediodía
13           Vallecas
14          Moratalaz
15           C_Lineal
16           San_Blas
17          Hortaleza
```

A continuación, estandarizamos los datos:

```
scaler=StandardScaler()
X_scaled=scaler.fit_transform(X)
```

La siguiente tarea es realizar el análisis clúster jerárquico por el método de Ward.

```
from scipy.cluster.hierarchy import dendrogram, linkage
from sklearn.preprocessing import StandardScaler

Z = linkage(X_scaled, method='ward')
```

A continuación, se visualiza el dendrograma y las etiquetas de los barrios.

```
plt.figure(figsize=(10, 7))
dendrogram(Z)
plt.title('Ward Dendrogram')
plt.xlabel('Observations')
plt.ylabel('Distance')
plt.show()

print(y)
```

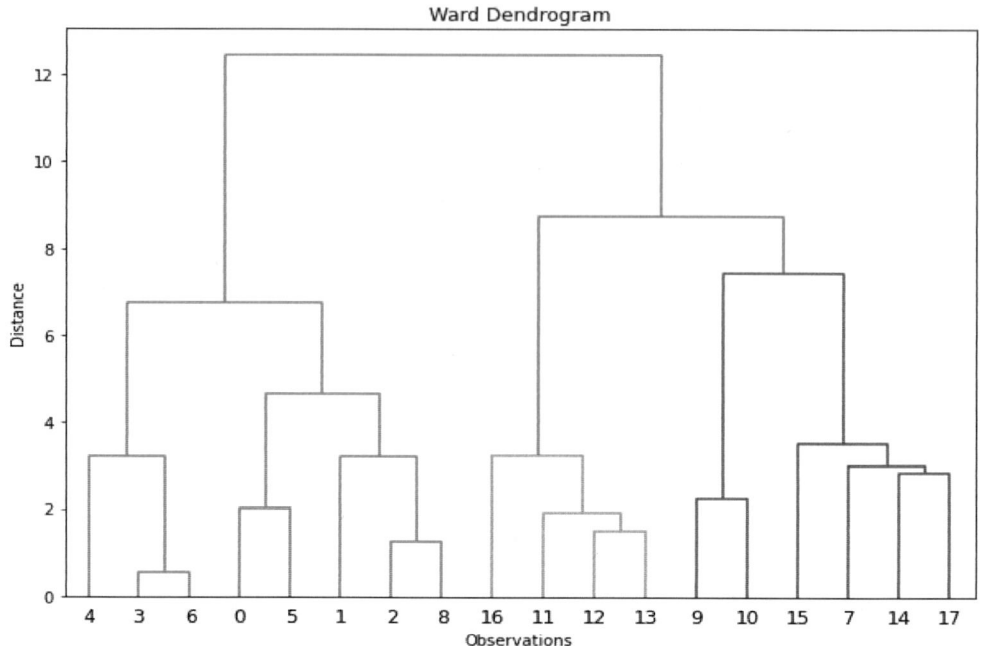

0	Centro
1	Arganzuela
2	Retiro
3	Salamanca
4	Chamartín
5	Tetuán
6	Chamberi
7	Fuencarral
8	Moncloa
9	Latina
10	Carabanchel
11	Villaverde
12	Mediodía
13	Vallecas
14	Moratalaz
15	C_Lineal
16	San_Blas
17	Hortaleza

El nivel más fino de clasificación sería el siguiente:

{Chamartín}, {Salamanca, Chamberí}, {Centro, Tetuán}, {Arganzuela}, {Retiro, Moncloa}, {San Blas}, {Villaverde}, {Vallecas, Mediodía}, {Latina, Carabanchel}, {C_Lineal} {Fuencarral}, {Moratalaz, Hortaleza}.

Esta clasificación es dudosa en cuanto a la realidad, por lo que consideraríamos la clasificación a un segundo nivel del dendrograma. Sería la siguiente:

{Chamartín, Salamanca, Chamberí}, {Centro, Tetuán}, {Arganzuela, Retiro, Moncloa}, {San Blas}, {Villaverde, Vallecas, Mediodía}, {Latina, Carabanchel}, {C_Lineal} {Fuencarral, Moratalaz, Hortaleza}.

La sintaxis completa sería la siguiente:

```python
import numpy as np
import pandas as pd
from sklearn.decomposition import PCA
from sklearn.preprocessing import StandardScaler
import matplotlib.pyplot as plt
data=pd.read_excel('C:\DATOSAM\zonasmad.xlsx')
df = pd.DataFrame(data)
print(df)

X=df.drop(columns=['b'])
y=df['b']
print(X)
print(y)

scaler=StandardScaler()
X_scaled=scaler.fit_transform(X)

from scipy.cluster.hierarchy import dendrogram, linkage
from sklearn.preprocessing import StandardScaler

Z = linkage(X_scaled, method='ward')

plt.figure(figsize=(10, 7))
dendrogram(Z)
plt.title('Ward Dendrogram')
plt.xlabel('Observations')
plt.ylabel('Distance')
plt.show()

print(y)
```

Si se quiere afinar más esta clasificación se realizaría una reducción de la dimensión previa al análisis clúster. La razón de ser de la reducción previa es eliminar la correlación existente entre las variables de clasificación, que cuando es alta, suele introducir ruido en el análisis clúster.

9.2 ANÁLISIS CLÚSTER JERÁRQUICO CON REDUCCIÓN DE LA DIMENSIÓN CON PYTHON

Cuando las variables de clasificación están correladas, es conveniente realizar una reducción de la dimensión y hacer la clasificación con las variables reducidas, que ya sabemos que son incorreladas. Por lo tanto, comenzaremos realizando un análisis de componentes principales de las variables del archivo *zonasmad.xlsx*.

La sintaxis siguiente permite obtener las componentes principales incorreladas que reducen a las variables iniciales correladas. Esa correlación introduce ruido en la clasificación cuando se realiza con las variables iniciales. Esta es la razón para hacer la clasificación con las componentes.

```python
import numpy as np
import pandas as pd
from sklearn.decomposition import PCA
from sklearn.preprocessing import StandardScaler
import matplotlib.pyplot as plt
data=pd.read_excel('C:\DATOSAM\zonasmad.xlsx')
df = pd.DataFrame(data)
print(df)

X=df.drop(columns=['b'])
y=df['b']
print(X)
print(y)

scaler=StandardScaler()
X_scaled=scaler.fit_transform(X)

pca=PCA(n_components=2)
principal_components=pca.fit_transform(X_scaled)

pca_df=pd.DataFrame(data=principal_components, columns=['PC1', 'PC2'])
print(pca_df)

explained_variance = pca.explained_variance_ratio_
print(explained_variance)

from scipy.cluster.hierarchy import dendrogram, linkage
from sklearn.preprocessing import StandardScaler

scaler = StandardScaler()
pca_df_scaled = scaler.fit_transform(pca_df)
```

La salida muestra las puntuaciones de las 2 primeras componentes principales y la varianza explicada por cada una de ellas.

```
        PC1         PC2
0   -1.058843    0.255150
1   -1.634031   -1.716866
2   -3.051539   -0.909938
3   -2.683092    2.848429
4   -2.906295    1.097387
5   -0.809247   -0.202578
6   -2.576685    3.053058
7    0.301807    0.901793
8   -3.339372   -1.894372
9    4.232933    3.539396
10   3.918452    1.727757
11   2.907844   -1.620476
12   2.159163   -2.822132
13   2.368271   -1.968414
14   0.542555    0.296538
15   0.963952    1.952480
16   0.410465   -3.522439
17   0.253663   -1.014774

[0.46638867 0.34369233]
```

Se observa que entre las dos primeras componentes explican el 81% de la variabilidad inicial de los datos, por lo tanto constituyen una buena reducción.

Ahora realizamos el análisis clúster jerárquico por el método de Ward a partir de las componentes. La sintaxis sería la siguiente:

```python
from scipy.cluster.hierarchy import dendrogram, linkage
from sklearn.preprocessing import StandardScaler

scaler = StandardScaler()
pca_df_scaled = scaler.fit_transform(pca_df)

Z = linkage(pca_df_scaled, method='ward')

print(Z[:5])

plt.figure(figsize=(10, 7))
dendrogram(Z)
plt.title('Ward Dendrogram')
plt.xlabel('Observations')
plt.ylabel('Distance')
plt.show()
```

Como salida obtenemos el dendrograma que permite realizar la clasificación.

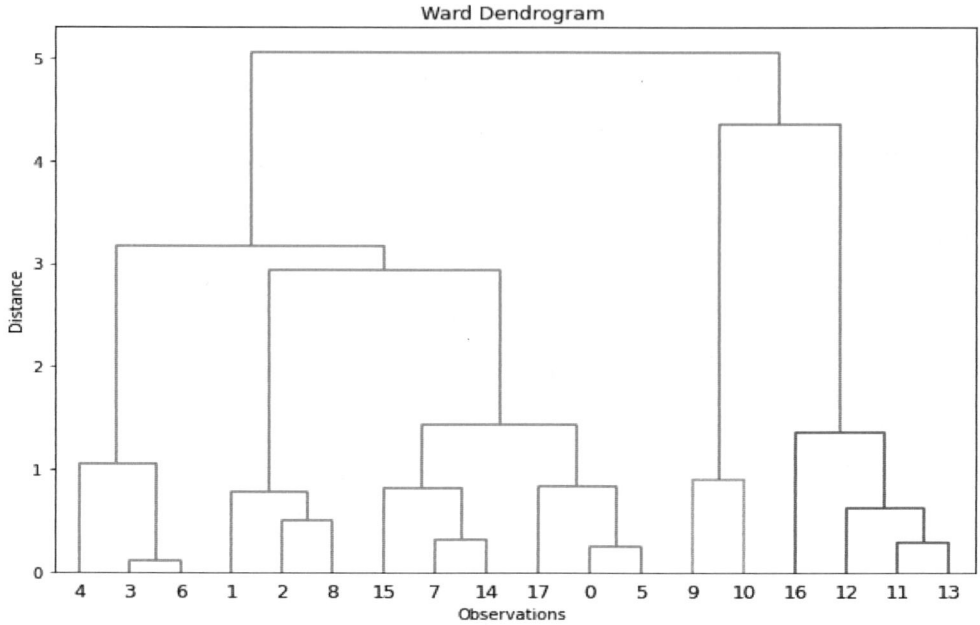

Podemos ver las etiquetas de las observaciones para facilitar la clasificación.

```
print(y)
```

```
0          Centro
1       Arganzuela
2          Retiro
3        Salamanca
4        Chamartín
5          Tetuán
6         Chamberi
7       Fuencarral
8          Moncloa
9           Latina
10      Carabanchel
11       Villaverde
12         Mediodía
13         Vallecas
14        Moratalaz
15         C_Lineal
16         San_Blas
17        Hortaleza
```

Observando el dendrograma y las etiquetas de las observaciones, vemos que la clasificación más fina que podría realizarse sería la siguiente:

{Chamartín}, {Salamanca, Chamberí}, {Arganzuela}, {Retiro, Moncloa}, {C_Lineal} {Fuencarral, Moratalaz} {Hortaleza}, {Centro, Tetuán}, {Latina, Carabanchel}, {San Blas, Mediodía}, {Villaverde, Vallecas}

Esta clasificación tiene demasiados clústeres unitarios, por lo que sería conveniente considerar la clasificación a segundo nivel del dendrograma, en cuyo caso tendríamos la siguiente clasificación:

{Chamartín, Salamanca, Chamberí}, {Arganzuela, Retiro, Moncloa}, {C_Lineal, Fuencarral, Moratalaz} {Hortaleza, Centro, Tetuán}, {Latina, Carabanchel}, {San Blas}, {Mediodía, Villaverde, Vallecas}.

Se observa que esta clasificación es bastante coherente con la realidad, comenzando con los clústeres de los barrios más desarrollados hasta finalizar con los clústeres de los barrios menos desarrollados.

La sintaxis completa para este ejercicio sería la siguiente:

```python
import numpy as np
import pandas as pd
from sklearn.decomposition import PCA
from sklearn.preprocessing import StandardScaler
import matplotlib.pyplot as plt
data=pd.read_excel('C:\DATOSAM\zonasmad.xlsx')
df = pd.DataFrame(data)
print(df)

X=df.drop(columns=['b'])
y=df['b']
print(X)
print(y)

scaler=StandardScaler()
X_scaled=scaler.fit_transform(X)

pca=PCA(n_components=2)
principal_components=pca.fit_transform(X_scaled)

pca_df=pd.DataFrame(data=principal_components, columns=['PC1', 'PC2'])
print(pca_df)

explained_variance = pca.explained_variance_ratio_
print(explained_variance)
```

```python
from scipy.cluster.hierarchy import dendrogram, linkage
from sklearn.preprocessing import StandardScaler

scaler = StandardScaler()
pca_df_scaled = scaler.fit_transform(pca_df)

Z = linkage(pca_df_scaled, method='ward')

print(Z[:5])

plt.figure(figsize=(10, 7))
dendrogram(Z)
plt.title('Ward Dendrogram')
plt.xlabel('Observations')
plt.ylabel('Distance')
plt.show()

print(y)
```

9.3 ANÁLISIS CLÚSTER NO JERÁRQUICO CON PYTHON (MÉTODO K-MEANS)

Vamos a realizar el ejercicio anterior de clasificación de los barrios de Madrid por nivel de desarrollo utilizando el método de clasificación no jerárquica K-means.

Comenzamos cargando las bibliotecas necesarias y los datos realizando su estandarización. No olvidemos que hay que considerar el dataframe de datos sin la variable de los nombres de los barrios.

```python
import pandas as pd
import numpy as np
from sklearn.cluster import KMeans
import matplotlib.pyplot as plt
from sklearn.preprocessing import StandardScaler

data=pd.read_excel('C:\DATOSAM\zonasmad.xlsx')
df = pd.DataFrame(data)
print(df)

X=df.drop(columns=['b'])
y=df['b']
print(X)
print(y)

scaler=StandardScaler()
X_scaled=scaler.fit_transform(X)
```

Ahora, vamos a aplicar el algoritmo K-Means para agrupar los datos en 7 clústeres:

```
kmeans = KMeans(n_clusters=7, random_state=42)
kmeans.fit(X_scaled)

X['Cluster'] = kmeans.labels_
print(X)
```

Obtenemos la siguiente clasificación:

	pt	p14	p65	p10	anal	...	ocuser	tec	pd	tm	Cluster
0	166.5	23.3	38.1	152.8	4.2	...	41.7	8.8	0.8	10.3	1
1	121.1	23.5	18.4	106.1	2.0	...	28.6	7.2	0.6	8.4	1
2	126.0	27.2	16.8	109.2	1.2	...	30.1	10.4	1.9	4.7	4
3	180.0	30.5	33.4	162.1	1.2	...	45.1	16.1	2.6	5.4	2
4	180.0	30.5	16.1	130.3	1.3	...	35.8	14.5	2.8	4.8	2
5	164.2	31.3	23.5	145.1	4.2	...	37.9	9.6	1.1	12.2	1
6	182.7	29.4	35.0	165.4	1.8	...	46.4	17.1	2.4	6.1	2
7	176.2	51.3	15.6	142.2	3.6	...	38.7	11.1	1.6	14.3	6
8	108.4	23.4	13.4	94.2	1.5	...	26.0	8.7	1.4	5.5	4
9	289.5	79.5	23.1	239.7	6.0	...	59.8	10.4	1.3	26.4	3
10	255.9	60.5	24.1	218.3	7.3	...	50.1	7.5	1.0	28.2	3
11	195.0	48.5	16.1	166.1	8.3	...	30.7	3.7	0.5	26.3	0
12	171.7	49.3	11.1	139.9	9.8	...	28.1	2.9	0.3	22.9	0
13	186.2	42.2	20.3	159.8	10.3	...	32.5	3.1	0.3	23.8	0
14	145.9	40.8	10.9	121.4	3.9	...	49.0	11.6	2.1	19.7	6
15	135.1	55.3	21.9	201.5	4.3	...	49.0	11.6	2.1	19.7	5
16	137.7	32.1	10.3	118.5	6.0	...	24.1	2.9	0.2	18.2	0
17	167.9	51.4	10.1	132.6	4.0	...	33.7	7.9	1.4	15.8	6

```
0          Centro
1       Arganzuela
2           Retiro
3        Salamanca
4        Chamartín
5           Tetuán
6         Chamberi
7       Fuencarral
8          Moncloa
9           Latina
10      Carabanchel
11       Villaverde
12        Mediodía
13         Vallecas
14        Moratalaz
15         C_Lineal
16         San_Blas
17        Hortaleza
```

Según la salida anterior, los clústeres obtenidos son los siguientes:

{Centro, Arganzuela}, {Salamanca, Chamartín, Chamberí}, {Latina, Carabanchel}, {Retoro, Moncloa}, {Ciudad Lineal}, {Fuencarral, Hortaleza}, {Villaverde, Mediodía, Vallecas, San Blas}.

Se observa una clasificación muy similar a la obtenida anteriormente en la clasificación jerárquica por el método de Ward. El problema en la clasificación no jerárquica es que necesitamos fijar previamente el número de clústeres y no suele ser tarea fácil. Habitualmente hay que probar con varios números de clústeres hasta encontrar el más adecuado.

La sintaxis completa de este ejemplo sería la siguiente:

```python
import pandas as pd
import numpy as np
from sklearn.cluster import KMeans
import matplotlib.pyplot as plt
from sklearn.preprocessing import StandardScaler

data=pd.read_excel('C:\DATOSAM\zonasmad.xlsx')
df = pd.DataFrame(data)
print(df)

X=df.drop(columns=['b'])
y=df['b']
print(X)
print(y)

scaler=StandardScaler()
X_scaled=scaler.fit_transform(X)

kmeans = KMeans(n_clusters=7, random_state=42)
kmeans.fit(X_scaled)

X['Cluster'] = kmeans.labels_
print(X)
```

9.4 ANÁLISIS CLÚSTER NO JERÁRQUICO CON PYTHON (MÉTODO K-MEANS) CON REDUCCIÓN DE LA DIMENSIÓN

Cuando las variables de clasificación están correladas, es conveniente realizar una reducción de la dimensión y hacer la clasificación con las variables reducidas, que ya sabemos que son incorreladas. Por lo tanto, comenzaremos realizando un análisis de componentes principales de las variables del archivo *zonasmad.xlsx*.

La sintaxis siguiente permite obtener las componentes principales incorreladas que reducen a las variables iniciales correladas. Esa correlación introduce ruido en la clasificación cuando se realiza con las variables iniciales. Esta es la razón para hacer la clasificación con las componentes.

```python
import numpy as np
import pandas as pd
from sklearn.decomposition import PCA
from sklearn.preprocessing import StandardScaler
import matplotlib.pyplot as plt
data=pd.read_excel('C:\DATOSAM\zonasmad.xlsx')
df = pd.DataFrame(data)
print(df)

X=df.drop(columns=['b'])
y=df['b']
print(X)
print(y)

scaler=StandardScaler()
X_scaled=scaler.fit_transform(X)

pca=PCA(n_components=2)
principal_components=pca.fit_transform(X_scaled)

pca_df=pd.DataFrame(data=principal_components, columns=['PC1', 'PC2'])
print(pca_df)

explained_variance = pca.explained_variance_ratio_
print(explained_variance)

from scipy.cluster.hierarchy import dendrogram, linkage
from sklearn.preprocessing import StandardScaler

scaler = StandardScaler()
pca_df_scaled = scaler.fit_transform(pca_df)
```

La salida muestra las puntuaciones de las 2 primeras componentes principales y la varianza explicada por cada una de ellas.

```
         PC1        PC2
0   -1.058843   0.255150
1   -1.634031  -1.716866
2   -3.051539  -0.909938
3   -2.683092   2.848429
4   -2.906295   1.097387
5   -0.809247  -0.202578
6   -2.576685   3.053058
7    0.301807   0.901793
8   -3.339372  -1.894372
9    4.232933   3.539396
10   3.918452   1.727757
11   2.907844  -1.620476
12   2.159163  -2.822132
13   2.368271  -1.968414
14   0.542555   0.296538
15   0.963952   1.952480
16   0.410465  -3.522439
17   0.253663  -1.014774


[0.46638867 0.34369233]
```

Se observa que entre las dos primeras componentes explican el 81% de la variabilidad inicial de los datos, por lo tanto, constituyen una buena reducción.

Ahora realizamos el análisis clúster no jerárquico por el método K-means a partir de las componentes. La sintaxis sería la siguiente:

```
kmeans = KMeans(n_clusters=7, random_state=42)
kmeans.fit(pca_df)

X['Cluster'] = kmeans.labels_
print(X)

print(y)
```

Se obtiene la salida siguiente:

	pt	p14	p65	p10	anal	...	ocuser	tec	pd	tm	Cluster
0	166.5	23.3	38.1	152.8	4.2	...	41.7	8.8	0.8	10.3	6
1	121.1	23.5	18.4	106.1	2.0	...	28.6	7.2	0.6	8.4	3
2	126.0	27.2	16.8	109.2	1.2	...	30.1	10.4	1.9	4.7	3
3	180.0	30.5	33.4	162.1	1.2	...	45.1	16.1	2.6	5.4	1
4	180.0	30.5	16.1	130.3	1.3	...	35.8	14.5	2.8	4.8	1
5	164.2	31.3	23.5	145.1	4.2	...	37.9	9.6	1.1	12.2	6
6	182.7	29.4	35.0	165.4	1.8	...	46.4	17.1	2.4	6.1	1
7	176.2	51.3	15.6	142.2	3.6	...	38.7	11.1	1.6	14.3	2
8	108.4	23.4	13.4	94.2	1.5	...	26.0	8.7	1.4	5.5	3
9	289.5	79.5	23.1	239.7	6.0	...	59.8	10.4	1.3	26.4	4
10	255.9	60.5	24.1	218.3	7.3	...	50.1	7.5	1.0	28.2	4
11	195.0	48.5	16.1	166.1	8.3	...	30.7	3.7	0.5	26.3	5
12	171.7	49.3	11.1	139.9	9.8	...	28.1	2.9	0.3	22.9	5
13	186.2	42.2	20.3	159.8	10.3	...	32.5	3.1	0.3	23.8	5
14	145.9	40.8	10.9	121.4	3.9	...	49.0	11.6	2.1	19.7	2
15	135.1	55.3	21.9	201.5	4.3	...	49.0	11.6	2.1	19.7	2
16	137.7	32.1	10.3	118.5	6.0	...	24.1	2.9	0.2	18.2	0
17	167.9	51.4	10.1	132.6	4.0	...	33.7	7.9	1.4	15.8	6

0	Centro
1	Arganzuela
2	Retiro
3	Salamanca
4	Chamartín
5	Tetuán
6	Chamberi
7	Fuencarral
8	Moncloa
9	Latina
10	Carabanchel
11	Villaverde
12	Mediodía
13	Vallecas
14	Moratalaz
15	C_Lineal
16	San_Blas
17	Hortaleza

{Salamanca, Chamartín, Chamberí}, {Fuencarral, Moratalaz, Ciudad Lineal}, {Centro, Retiro, Moncloa}, {Latina, Carabanchel}, {Villaverde, Mediodía, Vallecas}, {Centro, Tetuán, Hortaleza}, {San Blas}.

La sintaxis completa para este ejercicio sería la siguiente:

```
import numpy as np
import pandas as pd
from sklearn.decomposition import PCA
from sklearn.preprocessing import StandardScaler
import matplotlib.pyplot as plt
data=pd.read_excel('C:\DATOSAM\zonasmad.xlsx')
df = pd.DataFrame(data)
print(df)

X=df.drop(columns=['b'])
y=df['b']
print(X)
print(y)

scaler=StandardScaler()
X_scaled=scaler.fit_transform(X)

pca=PCA(n_components=2)
principal_components=pca.fit_transform(X_scaled)

pca_df=pd.DataFrame(data=principal_components, columns=['PC1', 'PC2'])
print(pca_df)

explained_variance = pca.explained_variance_ratio_
print(explained_variance)

from sklearn.cluster import KMeans

kmeans = KMeans(n_clusters=7, random_state=42)
kmeans.fit(pca_df)

X['Cluster'] = kmeans.labels_
print(X)

print(y)
```

Ejercicio 9-1. El archivo MUNDO.xlsx contiene información sobre variables demográficas y de desarrollo de varios países del mundo altamente correladas. Se trata de reducir el número inicial de variables correladas a un número menor de variables incorreladas con la mínima pérdida de información. Con las variables reducidas realizar una segmentación jerárquica de los países del mundo según su nivel de desarrollo.

La sintaxis siguiente permite obtener las componentes principales incorreladas que reducen a las variables iniciales correladas. Esa correlación introduce ruido en la clasificación cuando se realiza con las variables iniciales

```
import numpy as np
import pandas as pd
from sklearn.decomposition import PCA
from sklearn.preprocessing import StandardScaler
import matplotlib.pyplot as plt
data=pd.read_excel('C:\DATOSAM\MUNDO.xlsx')
df = pd.DataFrame(data)
print(df)

X=df.drop(columns=['pais'])
y=df['pais']
print(X)

scaler=StandardScaler()
X_scaled=scaler.fit_transform(X)

pca=PCA(n_components=4)
principal_components=pca.fit_transform(X_scaled)

pca_df=pd.DataFrame(data=principal_components, columns=['PC1', 'PC2', 'PC3', 'PC4'])
print(pca_df)

explained_variance = pca.explained_variance_ratio_
print(explained_variance)
```

	pais	poblac	densidad	...	cregrano	altabmas	altabte
0	Acerbaján	7400	86.0	...	18.0	100.00000	100.00000
1	Afganistán	20500	25.0	...	12.0	44.00000	14.00000
2	Alemania	81200	227.0	...	34.0	52.34481	97.19130
3	Arabia Saudí	18000	7.7	...	1.0	73.00000	48.00000
4	Argentina	33900	12.0	...	9.0	96.00000	95.00000
..	...	...	...	...	...	...	..
104	Uruguay	3200	18.0	...	8.0	97.00000	96.00000
105	Uzbekistán	22600	50.0	...	10.0	100.00000	100.00000
106	Venezuela	20600	22.0	...	3.0	90.00000	87.00000
107	Vietnam	73100	218.0	...	22.0	93.00000	83.00000
108	Zambia	9100	11.0	...	7.0	81.00000	65.00000

[109 rows x 21 columns]

	poblac	densidad	urbana	...	cregrano	alfabmas	alfabfem
0	7400	86.0	54.0	...	18.0	100.00000	100.000000
1	20500	25.0	18.0	...	12.0	44.00000	14.000000
2	81200	227.0	85.0	...	34.0	52.34481	97.191303
3	18000	7.7	77.0	...	1.0	73.00000	48.000000
4	33900	12.0	86.0	...	9.0	96.00000	95.000000
..	...	...	...	...	...	...	...
104	3200	18.0	89.0	...	8.0	97.00000	96.000000
105	22600	50.0	41.0	...	10.0	100.00000	100.000000
106	20600	22.0	91.0	...	3.0	90.00000	87.000000
107	73100	218.0	20.0	...	22.0	93.00000	83.000000
108	9100	11.0	42.0	...	7.0	81.00000	65.000000

```
            PC1       PC2       PC3       PC4
0     -1.100686 -0.343663 -0.746430 -1.203122
1      7.487072 -0.564723  1.420796  1.829811
2     -2.909899 -1.415868  0.574650  0.557709
3      1.253398  2.942949 -0.265697 -0.108682
4     -1.881891 -0.129994 -0.053218 -0.597128
..          ...       ...       ...       ...
104   -2.169571 -0.368244 -0.968812 -0.232011
105   -0.181984  1.104139  0.986447 -0.765611
106   -1.141706  1.509732 -0.526076 -1.205428
107    0.735375  0.013920  2.006790 -0.621140
108    4.985512 -3.605449 -3.651701 -2.842503

[109 rows x 4 columns]
[0.49052691 0.13856389 0.10315886 0.05939957]
```

Se observa que entre las 4 primeras componentes explican prácticamente el 80% de la variabilidad inicial de los datos, por lo tanto, constituyen una buena reducción.

A continuación, se realiza el análisis clúster jerárquico por el método de Ward mediante la siguiente sintaxis:

```
from scipy.cluster.hierarchy import dendrogram, linkage
from sklearn.preprocessing import StandardScaler

scaler = StandardScaler()
pca_df_scaled = scaler.fit_transform(pca_df)

Z = linkage(pca_df_scaled, method='ward')

print(Z[:5])

plt.figure(figsize=(10, 7))
dendrogram(Z)
plt.title('Ward Dendrogram')
plt.xlabel('Observations')
plt.ylabel('Distance')
plt.show()
```

Se obtiene el dendrograma siguiente:

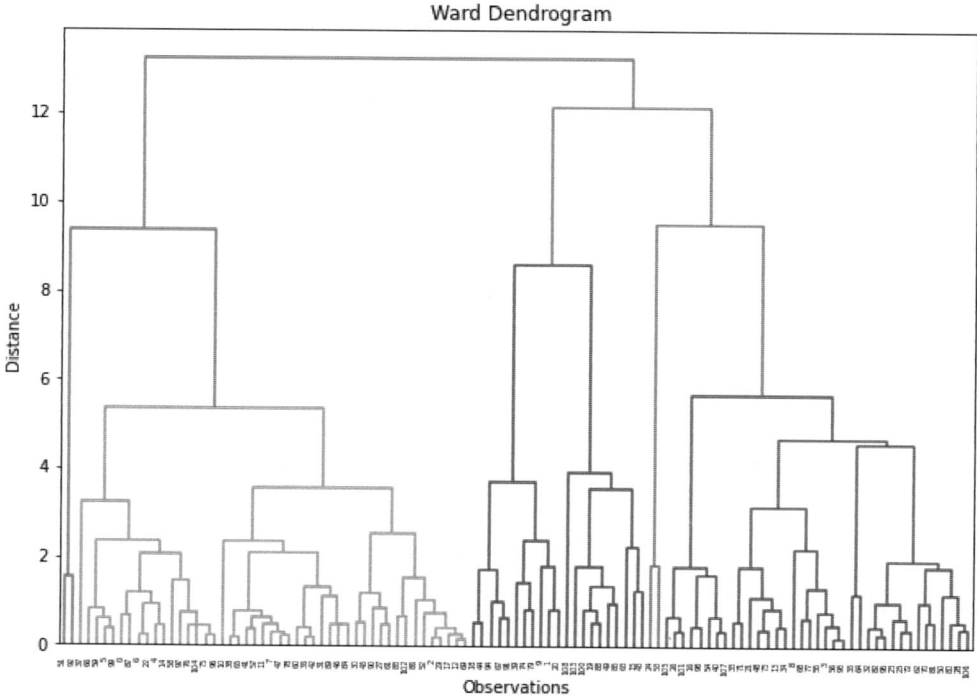

Al tener muchos países a clasificar las observaciones son ilegibles. Podríamos intentar situar los nombres de los países como etiquetas de las observaciones en el dendrograma mediante la siguiente sintaxis:

```
plt.figure(figsize=(10, 7))
dendrogram(Z, labels=df['pais'].values)
plt.title('Dendrogram')
plt.xlabel('Observations')
plt.ylabel('Distance')
plt.show()
```

Obtenemos el dendrograma de la figura siguiente que vuelve a presentar etiquetas ilegibles para las observaciones (países). En este caso hay que abandonar los métodos jerárquicos de clasificación y utilizar métodos no jerárquicos, que son más adecuados cuando el número de observaciones a clasificar es muy grande, provocando la ilegibilidad del dendrograma.

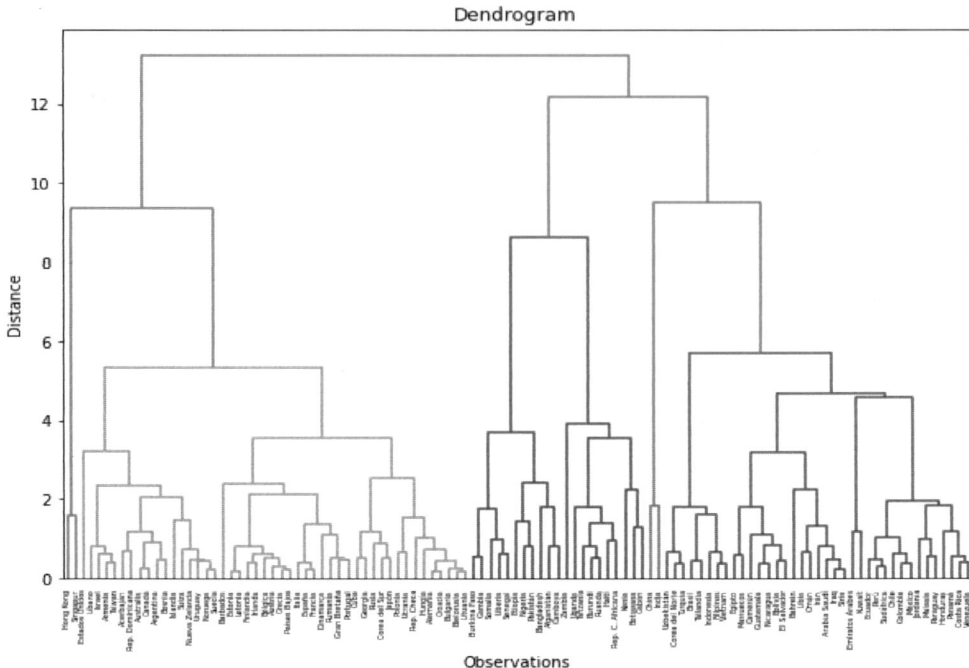

La sintaxis completa del ejercicio para el clúster jerárquico es la que se presenta a continuación.

```
import numpy as np
import pandas as pd
from sklearn.decomposition import PCA
from sklearn.preprocessing import StandardScaler
import matplotlib.pyplot as plt
data=pd.read_excel('C:\DATOSAM\MUNDO.xlsx')
df = pd.DataFrame(data)
print(df)

X=df.drop(columns=['pais'])
y=df['pais']
print(X)

scaler=StandardScaler()
X_scaled=scaler.fit_transform(X)

pca=PCA(n_components=4)
principal_components=pca.fit_transform(X_scaled)

pca_df=pd.DataFrame(data=principal_components, columns=['PC1', 'PC2', 'PC3', 'PC4'])
print(pca_df)

explained_variance = pca.explained_variance_ratio_
print(explained_variance)
```

```
from scipy.cluster.hierarchy import dendrogram, linkage
from sklearn.preprocessing import StandardScaler

scaler = StandardScaler()
pca_df_scaled = scaler.fit_transform(pca_df)

Z = linkage(pca_df_scaled, method='ward')

print(Z[:5])

plt.figure(figsize=(10, 7))
dendrogram(Z)
plt.title('Ward Dendrogram')
plt.xlabel('Observations')
plt.ylabel('Distance')
plt.show()

plt.figure(figsize=(10, 7))
dendrogram(Z, labels=df['pais'].values)
plt.title('Dendrogram')
plt.xlabel('Observations')
plt.ylabel('Distance')
plt.show()
```

Ahora realizaremos el ejercicio mediante el método no jerárquico k-means mediante la siguiente sintaxis.

```
from sklearn.cluster import KMeans

kmeans = KMeans(n_clusters=20, random_state=42)
kmeans.fit(pca_df)

X['Cluster'] = kmeans.labels_
print(X)
```

	poblac	densidad	urbana	...	alfabmas	alfabfem	Cluster
0	7400	86.0	54.0	...	100.00000	100.000000	17
1	20500	25.0	18.0	...	44.00000	14.000000	14
2	81200	227.0	85.0	...	52.34481	97.191303	1
3	18000	7.7	77.0	...	73.00000	48.000000	13
4	33900	12.0	86.0	...	96.00000	95.000000	8
..	...	...	...	...	...	...	...
104	3200	18.0	89.0	...	97.00000	96.000000	12
105	22600	50.0	41.0	...	100.00000	100.000000	6
106	20600	22.0	91.0	...	90.00000	87.000000	5
107	73100	218.0	20.0	...	93.00000	83.000000	6
108	9100	11.0	42.0	...	81.00000	65.000000	16

De esta forma ya se asigna cada país a su clúster. Pero, como la salida de Python por pantalla es reducida, será necesario guardar en archivo esta salida mediante la sintaxis siguiente:

```
X.to_excel('C:\DATOSAM\clustersmundo.xlsx', index=False)
```

Ejercicio 9-2. Consideremos los datos relativos a la cantidad de proteínas consumidas en cada uno de 25 estados europeos en nueve grupos de comidas (archivo PROTEINAS.xlsx).

Estado	Carne roja	Carne blanca	Huevos	Leche	Pescado	Cereal	Fécula	Secos	Fruta
Albania	10.1	1.4	0.5	8.9	0.2	42.3	0.6	5.5	1.7
Austria	8.9	14.0	4.3	19.9	2.1	28.0	3.6	1.3	4.3
Belgica	13.5	9.3	4.1	17.5	4.5	26.6	5.7	2.1	4.0
Bulgaria	7.8	6.0	1.6	8.3	1.2	56.7	1.1	3.7	4.2
Checoslovaquia	9.7	11.4	2.8	13.5	2.0	34.3	5.0	1.1	4.0
Dinamarca	10.6	10.8	3.7	25.0	9.9	21.9	4.8	0.7	2.4
Alemania	8.4	11.6	3.7	11.1	5.4	24.6	6.5	0.8	3.6
Finlandia	9.5	4.9	2.7	33.7	5.8	26.3	5.1	1.0	1.4
Francia	18.0	9.9	3.3	19.5	5.7	28.1	4.8	2.4	6.5
Grecia	10.2	3.0	2.8	17.6	5.9	41.7	2.2	7.8	6.5
Hungria	5.3	13.4	2.9	9.7	0.3	40.1	4.0	5.4	4.2
Irlanda	13.9	10.0	4.7	25.8	2.2	24.0	6.2	1.6	2.9
Italia	9.0	5.1	2.9	13.7	3.4	36.8	2.1	4.3	6.7
Holanda	9.5	13.6	3.6	23.4	2.5	22.4	4.2	1.8	3.7
Noruega	9.4	4.7	2.7	23.3	9.7	23.0	4.6	1.6	2.7
Polonia	6.9	10.2	2.7	19.3	3.0	36.1	5.9	2.0	6.6
Portugal	6.2	3.7	1.1	4.9	14.2	27.0	5.9	4.7	7.9
Rumania	6.2	6.3	1.5	11.1	1.0	49.6	3.1	5.3	2.8
Spana	7.1	3.4	3.1	8.6	7.0	29.2	5.7	5.9	7.2
Suecia	9.9	7.8	3.5	4.7	7.5	19.5	3.7	1.4	2.0
Suiza	13.1	10.1	3.1	23.8	2.3	25.6	2.8	2.4	4.9
UK	17.4	5.7	4.7	20.6	4.3	24.3	4.7	3.4	3.3
USSR	9.3	4.6	2.1	16.6	3.0	43.6	6.4	3.4	2.9
Luxemburgo	11.4	13.5	4.1	18.8	3.4	18.6	5.2	1.5	3.8
Yugoslavia	4.4	5.0	1.2	9.5	0.6	55.9	3.0	5.7	3.2

Clasificar los países europeos en grupos similares de acuerdo a las proteínas consumidas en las distintas comidas.

Comenzamos realizando el clúster jerárquico mediante el método de Ward mediante la sintaxis siguiente:

```python
import numpy as np
import pandas as pd
from sklearn.decomposition import PCA
from sklearn.preprocessing import StandardScaler
import matplotlib.pyplot as plt
data=pd.read_excel('C:\DATOSAM\PROTEINAS.xlsx')
df = pd.DataFrame(data)
print(df)

X=df.drop(columns=['Estado'])
y=df['Estado']
print(X)
print(y)
scaler=StandardScaler()
X_scaled=scaler.fit_transform(X)

from scipy.cluster.hierarchy import dendrogram, linkage
from sklearn.preprocessing import StandardScaler

Z = linkage(X_scaled, method='ward')

plt.figure(figsize=(10, 7))
dendrogram(Z)
plt.title('Ward Dendrogram')
plt.xlabel('Observations')
plt.ylabel('Distance')
plt.show()

plt.figure(figsize=(10, 7))
dendrogram(Z, labels=df['Estado'].values)
plt.title('Dendrogram')
plt.xlabel('Observations')
plt.ylabel('Distance')
plt.show()
```

Se obtiene el dendrograma que nos da los clústeres. En la figura siguiente se representa dicho dendrograma con etiquetas en las observaciones para facilitar la clasificación.

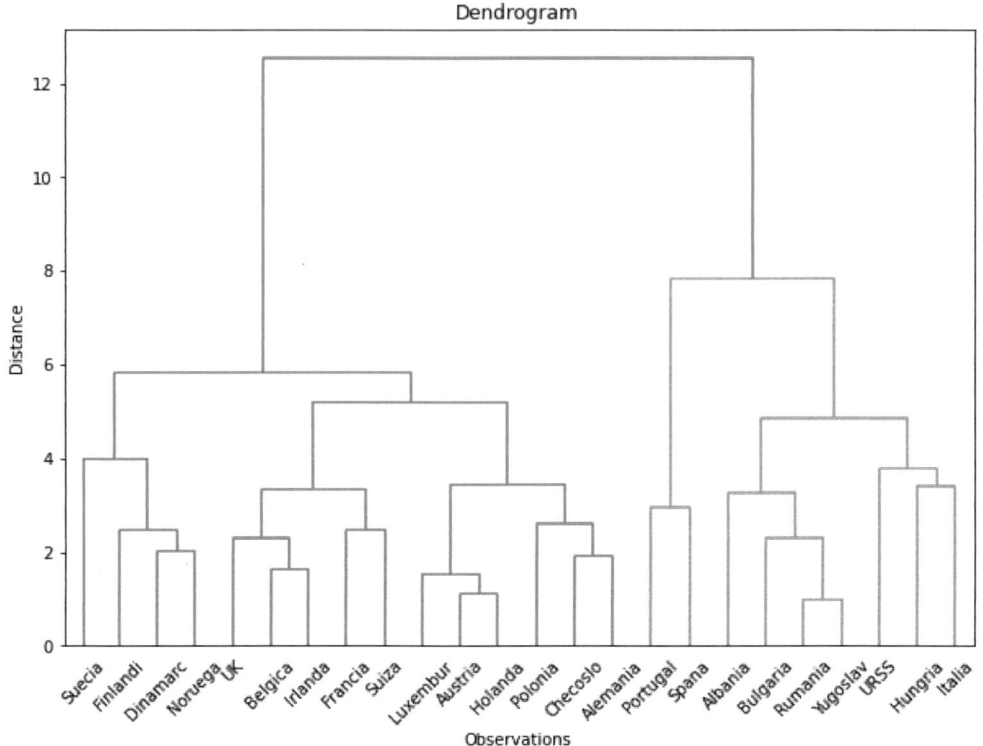

Los clústeres aproximados a un segundo nivel de clasificación podrían ser los siguientes:

{Suecia, Finlandia, Dinamarca, Noruega}, {UK, Bégica, Irlanda}, {Francia, Suiza}, {Luxemburgo, Austria, Holanda}, {Polonia, Chequia, Alemania}, {Portugal, España}, {Albania, Bulgaria, Rumanía, Serbia}, {Rusia, Hundría,Italia}

Se observa un criterio de cercanía geográfica en los países que componen los clústeres al estudiar el contenido de proteínas en su alimentación.

Ahora realizamos el análisis clúster no jerárquico mediante el método k-means (10 clústeres).

La sintaxis apropiada de Python podría ser la siguiente:

```
import pandas as pd
import numpy as np
from sklearn.cluster import KMeans
import matplotlib.pyplot as plt
from sklearn.preprocessing import StandardScaler

data=pd.read_excel('C:\DATOSAM\PROTEINAS.xlsx')
df = pd.DataFrame(data)
print(df)

X=df.drop(columns=['Estado'])
y=df['Estado']
print(X)
print(y)

scaler=StandardScaler()
X_scaled=scaler.fit_transform(X)

kmeans = KMeans(n_clusters=10, random_state=42)
kmeans.fit(X_scaled)

X['Cluster'] = kmeans.labels_
print(X)
```

Se obtienen los siguientes clústeres:

	CarneR	CarneB	Huevos	Leche	...	Fecula	Secos	Fruta	Cluster
0	10.1	1.4	0.5	8.9	...	0.6	5.5	1.7	9
1	8.9	14.0	4.3	19.9	...	3.6	1.3	4.3	7
2	13.5	9.3	4.1	17.5	...	5.7	2.1	4.0	4
3	7.8	6.0	1.6	8.3	...	1.1	3.7	4.2	1
4	9.7	11.4	2.8	13.5	...	5.0	1.1	4.0	6
5	10.6	10.8	3.7	25.0	...	4.8	0.7	2.4	2
6	8.4	11.6	3.7	11.1	...	6.5	0.8	3.6	6
7	9.5	4.9	2.7	33.7	...	5.1	1.0	1.4	2
8	18.0	9.9	3.3	19.5	...	4.8	2.4	6.5	4
9	5.3	13.4	2.9	9.7	...	4.0	5.4	4.2	5
10	13.9	10.0	4.7	25.8	...	6.2	1.6	2.9	4
11	9.0	5.1	2.9	13.7	...	2.1	4.3	6.7	8
12	9.5	13.6	3.6	23.4	...	4.2	1.8	3.7	7
13	9.4	4.7	2.7	23.3	...	4.6	1.6	2.7	2
14	6.9	10.2	2.7	19.3	...	5.9	2.0	6.6	6
15	6.2	3.7	1.1	4.9	...	5.9	4.7	7.9	3
16	6.2	6.3	1.5	11.1	...	3.1	5.3	2.8	1
17	7.1	3.4	3.1	8.6	...	5.7	5.9	7.2	3
18	9.9	7.8	3.5	4.7	...	3.7	1.4	2.0	0
19	13.1	10.1	3.1	23.8	...	2.8	2.4	4.9	7
20	17.4	5.7	4.7	20.6	...	4.7	3.4	3.3	4
21	9.3	4.6	2.1	16.6	...	6.4	3.4	2.9	6
22	11.4	13.5	4.1	18.8	...	5.2	1.5	3.8	7
23	4.4	5.0	1.2	9.5	...	3.0	5.7	3.2	1

0	Albania
1	Austria
2	Belgica
3	Bulgaria
4	Checoslo
5	Dinamarc
6	Alemania
7	Finlandi
8	Francia
9	Hungria
10	Irlanda
11	Italia
12	Holanda
13	Noruega
14	Polonia
15	Portugal
16	Rumania
17	Spana
18	Suecia
19	Suiza
20	UK
21	URSS
22	Luxembur
23	Yugoslav

Los clústeres que se obtienen son los siguientes:

{Serbia. Rumanía, Bulgaria}, {Noruega, finlandia, Dinamraca}, {Portugal, España}, {Bélgica, Francia, Irlanda, UK}, {Hungría}, {Chequia, Alemania, Polonia, URSS}, {Austria, Holanda, Suiza, Luxemburgo}, {Italia}, {Albania}, {Suecia}

Los clústeres vuelven a estar formados por paíscs próximos geográficamente, lo que lógicamente indica similitud en los hábitos alimenticios.

Se observa que con 10 clústeres hay 4 unitarios, lo que indica que sería conveniente disminuir el número de clústeres, por ejemplo, a 8 mediante la siguiente sintaxis.

```python
import pandas as pd
import numpy as np
from sklearn.cluster import KMeans
import matplotlib.pyplot as plt
from sklearn.preprocessing import StandardScaler

data=pd.read_excel('C:\DATOSAM\PROTEINAS.xlsx')
df = pd.DataFrame(data)
print(df)

X=df.drop(columns=['Estado'])
y=df['Estado']
print(X)
print(y)

scaler=StandardScaler()
X_scaled=scaler.fit_transform(X)

kmeans = KMeans(n_clusters=8, random_state=42)
kmeans.fit(X_scaled)

X['Cluster'] = kmeans.labels_
print(X)
print(y)
```

Ahora se obtienen los clústeres que se indican a continuación, observándose que ya hay solamente dos unitarios.

```
      CarneR   CarneB   Huevos   Leche   ...   Fecula   Secos   Fruta   Cluster
0      10.1     1.4      0.5      8.9    ...     0.6      5.5     1.7       2
1       8.9    14.0      4.3     19.9    ...     3.6      1.3     4.3       7
2      13.5     9.3      4.1     17.5    ...     5.7      2.1     4.0       1
3       7.8     6.0      1.6      8.3    ...     1.1      3.7     4.2       2
4       9.7    11.4      2.8     13.5    ...     5.0      1.1     4.0       6
5      10.6    10.8      3.7     25.0    ...     4.8      0.7     2.4       3
6       8.4    11.6      3.7     11.1    ...     6.5      0.8     3.6       6
7       9.5     4.9      2.7     33.7    ...     5.1      1.0     1.4       3
8      18.0     9.9      3.3     19.5    ...     4.8      2.4     6.5       1
9       5.3    13.4      2.9      9.7    ...     4.0      5.4     4.2       2
10     13.9    10.0      4.7     25.8    ...     6.2      1.6     2.9       1
11      9.0     5.1      2.9     13.7    ...     2.1      4.3     6.7       5
12      9.5    13.6      3.6     23.4    ...     4.2      1.8     3.7       7
13      9.4     4.7      2.7     23.3    ...     4.6      1.6     2.7       3
14      6.9    10.2      2.7     19.3    ...     5.9      2.0     6.6       6
15      6.2     3.7      1.1      4.9    ...     5.9      4.7     7.9       4
16      6.2     6.3      1.5     11.1    ...     3.1      5.3     2.8       2
17      7.1     3.4      3.1      8.6    ...     5.7      5.9     7.2       5
18      9.9     7.8      3.5      4.7    ...     3.7      1.4     2.0       3
19     13.1    10.1      3.1     23.8    ...     2.8      2.4     4.9       7
20     17.4     5.7      4.7     20.6    ...     4.7      3.4     3.3       1
21      9.3     4.6      2.1     16.6    ...     6.4      3.4     2.9       0
22     11.4    13.5      4.1     18.8    ...     5.2      1.5     3.8       7
23      4.4     5.0      1.2      9.5    ...     3.0      5.7     3.2       2
```

Podríamos seguir bajando el número de clústeres hasta conseguir clústeres más uniformes en cuanto tamaño de los mismos.

Ejercicio 9-3. Se trata de clasificar la calidad de 20 inversiones basándose en variables tales como el beneficio en los últimos 5 años (Five_Yr), el riesgo (Risk), el porcentaje anual de beneficio para cada uno de los últimos 5 años (Perf94 a Perf90), el coste (Expense) y la tasa impositiva (Tax). Los datos son (archivo INVERSIONES.xlsx):

FUND (Inversión)	Five_Yr	Risk	Perf94	Perf93	Perf92	Perf91	Perf90	Expense	Tax
F. Chip	16476	2	10	25	6	55	4	1,22	89
F. Contra	15476	2	-1	21	16	55	4	1,03	90
F. Destiny	14757	3	4	26	15	39	-3	0,7	69
Vista A	15145	4	-1	20	13	71	-6	1,49	96
Berger 100	15596	5	-7	21	9	89	-6	1,7	95
Gab. Assett	13640	1	0	22	15	18	-6	1,33	85
Neub. Focus	14081	3	1	16	21	25	-6	0,85	75
F. Magellan	13827	3	-2	25	7	41	-5	0,96	73
Janus	13187	2	-1	11	7	43	-1	0,91	85
L. Mason Value	13029	4	1	12	11	35	-17	1,82	92
Gabelli Growth	12301	3	-3	11	4	34	-2	1,41	80
Franklin Growth	11793	2	3	7	3	27	2	0,77	90
Janus 20	12441	4	-7	3	2	69	1	1,02	95
AARP Capital	11728	4	-10	16	5	41	-16	0,97	68
Kemper Growth A	11386	4	-6	2	-2	67	4	1,09	86
20th Cent. Growth	11258	4	-8	15	-4	32	0	1	60
F. OTC	13129	4	-3	8	15	49	-50,88	75	0
Columbia Growth	13399	3	-1	13	12	34	-3	0,83	71
T. R. P. Capital	13449	1	4	16	9	22	-1	1,1	76
Neub. Partners	13336	2	-2	16	18	22	-5	0,81	70

Agrupar las inversiones en distintos clústeres según su calidad, realizando la tabla de clasificación y presentando el dendrograma correspondiente.

Realizaremos clúster jerárquico mediante la siguiente sintaxis de Python:

```python
import numpy as np
import pandas as pd
from sklearn.decomposition import PCA
from sklearn.preprocessing import StandardScaler
import matplotlib.pyplot as plt
data=pd.read_excel('C:\DATOSAM\INVERSIONES.xlsx')
df = pd.DataFrame(data)
print(df)

X=df.drop(columns=['FUND'])
y=df['FUND']
print(X)
print(y)
scaler=StandardScaler()
X_scaled=scaler.fit_transform(X)

from scipy.cluster.hierarchy import dendrogram, linkage
from sklearn.preprocessing import StandardScaler

Z = linkage(X_scaled, method='ward')

plt.figure(figsize=(10, 7))
dendrogram(Z)
plt.title('Ward Dendrogram')
plt.xlabel('Observations')
plt.ylabel('Distance')
plt.show()
```

Se obtienen el dendrograma siguiente:

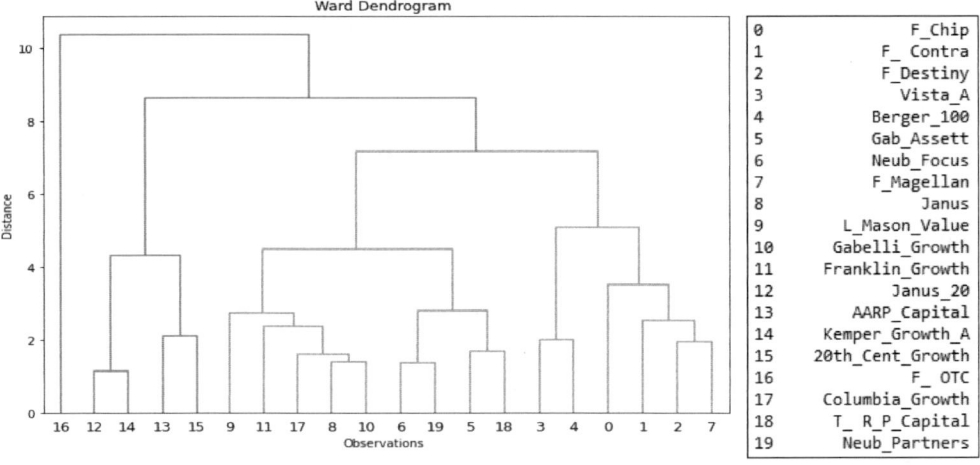

Tenemos ya las distintas inversiones clasificadas en clústeres según su beneficio, riesgo, coste y tasa impositiva.

## Capítulo 10

CLASIFICACIÓN Y SEGMENTACIÓN CON ESCALAMIENTO MULTIDIMENSIONAL. TRATAMIENTO CON PYTHON

10.1 ESCALAMIENTO MULTIDIMENSIONAL

Podríamos definir el *escalamiento multidimensional* como un conjunto de técnicas que identifican dimensiones subyacentes a las evaluaciones de objetos hechas por los encuestados cuyo propósito es transformar sus juicios en posiciones espaciales. El escalamiento multidimensional trata de encontrar la estructura de un conjunto de medidas de distancia entre objetos o casos. Esto se logra asignando las observaciones a posiciones específicas en un espacio conceptual (normalmente de dos o tres dimensiones) de modo que las distancias entre los puntos en el espacio concuerden al máximo con las disimilaridades o preferencias dadas. El objetivo del escalamiento multidimensional es transformar los juicios de similitud o preferencias llevados a cabo por una serie de individuos en distancias susceptibles de ser representadas en un espacio multidimensional.

El escalamiento multidimensional se clasifica dentro de los métodos de interdependencia y es un procedimiento que permite al investigador determinar la imagen relativa percibida de un conjunto de objetos (empresas, productos, ideas u otros objetos sobre los que los individuos desarrollan percepciones). Es decir, el aspecto característico de este procedimiento es que proporciona una representación gráfica en un espacio geométrico de pocas dimensiones (*mapa perceptual*) que permite comprender cómo los individuos perciben objetos y qué esquemas, generalmente ocultos, están detrás de esa percepción (en este sentido también se puede considerar el escalamiento multidimensional como una técnica de reducción de la dimensión).

En estos espacios, los objetos adoptan la forma de puntos y la proximidad entre ellos refleja la analogía existente entre los mismos. La interpretación de las dimensiones depende del conocimiento que se tenga acerca de esos estímulos y se realiza de forma similar a como se haría con un análisis factorial clásico o un análisis de correspondencias.

Respecto a la elección del tipo de datos, el investigador debe optar entre la obtención de datos de similitud o de preferencias. Los mapas perceptuales basados en similitudes representan el parecido entre los atributos de los objetos. Los mapas perceptuales basados en datos de preferencias reflejan qué objetos son preferidos. En lo referente a la elección del método de análisis, se pueden utilizar métodos no métricos y métricos. Los métodos no métricos, llamados así por el carácter no métrico de los datos de entrada (comúnmente generados mediante la ordenación de pares de objetos), resultan más flexibles al no asumir ningún tipo específico de relación entre la distancia calculada y la medida de similitud. Sin embargo, es más probable que resulten en soluciones degeneradas o no óptimas. Los métodos métricos se distinguen por el carácter métrico tanto de los datos de entrada como de los resultados. La métrica nos permite reforzar la relación entre la dimensionalidad de la solución final y los datos iniciales.

Podrían considerarse varios pasos para determinar la posición de cada objeto en el espacio perceptual de modo que los juicios de similitud expresados por los individuos entrevistados se reflejen lo más fielmente posible. Un primer paso sería la selección de una configuración inicial de los estímulos según la dimensionalidad inicial deseada. Un segundo paso sería el cálculo de las distancias entre los puntos representativos de los estímulos y comparación de las relaciones (observadas versus derivadas) mediante una medida de ajuste o *Stress* (que indica la proporción de varianza de los datos originales no recogida por el modelo de escalamiento multidimensional). Si el indicador de ajuste no alcanza un valor mínimo previamente fijado por el investigador, un tercer paso sería encontrar una nueva configuración para la que el indicador de ajuste sea mejor. En un cuarto paso, el programa realizará una evaluación de la nueva configuración y la ajustará hasta que se logre obtener un nivel satisfactorio de ajuste. Un quinto y último paso sería la reducción de la dimensionalidad de la configuración actual y repetición del proceso hasta lograr obtener aquella configuración que, con la menor dimensionalidad posible, presente un nivel de ajuste aceptable (queda reforzada la idea de considerar el escalamiento multidimensional como una técnica de reducción de la dimensión).

El analista debe preocuparse de obtener varias soluciones con diferente número de dimensiones y elegir entre ellas sobre la base de tres criterios fundamentales: su nivel de ajuste a los datos, su interpretabilidad y su replicabilidad.

10.2 TIPOS DE ESCALAMIENTO MULTIDIMENSIONAL

Ya sabemos que el escalamiento multidimensional es una técnica de análisis multivariante que permite representar las proximidades entre un conjunto de objetos o estímulos como distancias en un espacio de baja dimensionalidad (generalmente de 2 o 3 dimensiones). De modo más formal y general, nos centraremos en el hecho de que el escalamiento multidimensional toma como entrada habitual una matriz cuadrada de proximidades, a la que llamaremos Δ (delta), de dimensiones (n,n), donde n es el número de estímulos. Cada elemento ∂_{ij} de Δ representa la proximidad entre los estímulos i y j. Para $n = 4$, la matriz Δ tendría los siguientes elementos:

$$\Delta = \begin{bmatrix} \partial_{11} & \partial_{12} & \partial_{13} & \partial_{14} \\ \partial_{21} & \partial_{22} & \partial_{23} & \partial_{24} \\ \partial_{31} & \partial_{32} & \partial_{33} & \partial_{34} \\ \partial_{41} & \partial_{42} & \partial_{43} & \partial_{44} \end{bmatrix}$$

A partir de esa matriz de proximidades, el análisis MDS nos proporciona como solución una matriz rectangular X, de tamaño $n \times m$, donde n es, al igual que antes, el número de estímulos, y m es el número de dimensiones.

Cada valor x_{ij} de la matriz X corresponde a la coordenada del estímulo i en la dimensión j. En escalamiento multidimensional la dimensionalidad utilizada siempre es la menor posible (2 ó 3 dimensiones en la mayoría de los casos, siendo muy raras las soluciones de dimensionalidad superior a 4). La matriz X correspondiente a una solución en 2 dimensiones para los 4 estímulos anteriores tendría los siguientes elementos:

$$X = \begin{bmatrix} x_{11} & x_{12} \\ x_{21} & x_{22} \\ x_{31} & x_{32} \\ x_{41} & x_{42} \end{bmatrix}$$

Cada fila de esta matriz $[X_{i1}, X_{i2}]$ contiene las coordenadas del estímulo i en los ejes de coordenadas X e Y que delimitan el espacio bidimensional. A partir de la matriz X es posible situar los n estímulos en el espacio asignándoles los valores de coordenadas correspondientes. También es posible utilizar la matriz X para calcular las distancias entre dos estímulos i y j cualesquiera aplicando la fórmula general de la distancia de Minkowski:

$$d_{ij} = \left(\sum_{a=1}^{m} \left(x_{ia} - x_{ja} \right)^p \right)^{\frac{1}{p}} \qquad \left(1 \le p \le \infty \right)$$

Cuando $p = 2$, la distancia anterior es la métrica euclídea.

La estimación de las distancias correspondientes a todos los estímulos nos proporciona una nueva matriz, que llamaremos D. En el caso de nuestro ejemplo, los elementos de la matriz serían los siguientes

$$D = \begin{bmatrix} d_{11} & d_{12} & d_{13} & d_{14} \\ d_{21} & d_{22} & d_{23} & d_{24} \\ d_{31} & d_{32} & d_{33} & d_{34} \\ d_{41} & d_{42} & d_{43} & d_{44} \end{bmatrix}$$

La solución del escalamiento multidimensional debe proporcionar la máxima correspondencia entre las proximidades entre estímulos proporcionadas en la matriz Δ y las distancias entre estímulos obtenidas en la matriz D.

10.3 MODELO DE ESCALAMIENTO MÉTRICO

La relación asumida entre los datos de entrada (las proximidades) y las distancias entre estímulos obtenidos como solución determinan la tipología de los modelos de escalamiento multidimensional. Las distancias son función de las proximidades mediante $d_{ij} = f\left(\partial_{ij} \right)$. Se denominan modelos de escalamiento métrico aquéllos en que la función f es una función lineal con pendiente positiva. Tendremos entonces que:

$$\partial_{ij} \rightarrow a + b\partial_{ij} = d_{ij} \quad b > 0$$

En el procedimiento de escalamiento multidimensional métrico, a partir de una matriz $D(n \times n)$ de distancias entre n estímulos se puede derivar una matriz $B(n \times n)$ de productos escalares entre vectores. A su vez, es posible descomponer la matriz B de productos escalares en el producto XX', donde $X(n \times m)$ es la matriz de coordenadas de los n estímulos en m dimensiones. Adicionalmente, se puede llevar a cabo una transformación de la matriz de proximidades $\Delta(n \times m)$ en una matriz de distancias $D(n \times n)$ que respete los axiomas de la función de distancia euclídea ($d_{ij} = d_{ii} = 0$, $d_{ij} = d_{ji}$ y $d_{ij} \le d_{ik} + d_{kj}$).

Los dos primeros axiomas son fáciles de cumplir, pero para que se cumpla el tercero hay que buscar un valor c que, sumado a las proximidades originales $\left(\partial_{ij}\right)$ nos proporcione las distancias $\left(d_{ij} = \partial_{ij} + c\right)$. El valor mínimo de c que satisface la desigualdad triangular $\left(d_{ij} \leq d_{ik} + d_{kj}\right)$ para toda terna de estímulos (i, j, k) se define como:

$$c_{min} = \underset{(i,j,k)}{máx}\left(\partial_{ij} - \partial_{ik} - \partial_{kj}\right)$$

Calculada la matriz $D(n \times n)$, es necesario transformarla en una matriz $B(n \times n)$ de productos escalares entre vectores, de modo que los elementos b_{ij} de esta nueva matriz se crean a partir de los elementos d_{ij} de D mediante la siguiente transformación:

$$b_{ij} = -\frac{1}{2}\left(d_{ij}^2 - d_{i.}^2 - d_{.j}^2 + d_{..}^2\right)$$

con $d_{i.}^2 = \frac{1}{n}\sum_{j}^{n} d_{ij}^2$, $d_{.j}^2 = \frac{1}{n}\sum_{i}^{n} d_{ij}^2$ y $d_{..}^2 = \frac{1}{n^2}\sum_{i}^{n}\sum_{j}^{n} d_{ij}^2$

A continuación, se calcula la matriz de coordenadas X tal que $B=XX'$. En ocasiones resulta interesante, una vez obtenida la matriz X, rotar la solución para mejorar la interpretabilidad del resultado. La rotación de los ejes no altera las distancias entre los estímulos, por lo que es posible multiplicar la matriz X por una matriz de transformación ortogonal $T(r \times r)$, tal que $TT' = I$, donde I es la matriz identidad.

La matriz $X^* = XT$ contiene las coordenadas de los estímulos en la nueva solución rotada. Esta matriz es equivalente a la matriz X, ya que si $B = XX'$, $B = X^*X^{*'}$. Esto es así porque $X^*X^{*'} = XT \times T'X' = XIX' = XX'$.

El procedimiento expuesto fue ideado por Torgerson y posteriormente derivó en procedimientos iterativos.

10.3.1 Ejemplo de modelo de escalamiento métrico con Python

Consideramos la matriz de distancias en kilómetros entre las capitales de provincia de la Comunidad Autónoma de Castilla y León:

	Ávila	Burgos	León	Palencia	Salam.	Segovia	Soria	Vall.	Zamora
Ávila	0								
Burgos	243	0							
León	255	201	0						
Palencia	167	86	130	0					
Salamanca	97	237	197	161	0				
Segovia	67	197	245	157	164	0			
Soria	261	144	345	205	325	194	0		
Valladolid	121	122	134	46	115	111	210	0	
Zamora	159	218	135	142	62	180	306	96	0

A partir de estas distancias (archivo *CIUDADESCASTILLAL.sav*), realizar un escalamiento métrico que sitúe estas ciudades sobre un mapa perceptual que emule la Comunidad Autónoma de Castilla y León.

Comenzamos importando las bibliotecas de Python necesarias y formando un dataframe con los datos de las distancias (sin la columna *ciudades*).

```
import numpy as np
import pandas as pd
import matplotlib.pyplot as plt
from sklearn.manifold import MDS

data=pd.read_excel('C:\DATOSAM\CIUDADESCASTILLAL.xlsx')
df = pd.DataFrame(data)
print(df)

X=df.drop(columns=['ciudades'])
y=df['ciudades']
print(X)
print(y)
```

	Ávila	Burgos	León	Palencia	Salamanca	Segovia	Soria	Valladolid	Zamora
0	0	243	255	167	97	67	261	121	159
1	243	0	201	86	237	197	144	122	218
2	255	201	0	130	197	245	345	134	135
3	167	86	130	0	161	157	205	46	142
4	97	237	197	161	0	164	325	115	62
5	67	197	245	157	164	0	194	111	180
6	261	144	345	205	325	194	0	210	306
7	121	122	134	46	115	111	210	0	96
8	159	218	135	142	62	180	306	96	0

A continuación, creamos el modelo MDS, lo ajustamos y transformamos los datos.

```
mds = MDS(n_components=2, dissimilarity='precomputed', random_state=42)
mds_result = mds.fit_transform(X)
```

La siguiente tarea es convertir el resultado a DataFrame para facilitar su uso:

```
df_mds = pd.DataFrame(mds_result, columns=['Dim1', 'Dim2'],
                index=['Ávila', 'Burgos', 'León', 'Palencia', 'Salamanca',
                       'Segovia', 'Soria', 'Valladolid', 'Zamora'])
print(df_mds)
```

```
                 Dim1         Dim2
Ávila       101.968785    64.158189
Burgos     -125.951049     6.128661
León        -24.125486  -158.207663
Palencia    -46.041733   -27.842441
Salamanca   117.800558   -36.047661
Segovia      41.738710    94.583118
Soria      -141.495748   151.834337
Valladolid    0.394676   -14.028030
Zamora       75.711287   -80.578510
```

Ahora visualizamos los datos del escalamiento multidimensional en un mapa perceptual.

```
plt.figure(figsize=(8, 6))
plt.scatter(df_mds['Dim1'], df_mds['Dim2'])

for label, x, y in zip(df_mds.index, df_mds['Dim1'], df_mds['Dim2']):
    plt.annotate(label, xy=(x, y), xytext=(5, 5), textcoords='offset points')

plt.title('Multidimensional Scaling (MDS)')
plt.xlabel('Dimension 1')
plt.ylabel('Dimension 2')
plt.grid(True)
plt.show()
```

Obtenemos el siguiente mapa perceptual para el escalamiento multidimensional.

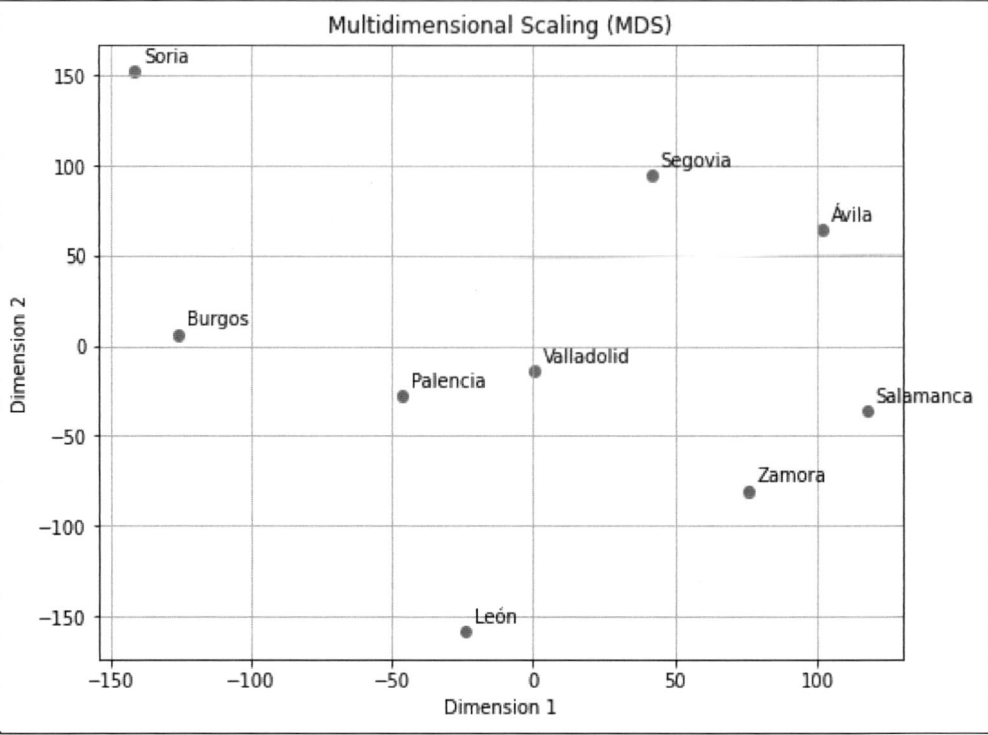

Sabemos que el escalamiento multidimensional (MDS, por sus siglas en inglés) es una técnica utilizada para representar datos multivariados en un espacio de menor dimensión, preservando en la medida de lo posible las distancias entre las observaciones. Es especialmente útil cuando se tiene una matriz de distancias o similaridades y se desea visualizarla en un espacio bidimensional o tridimensional.

En nuestro caso observamos que las ciudades de Castilla León están representadas en el mapa perceptual del escalamiento tal y como se sitúan en realidad (salvo giros adecuados en el mapa).

La sintaxis completa sería la siguiente:

```python
import numpy as np
import pandas as pd
import matplotlib.pyplot as plt
from sklearn.manifold import MDS

data=pd.read_excel('C:\DATOSAM\CIUDADESCASTILLAL.xlsx')
df = pd.DataFrame(data)
print(df)

X=df.drop(columns=['ciudades'])
y=df['ciudades']
print(X)
print(y)

mds = MDS(n_components=2, dissimilarity='precomputed', random_state=42)
mds_result = mds.fit_transform(X)

df_mds = pd.DataFrame(mds_result, columns=['Dim1', 'Dim2'],
                    index=['Ávila', 'Burgos', 'León', 'Palencia', 'Salamanca',
                           'Segovia', 'Soria', 'Valladolid', 'Zamora'])
print(df_mds)

plt.figure(figsize=(8, 6))
plt.scatter(df_mds['Dim1'], df_mds['Dim2'])

for label, x, y in zip(df_mds.index, df_mds['Dim1'], df_mds['Dim2']):
    plt.annotate(label, xy=(x, y), xytext=(5, 5), textcoords='offset points')

plt.title('Multidimensional Scaling (MDS)')
plt.xlabel('Dimension 1')
plt.ylabel('Dimension 2')
plt.grid(True)
plt.show()
```

10.4 MODELOS DE ESCALAMIENTO NO MÉTRICO

En los modelos de escalamiento no métrico se asume la relación entre los datos de entrada (las proximidades) y las distancias entre estímulos obtenidos como solución $d_{ij} = f(\partial_{ij})$ cumple que f es una función monótona creciente. En este caso la relación entre proximidades y distancia es:

$$\partial_{ij} < \partial_{kl} \Rightarrow d_{ij} \leq d_{kl} .$$

En el MDS no métrico se comienza convirtiendo las proximidades en rangos, de 1 a $\dfrac{(n(n-1))}{2}$.

A continuación, se crea una matriz de coordenadas aleatorias $X\left(n \times n\right)$. Es decir, se sitúan los estímulos al azar en un espacio de r dimensiones (donde r es especificado por el usuario). A partir de esta matriz X inicial se calculan las distancias entre estímulos. Estas distancias se comparan luego con los rangos de las proximidades, transformándolas si es necesario para que sus rangos coincidan con éstos. A las distancias obtenidas tras estas transformaciones se las denomina pseudodistancias o disparidades $\left(\hat{d}_{ij}\right)$.

En el paso siguiente se determina una función de bondad de ajuste para evaluar cuánto se aproximan las distancias obtenidas a partir de X a las disparidades obtenidas de la transformación de esas distancias. Esta función se conoce con el nombre de Stress y su expresión es:

$$S = \sqrt{\frac{\sum_i \sum_j \left(d_{ij} - \hat{d}_{ij}\right)^2}{\sum_i \sum_j \hat{d}_{ij}^2}}$$

Para mayores valores de Stress, mejor será el ajuste encontrado entre distancias y disparidades. Es decir, el Stress no es propiamente un índice de bondad de ajuste, sino de "maldad" de ajuste. Su valor mínimo se encontrará, por tanto, en 0, cuando no exista diferencia entre distancias y disparidades. Su valor máximo no es estable, pero se conoce que su límite superior, para un número n de estímulos es:

$$\sqrt{1 - \left(\frac{2}{n}\right)}$$

Como partimos de una matriz de coordenadas aleatoria, es de suponer que el ajuste nunca es muy bueno al principio. Por ello, se hace necesario llevar a cabo un proceso iterativo que vaya minimizando el valor del Stress. Esto se consigue alterando los valores de las coordenadas de la matriz X de modo que la diferencia entre las distancias y disparidades derivadas a partir de ellos sea más pequeña ahora que en el paso anterior. La forma de llevar esto a cabo es sumar a la matriz X inicial una matriz de valores añadidos. Cada elemento de esta matriz contiene un valor que se sumará a la coordenada del estímulo i en la dimensión a. Este valor se determina mediante la expresión:

$$-\alpha \left(\frac{\partial S}{\partial x_{ia}}\right)$$

α = constante que representa el tamaño del paso

$\left(\dfrac{\partial S}{\partial x_{ia}}\right)$ = derivada del Stress con respecto a la coordenada a-ésima del estímulo i

En el algoritmo de convergencia del proceso iterativo se utiliza otra función de Stress, conocida como *S*-Stress, cuya expresión es:

$$S - Stress = \sqrt{\frac{\sum_i \sum_j \left(d_{ij}^2 - \hat{d}_{ij}\right)}{\sum_i \sum_j \hat{d}_{ij}^2}}$$

El valor de Stress es más alto cuanto mayor sea el número de estímulos, debido a que cuando tenemos pocos estímulos, el número de proximidades a ajustar en la solución será también pequeño, pero a medida que aumenta el número de estímulos, el número de proximidades a ajustar se incrementa rápidamente. El valor de Stress es siempre más alto para soluciones de menor dimensionalidad, e irá bajando a medida que la solución contenga un mayor número de dimensiones. Cuando el número de dimensiones es igual al número de estímulos menos 2(n-2), el ajuste será siempre perfecto. El objetivo en este caso será buscar un valor suficientemente bajo de Stress (buen ajuste) unido a una dimensionalidad también baja (representación parsimoniosa de los datos).

Alternativamente a Stress existe el índice RSQ para el ajuste del modelo a nuestros datos. Este índice es una correlación cuadrática entre las disparidades derivadas a partir de los datos originales, y las distancias derivadas por el modelo de escalamiento, de modo que puede ser interpretado como la proporción de varianza en las disparidades que es explicada por las distancias. Su expresión es:

$$RSQ = \frac{\left[\sum_i \sum_j \left(d_{ij} - d_{..}\right)^2 \left(\hat{d}_{ij} - \hat{d}_{..}\right)\right]^2}{\left[\sum_i \sum_j \left(d_{ij} - d_{..}\right)^2\right]\left[\sum_i \sum_j \left(\hat{d}_{ij} - \hat{d}_{..}\right)^2\right]}$$

Dado que su interpretación es mucho más sencilla y directa que la del Stress, y que sus límites son fijos (mínimo de cero y máximo de uno), Takane, Young y De Leew recomiendan apoyarse en este índice para la interpretación del ajuste de las soluciones proporcionadas.

10.4.1 Ejemplo de modelo de escalamiento no métrico con Python

Consideramos la matriz del ejemplo del escalamiento métrico, pero en lugar de las distancias en kilómetros entre las capitales de provincia de la Comunidad Autónoma de Castilla y León consideramos la matriz de rangos relativos a estas distancias, es decir, le asignaremos el rango 1 a la menor de las distancias, el rango 2 a la segunda menor distancia y así sucesivamente hasta completar las 36 distancias. Se obtienen los siguientes datos:

	Ávila	Burgos	León	Palencia	Salam.	Seg.	Soria	Vall.	Zamora
Ávila	0	.	.	.	.	.	.	.	.
Burgos	30	0	.	.	.	.	.	.	.
León	32	25	0	.	.	.	.	.	.
Palencia	20	4	11	0	.	.	.	.	.
Salamanca	6	29	23	18	0	.	.	.	.
Segovia	3	24	31	16	19	0	.	.	.
Soria	33	15	36	26	35	22	0	.	.
Valladolid	9	10	12	1	8	7	27	0	.
Zamora	17	28	13	14	2	21	34	5	0

A partir de esta matriz de rangos (archivo *CIUDADESCL.xlsx*) equivalente a la matriz de proximidades del ejemplo anterior, se trata de realizar un escalamiento no métrico que sitúe estas ciudades sobre un mapa perceptual que emule la Comunidad de Castilla y León. La sintaxis de Python, similar al ejemplo anterior sería la siguiente:

```python
import numpy as np
import pandas as pd
import matplotlib.pyplot as plt
from sklearn.manifold import MDS

data=pd.read_excel('C:\DATOSAM\CIUDADESCL.xlsx')
df = pd.DataFrame(data)
print(df)

X=df.drop(columns=['ciudades'])
y=df['ciudades']
print(X)
print(y)

mds = MDS(n_components=2, dissimilarity='precomputed', random_state=42)
mds_result = mds.fit_transform(X)

df_mds = pd.DataFrame(mds_result, columns=['Dim1', 'Dim2'],
                    index=['Ávila', 'Burgos', 'León', 'Palencia', 'Salamanca',
                          'Segovia', 'Soria', 'Valladolid', 'Zamora'])
print(df_mds)

plt.figure(figsize=(8, 6))
plt.scatter(df_mds['Dim1'], df_mds['Dim2'])

for label, x, y in zip(df_mds.index, df_mds['Dim1'], df_mds['Dim2']):
    plt.annotate(label, xy=(x, y), xytext=(5, 5), textcoords='offset points')

plt.title('Multidimensional Scaling (MDS)')
plt.xlabel('Dimension 1')
plt.ylabel('Dimension 2')
plt.grid(True)
plt.show()
```

El mapa perceptual que se obtiene es similar al del ejemplo anterior.

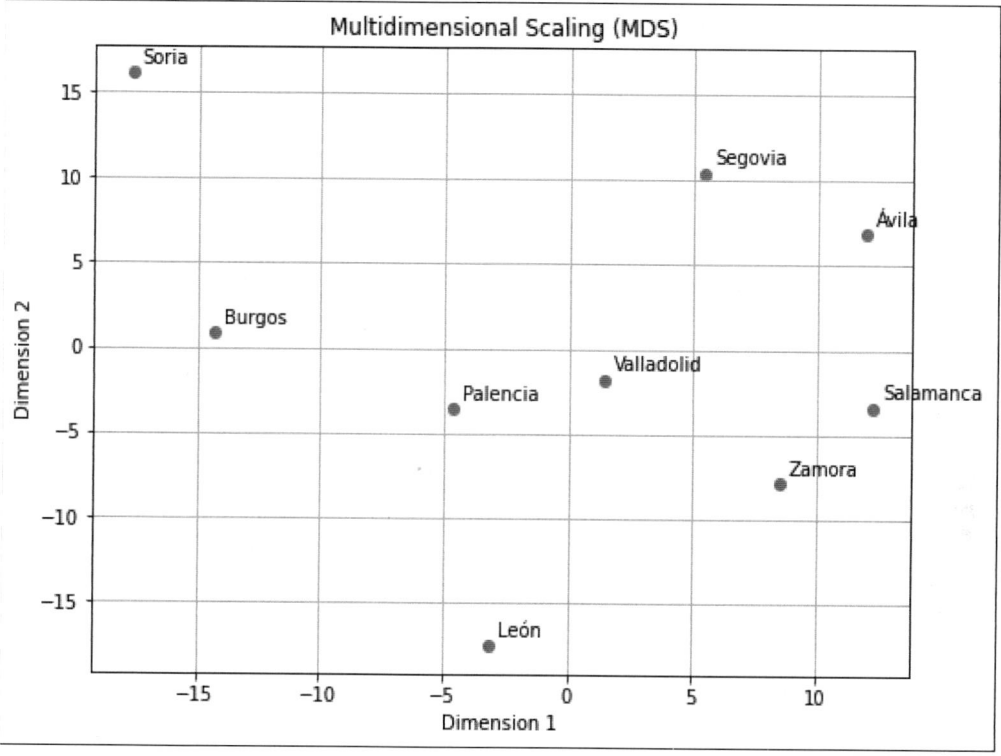

En el mapa vemos la situación geográfica real de las capitales de Castilla y León salvo un giro adecuado.

10.4.2 Tipos de MDS

Una vez precisado el concepto de escalamiento multidimensional (MDS), podemos hacer una clasificación de los tipos de la familia de procedimientos de escalamiento multidimensional.

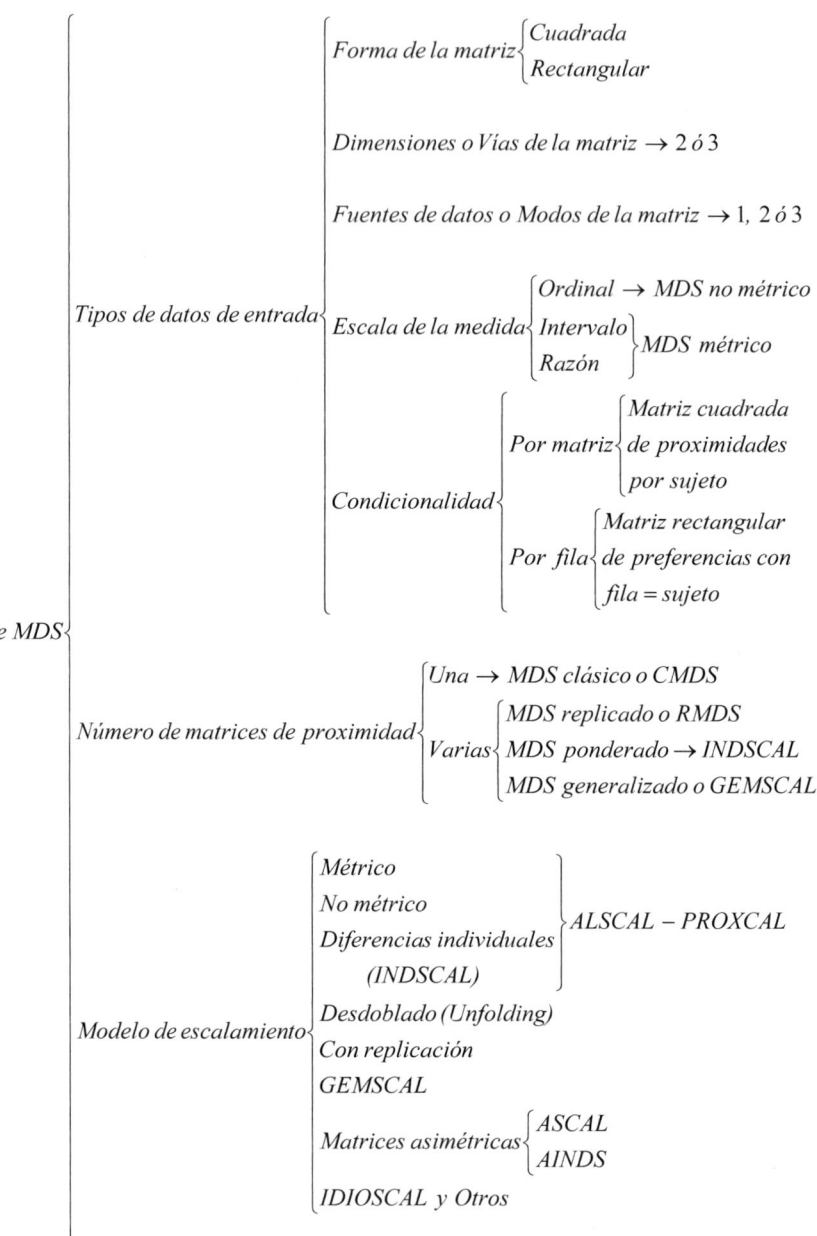

10.5 MODELO DE ESCALAMIENTO DE DIFERENCIAS INDIVIDUALES (INDSCAL)

INDSCAL supone una generalización del modelo euclídeo, de tal modo que obtiene una representación a partir de varias matrices de proximidades asumiendo que éstas difieren entre sí de forma sistemática y no aleatoria, tal y como supone un modelo replicado.

Es decir, en lugar de considerar las diferencias entre matrices como sesgos en las respuestas de los sujetos, INDSCAL las contempla como diferencias porcentuales y cognitivas en el proceso de generación de las respuestas. Este modelo utiliza como entrada varias matrices de proximidades, por lo general, una por sujeto.

Cada proximidad $\partial_{ij,k}$ nos indicará la proximidad entre los estímulos i y j estimada por el sujeto k. Existen otras posibilidades, en las que las proximidades de cada matriz corresponden a una ocasión diferente, o a proximidades estimadas en diferentes condiciones o en base a atributos diferentes de los estímulos. El modelo considera que la relación entre proximidades y distancias es lineal:

$$d_{ij,k} = \sqrt{\sum_{a=1}^{m} w_{ka}\left(x_{ia} - x_{ja}\right)^2} \quad w_{ka} = \text{peso del sujeto k-ésimo en la dimensión a-ésima.}$$

El modelo INDSCAL puede considerarse como aquel en el que las diferencias individuales entre los sujetos surgen de las diferencias en los pesos otorgados a cada una de las distintas dimensiones que componen la solución común.

En la fórmula de la distancia anterior, si todos los pesos w_{ka} son iguales, la configuración de distancias entre estímulos para cada sujeto será la del grupo total, es decir, la solución común a todos los sujetos. A la configuración de distancias común a todos los sujetos se la conoce como el "espacio del grupo", y suele diferir de la configuración propia de cada sujeto. Cuando representamos las distancias entre estímulos en función del peso que cada una de las dimensiones tiene para un individuo concreto, la configuración de estímulos se verá "encogida" en aquellas dimensiones que tienen menor peso para el individuo. A esta configuración de distancias propia de este individuo se la conoce como "espacio del sujeto".

Así pues, podemos resumir el modelo INDSCAL diciendo que representa las diferencias entre los juicios emitidos por los sujetos en términos de la importancia que cada uno de ellos otorga a cada una de las dimensiones que componen la solución, pero todas las dimensiones son comunes a todos los sujetos.

El procedimiento subyacente en el modelo no métrico parte, al igual que el modelo métrico, de las proximidades, que se convierten en distancias absolutas $(d_{ij,k})$ mediante una constante aditiva.

Las distancias calculadas para cada sujeto se convierten luego en productos escalares $b_{ij,k}$, tales que:

$$b_{ij,k} = \sum_{a=1}^{r} y_{ia,k} y_{ja,k} \quad \text{con} \quad y_{ia,k} = \sqrt{w_{ka}} x_{ia} \Rightarrow b_{ij,k} = \sum_{a=1}^{r} w_{ka} x_{ia} x_{ja}$$

Esta ecuación puede considerarse como un caso particular del modelo CANDECOMP (CANonical DECOMPosotion) para la descomposición de tablas de N-vías (3 en el caso del modelo INDSCAL). El modelo descompone una tabla de 3 vías y 3 modelos en un conjunto de parámetros para cada vía, que se combinan de forma multiplicativa para cada dimensión a, y de forma aditiva para el total de dimensiones. En el caso de INDSCAL, la segunda y tercera vías (representadas por los parámetros x_{ia} y x_{ja}) han de ser idénticas, pues se refieren al mismo conjunto de estímulos.

El uso del modelo CANDECOMP permite la estimación de los valores de los productos escalares $b_{ij,k}$ mediante regresión lineal, utilizando un algoritmo especial, el algoritmo de mínimos cuadrados alternantes (ALS, *Alternating Least Squares*). El algoritmo procede a estimar los valores de los parámetros w_{ka}, x_{ia} y x_{ja} por mínimos cuadrados, manteniendo uno de ellos fijo y los otros dos libres, de forma alternante. Cuando, transcurridas una serie de iteraciones, el ajuste entre los datos y la solución es satisfactorio, se fija el mismo valor para la segunda y tercera vías y se estima el valor de la primera vía (representada por el parámetro w_{ka}).

La salida ofrecida por el modelo presenta una primera matriz de coordenadas $X(n \times r)$, semejante a las de los modelos métrico y no métrico. Esta matriz representa el espacio de los estímulos para el total de los sujetos (espacio del grupo). La salida también ofrece una segunda matriz de pesos $W(m \times r)$, que contiene los pesos otorgados por cada uno de los m sujetos a cada una de las r dimensiones. Esta matriz representa el espacio de los sujetos. La denominación de espacio de estímulos y espacio de sujetos debe tomarse en el sentido de que son dos espacios distintos, por lo que no es posible representar ambos en un único gráfico. El espacio de sujetos tiene una serie de propiedades interesantes para la interpretación de la solución proporcionada por INDSCAL. Por ejemplo, se cumple que, si elevamos al cuadrado el peso otorgado por un sujeto a una dimensión determinada, el valor obtenido se corresponde con la proporción de varianza en los datos del sujeto que es explicada por esa dimensión. También se cumple que, si sumamos todos los pesos al cuadrado para un mismo sujeto, el valor obtenido es la proporción de varianza en los datos del sujeto que es explicada por la solución proporcionada por INDSCAL, es decir, este valor coincide con el del estadístico RSQ para ese sujeto.

Por otra parte, dado que sólo se permiten pesos positivos, la presencia de valores negativos en la matriz W puede indicar un mal ajuste del modelo a los datos. No obstante, si los valores son muy pequeños pueden tomarse simplemente como aproximaciones a un valor cero en el peso. En este último caso, no existe ningún problema de ajuste. Adicionalmente, A partir de las dos matrices anteriores (X y W) es posible recuperar el espacio de estímulos individual para cada uno de los sujetos (espacio del sujeto). Esto se consigue simplemente multiplicando cada coordenada del espacio de estímulos total por la raíz cuadrada del peso asignado por el sujeto a esa dimensión (ver la penúltima fórmula mostrada). Las nuevas coordenadas, $y_{ia,k}$, muestran el espacio del grupo "encogido" en aquellas dimensiones que resultan ser menos relevantes para el individuo.

10.5.1 Ejemplo de modelo de escalamiento en diferencias individuales INDSCAL con Python

Consideramos la ordenación hecha por tres periódicos distintos relativa a las calificaciones de doce tipos de programas de espectáculos diferentes de acuerdo a sus preferencias, resultando los siguientes datos:

Preferencias	Periódico1	Periódico2	Periódico3
Concursos	7	12	12
Documentales	5	3	3
Cine	1	4	7
Humor	6	11	8.
Telediarios	3	1	6
Magazines	8	6	5
Salud	9	5	4
Deportes	12	2	1
Música	2	10	9
Series	11	8	10
Debates	4	7	2
Reality-shows	10	9	11

A partir de estas preferencias (archivo *preferencias.sav*) se trata de realizar un escalamiento no métrico que permita representar estos programas para poder analizarlos, clasificarlos y relacionarlos.

El escalamiento multidimensional (MDS) normalmente se aplica a matrices de distancia o similaridad simétricas, ya que su objetivo es representar las relaciones entre las observaciones en un espacio de menor dimensión.

Sin embargo, en algunas situaciones, es posible que se tenga una matriz de disimilitud o similaridad no simétrica (por ejemplo, cuando las distancias no son recíprocas entre dos puntos). Para manejar matrices no simétricas, puedes convertirlas en matrices simétricas antes de aplicar MDS o utilizar métodos alternativos.

Comenzamos importando las librerías necesarias y los datos adecuadamente.

```python
import numpy as np
import pandas as pd
import matplotlib.pyplot as plt
from sklearn.manifold import MDS
from sklearn.metrics import pairwise_distances

data=pd.read_excel('C:\DATOSAM\PREFERENCIAS.xlsx')
df = pd.DataFrame(data)
print(df)

X=df.drop(columns=['Preferencias'])
y=df['Preferencias']
print(X)
print(y)
```

Como la matriz de datos no es simétrica, calculamos la matriz de disimilaridades y realizamos el escalamiento para esa matriz.

```python
dissimilarity_matrix = pairwise_distances(X, metric='euclidean')
print(dissimilarity_matrix)

df_dissimilarity = pd.DataFrame(dissimilarity_matrix, index=X.index, columns=X.index)
print(df_dissimilarity)

mds = MDS(n_components=2, dissimilarity='precomputed', random_state=42)
mds_result = mds.fit_transform(dissimilarity_matrix)
print(mds_result)

X_mds = pd.DataFrame(mds_result, columns=['Dim1', 'Dim2'],
                index=['Concursos', 'Documentales', 'Cine', 'Humor', 'Telediarios',
                        'Magacines', 'Salud', 'Deportes', 'Música', 'Series',
                        'Debates', 'Reality_shows'])
print(X_mds)
```

Ahora representamos el mapa perceptual del escalamiento.

```
plt.figure(figsize=(8, 6))
plt.scatter(X_mds['Dim1'], X_mds['Dim2'])

for label, x, y in zip(X_mds.index, X_mds['Dim1'], X_mds['Dim2']):
    plt.annotate(label, xy=(x, y), xytext=(5, 5), textcoords='offset points')

plt.title('Multidimensioanl Scaling (MDS)')
plt.xlabel('Dimensi0n 1')
plt.ylabel('Dimension 2')
plt.grid(True)
plt.show()
```

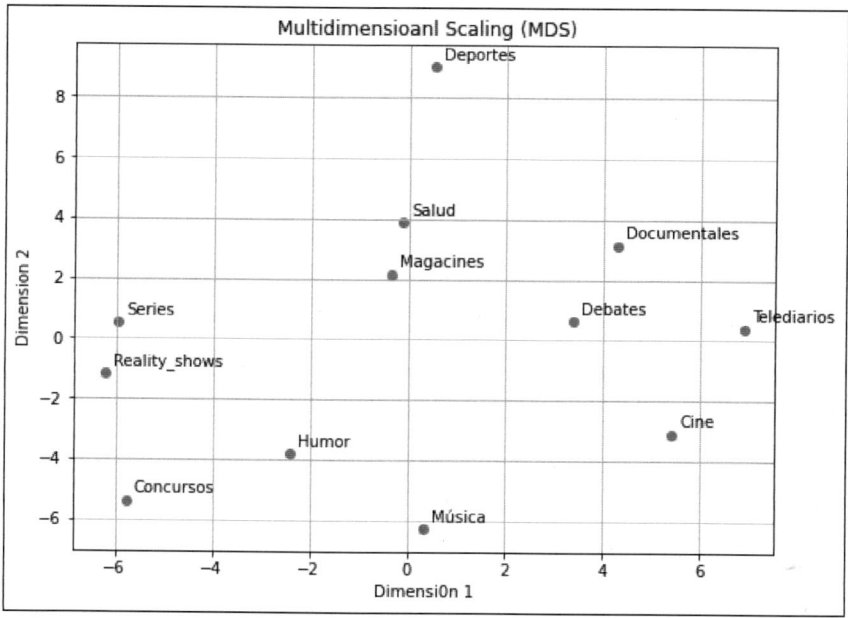

La figura (mapa perceptual) representa en el espacio de las preferencias las dos dimensiones de la matriz de coordenadas de las preferencias. Se observa que la primera dimensión distingue a los programas más informativos, situados a la derecha (deportes, salud, magazines, documentales, debates, telediarios y cine), de los programas no informativos, situados a la izquierda (series, concursos, programas de humor y música). Por otra parte, la segunda dimensión distingue entre los programas culturales, situados abajo (cine, música, telediarios, debates, documentales) de los programas de entretenimiento, situados arriba (deporte, series, salud, magazines, concursos). Así, mientras los periódicos 2 y 3 clasifican los programas fundamentalmente en función de su grado de información, el periódico 1 los clasifica prácticamente en función de su contenido cultural.

La sintaxis completa para este ejercicio es la siguiente:

```python
import numpy as np
import pandas as pd
import matplotlib.pyplot as plt
from sklearn.manifold import MDS
from sklearn.metrics import pairwise_distances

data=pd.read_excel('C:\DATOSAM\PREFERENCIAS.xlsx')
df = pd.DataFrame(data)
print(df)

X=df.drop(columns=['Preferencias'])
y=df['Preferencias']
print(X)
print(y)

dissimilarity_matrix = pairwise_distances(X, metric='euclidean')
print(dissimilarity_matrix)

df_dissimilarity = pd.DataFrame(dissimilarity_matrix, index=X.index, columns=X.index)
print(df_dissimilarity)

mds = MDS(n_components=2, dissimilarity='precomputed', random_state=42)
mds_result = mds.fit_transform(dissimilarity_matrix)
print(mds_result)

X_mds = pd.DataFrame(mds_result, columns=['Dim1', 'Dim2'],
                     index=['Concursos', 'Documentales', 'Cine', 'Humor', 'Telediarios',
                            'Magacines', 'Salud', 'Deportes', 'Música', 'Series',
                            'Debates', 'Reality_shows'])
print(X_mds)
mds = MDS(n_components=2, dissimilarity='precomputed', random_state=42)
mds_result = mds.fit_transform(dissimilarity_matrix)
print(mds_result)

X_mds = pd.DataFrame(mds_result, columns=['Dim1', 'Dim2'],
                     index=['Concursos', 'Documentales', 'Cine', 'Humor', 'Telediarios',
                            'Magacines', 'Salud', 'Deportes', 'Música', 'Series',
                            'Debates', 'Reality_shows'])
print(X_mds)

plt.figure(figsize=(8, 6))
plt.scatter(X_mds['Dim1'], X_mds['Dim2'])

for label, x, y in zip(X_mds.index, X_mds['Dim1'], X_mds['Dim2']):
    plt.annotate(label, xy=(x, y), xytext=(5, 5), textcoords='offset points')

plt.title('Multidimensioanl Scaling (MDS)')
plt.xlabel('Dimensi0n 1')
plt.ylabel('Dimension 2')
plt.grid(True)
plt.show()
```

10.6 MODELO DE ESCALAMIENTO DESDOBLADO (UNFOLDING)

Existen también modelos de MDS para matrices de datos que no son cuadradas. Todos los modelos de escalamiento que hemos visto hasta ahora trabajaban con matrices cuadradas, con el mismo número de estímulos en filas y columnas. También hemos utilizado matrices cuadradas al aplicar el modelo INDSCAL, aunque las tratamos como una única matriz en tres vías y dos modos. Las matrices cuadradas (especialmente si son simétricas) constituyen el tipo de datos de entrada más común en MDS. Alternativamente, la característica fundamental de una matriz rectangular es que las entidades representadas en las filas y las columnas (generalmente sujetos y estímulos) son diferentes. Por tanto, un análisis MDS con una matriz rectangular deberá representar conjuntamente ambas entidades. Esto representa una propiedad sumamente interesante de este tipo de modelos. Recordemos que INDSCAL representa un espacio para los sujetos y otro para los estímulos, pero no ambos conjuntamente.

En los modelos de escalamiento con matriz rectangular los datos de entrada suelen ser puntuaciones de preferencia otorgados por un grupo de sujetos para un conjunto de estímulos, aunque también es posible utilizar otro tipo de puntuaciones. Suelen utilizarse dos tipos de modelos para matrices rectangulares de preferencia: el modelo vectorial y el modelo del "punto ideal" (que aquí denominamos "desdoblado" o *unfolding*). En el primero, una de las entidades (generalmente los estímulos) se representa como puntos en un espacio, mientras que la otra (generalmente los sujetos) se representa como vectores en ese mismo espacio. De este modo, la proyección de las posiciones de los estímulos sobre el vector de un sujeto (cuyo extremo indica la máxima preferencia) deberá reflejar las preferencias de ese sujeto. En el modelo desdoblado, tanto los sujetos como los estímulos se representan como puntos. Los puntos que representan a los sujetos en el espacio de la solución indican la zona donde reencontraría la máxima preferencia de cada sujeto, de tal modo que a medida que nos alejamos de uno de esos puntos en cualquier dirección, la preferencia va disminuyendo. Si alguno de los estímulos está próximo a un punto, ese estímulo es el ideal para el sujeto representado por el punto. Por esta razón se conoce a este modelo como el modelo del "punto ideal".

La matriz de entrada en el MDS desdoblado es una matriz rectangular de preferencias en dos vías y dos modos (generalmente *sujetos* × *estímulos*), donde cada entrada p_{ij} de la matriz corresponde a la preferencia expresada por el sujeto i por el estímulo j. Dado que cada fila de la matriz contiene las puntuaciones de preferencia de una fuente de datos distinta (generalmente un sujeto), es habitual suponer aquí que los datos de cada fila son condicionales. En el MDS desdoblado, la matriz rectangular es un trozo de la diagonal de una matriz de proximidades incompleta, lo que implica que el análisis da por perdida gran cantidad de la información contenida en la matriz de proximidades completa.

Luego el modelo desdoblado es el modelo más propenso a no converger o proporcionarnos soluciones degeneradas. El modelo asume que la proximidad del estímulo j al punto ideal del sujeto i (π_{ij}) es una fundición de la preferencia del sujeto i-ésimo por el estímulo j-ésimo (p_{ij}). Tenemos:

$$\pi_{ij} = f(p_{ij}) = d_{ij}^2 \quad \text{con} \quad d_{ij}^2 = \sum_{a=1}^{r} (y_{ia} - x_{ja})^2$$

y_{ia} = coordenada del sujeto i-ésimo en la dimensión a-ésima.

x_{ja} = coordenada del estímulo j-ésimo en la dimensión a-ésima.

f puede ser lineal (caso métrico) o monotónica (caso no-métrico).

10.6.1 Ejemplo de modelo de escalamiento desdoblado (unfolding) con Python

Consideramos la matriz de preferencias sobre 9 materias de la actividad educativa (docencia, centros, educación, tecnología, multicultura, estadística, evaluación, escalas, e inspección) relativa a 18 profesores. Se trata de realizar una segmentación de las preferencias de los profesores. Los datos se presentan en la figura siguiente.

DOCENCIA	CENTROS	EDUCACIÓN	TECNOLOGÍA	MULTICULTURA	ESTADÍSTICA	EVALUACIÓN	ESCALAS	INSPECCIÓN
1	2	7	6	9	8	3	4	5
2	3	9	7	8	4	1	5	6
2	1	9	5	8	4	3	6	7
5	6	8	1	9	4	7	2	3
3	2	8	7	9	6	1	4	5
1	6	7	4	9	8	2	5	3
3	2	9	5	4	6	1	7	8
4	2	9	7	8	3	1	5	6
4	3	7	9	1	8	2	6	5
1	2	5	6	4	9	3	8	7
7	6	9	2	8	1	5	3	4
6	7	8	4	9	1	5	2	3
2	1	7	8	4	9	3	5	6
4	6	9	8	7	3	6	1	2
8	6	5	1	9	2	7	3	4
2	1	78	7	9	6	3	5	4
1	3	8	7	9	4	2	5	6
3	2	8	4	9	6	1	5	7

Figura 10-4

Comenzaremos trasponiendo los datos para que sean susceptibles de aplicación del escalamiento multidimensional. La Figura siguiente presenta los datos traspuestos y preparados ya para aplicar el escalamiento que se almacenan en el archivo *DATOSUNFOLDING*.xlsx

MATERIA	PROFESOR1	PROFESOR2	PROFESOR3	PROFESOR4	PROFESOR5	PROFESOR6	PROFESOR7	PROFESOR8	PROFESOR9	PROFESOR10	PR(
DOCENCIA	1,00	2,00	2,00	5,00	3,00	1,00	3,00	4,00	4,00	1,00	
CENTROS	2,00	3,00	1,00	6,00	2,00	6,00	2,00	2,00	3,00	2,00	
EDUCACIÓN	7,00	9,00	9,00	8,00	8,00	7,00	9,00	9,00	7,00	5,00	
TECNOLOGÍA	6,00	7,00	5,00	1,00	7,00	4,00	5,00	7,00	9,00	6,00	
MULTICULTURA	9,00	8,00	8,00	9,00	9,00	9,00	4,00	8,00	1,00	4,00	
ESTADÍSTICA	8,00	4,00	4,00	4,00	6,00	8,00	6,00	3,00	8,00	9,00	
EVALUACIÓN	3,00	1,00	3,00	7,00	1,00	2,00	1,00	1,00	2,00	3,00	
ESCALAS	4,00	5,00	6,00	2,00	4,00	5,00	7,00	5,00	6,00	8,00	
INSPECCIÓN	5,00	6,00	7,00	3,00	5,00	3,00	8,00	6,00	5,00	7,00	

A partir de estas preferencias se trata de realizar un escalamiento desdoblado que permita representar estas materias para poder analizarlas, clasificarlas y relacionarlas. La sintaxis es similar al ejemplo anterior.

```python
import numpy as np
import pandas as pd
import matplotlib.pyplot as plt
from sklearn.manifold import MDS
from sklearn.metrics import pairwise_distances

data=pd.read_excel('C:\DATOSAM\DATOSUNFOLDING.xlsx')
df = pd.DataFrame(data)
print(df)

X=df.drop(columns=['MATERIA'])
y=df['MATERIA']
print(X)
print(y)

dissimilarity_matrix = pairwise_distances(X, metric='euclidean')
print(dissimilarity_matrix)

df_dissimilarity = pd.DataFrame(dissimilarity_matrix, index=X.index, columns=X.index)
print(df_dissimilarity)

mds = MDS(n_components=2, dissimilarity='precomputed', random_state=42)
mds_result = mds.fit_transform(dissimilarity_matrix)
print(mds_result)

X_mds = pd.DataFrame(mds_result, columns=['Dim1', 'Dim2'],
                index=['DOCENCIA', 'CENTROS', 'EDUCACIÓN', 'TECNOLOGÍA',
                       'MULTICULTURA', 'ESTADÍSTICA', 'EVALUACIÓNs',
                       'ESCALAS', 'INSPECCIÓN'])
print(X_mds)

plt.figure(figsize=(8, 6))
plt.scatter(X_mds['Dim1'], X_mds['Dim2'])

for label, x, y in zip(X_mds.index, X_mds['Dim1'], X_mds['Dim2']):
    plt.annotate(label, xy=(x, y), xytext=(5, 5), textcoords='offset points')
```

```
plt.title('Multidimensioanl Scaling (MDS)')
plt.xlabel('Dimensi0n 1')
plt.ylabel('Dimension 2')
plt.grid(True)
plt.show()
```

Se obtiene el siguiente mapa perceptual:

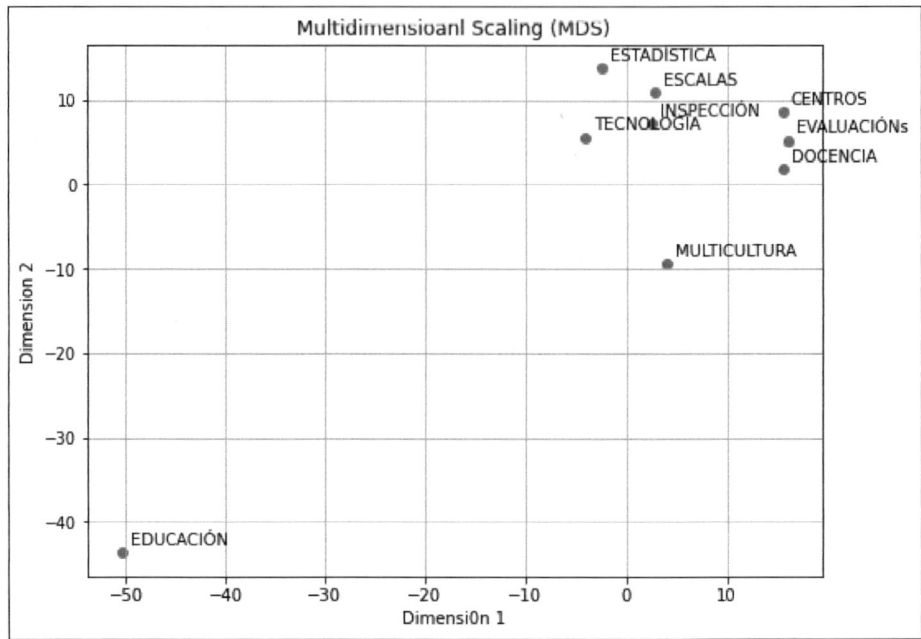

Observamos que ESTADÍSTICA, TECNOLOGÍA, INSPECCIÓN Y ESCALAS son materias que constituyen un segmento en cuanto a las preferencias de los profesores. CENTROS, DOCENCIA Y EVALUACIÓN constituyen otro segmento en cuanto a preferencias. EDUCACIÓN forma un segmento aislado y lo mismo ocurre con MULTICULTURA, aunque este último está más cercano de los dos segmentos anteriores y prácticamente equidistante.

10.7 MODELO DE ESCALAMIENTO CON REPLICACIÓN

En el modelo de escalamiento con replicación se trata la matriz de entrada, que es una matriz en tres vías, como varias replicaciones de una misma matriz en dos vías. El ajuste del modelo a las m matrices se calcula mediante una variante de S-Stress basada en la media de la razón entre las sumas de cuadrados del error y las sumas de cuadrados totales para cada matriz. Tenemos:

$$S - Stress = \sqrt{\frac{1}{m} \sum_{m} \frac{\sum_{i} \sum_{j} \left(d_{ij}^2 - \hat{d}_{ij} \right)^2}{\sum_{i} \sum_{j} \hat{d}_{ij}^2}}$$

Para mostrar el ajuste final del modelo a los datos se utilizará Stress y la medida RSQ promedio para las m matrices de datos. Adicionalmente se mostrarán también los valores de ajuste para cada matriz individual.

10.8 MODELOS GEMSCAL E IDIOSCAL

El modelo GEMSCAL (*Generalizad Euclidean Model SCALing*) propuesto por Young puede ser asimilado al más conocido modelo IDIOSCAL (*Individual Differences in Orientation SCALing*) propuesto por Carrol y Chang. El modelo expresa la existencia de diferencias entre las fuentes de datos (generalmente sujetos) permitiendo que cada fuente lleve a cabo una rotación diferente de las dimensiones del espacio de estímulos común.

Esta es la principal diferencia entre el modelo GEMSCAL y el modelo INDSCAL, donde la orientación del espacio de estímulos es única. Podemos considerar, pues, a INDSCAL como un caso particular del modelo GEMSCAL.

El modelo utiliza como entrada generalmente varias matrices de proximidades, aunque en versiones más complejas del mismo también pueden utilizarse matrices rectangulares y matrices asimétricas. La familia GEMSCAL contiene en realidad 40 modelos diferentes, 20 de los cuales son para matrices cuadradas (4 para matrices simétricas y 16 para matrices asimétricas) y otros 20 son para matrices rectangulares. Dada esta complejidad nos centraremos en el caso de varias matrices de proximidades simétricas como entrada, que es de hecho el modelo IDIOSCAL.

En el modelo IDIOSCAL, la distancia entre dos estímulos i y j para la matriz k (la k-ésima fuente de datos) viene dada por la siguiente expresión:

$$d_{ij,k} = \sqrt{\sum_{a=1}^{m} \sum_{a'=1}^{m'} \left(x_{ia} - x_{ja} \right) w_{kaa'} \left(x_{ia'} - x_{ja'} \right)}$$

Los subíndices a y a' representan las m dimensiones correspondientes, respectivamente, al espacio común de estímulos y al espacio de cada sujeto (o fuente de datos). La matriz $W_{kaa'}$ es una matriz de dimensiones $m \times m$ positiva definida o semidefinida, que contiene los pesos asociados con cada una de las k matrices correspondientes a las distintas fuentes de datos. A efectos prácticos, lo que proporciona esta matriz de pesos es una rotación ortogonal del espacio de estímulos a un nuevo sistema de coordenadas específico de cada fuente de datos. Si consideramos el caso especial donde la matriz $W_{kaa'}$ es una matriz diagonal con pesos no negativos, entonces el modelo GEMSCAL pasa a simplificarse y convertirse en el modelo INDSCAL. En efecto, si $w_{kaa'} = w_{ka'}$ entonces $a = a'$, por lo que el producto $(x_{ia} - x_{ja})(x_{id'} - x_{jd'})$ se convierte en $(x_{ia} - x_{ja})^2$, y la fórmula de la distancia pasa a ser la ya conocida del modelo INSCAL:

$$d_{ij,k} = \sqrt{\sum_{a=1}^{m} w_{ka} (x_{ia} - x_{ja})^2}$$

La representación final es un espacio conjunto para estímulos y sujetos, donde los estímulos aparecen representados como puntos, y los sujetos como vectores. Las direcciones a las que apuntan los vectores de un sujeto en el espacio corresponden a las direcciones más importantes para ese sujeto, mientras que la longitud de los vectores corresponderá a la importancia que ese sujeto otorga cada dirección. La proyección de los estímulos sobre los vectores de un sujeto proporcionará el espacio de estímulos propio de ese sujeto, donde cada dimensión se verá "encogida" en función de la longitud del vector correspondiente.

10.9 MODELOS PARA MATRICES ASIMÉTRICAS

Es habitual en el MDS que la matriz cuadrada de proximidades sea simétrica $(\partial_{ij} = \partial_{ji})$. Pero en la práctica nos podemos encontrar con la posibilidad de que existan asimetrías en las proximidades (por ejemplo, una situación de interacciones sociales donde el sujeto A puede dirigirse al B más a menudo de lo que el sujeto B se dirige al A). En ese tipo de situaciones es posible analizar por separado cada mitad triangular de la matriz de proximidades (obtendríamos una solución para las interacciones en un sentido y otra solución para las interacciones en sentido inverso) o promediar los resultados para ambas matrices triangulares y utilizar la matriz promedio como entrada para un análisis MDS (la proximidad entre los sujetos A y B será ahora el promedio de interacciones en ambos sentidos) o incluso utilizar ambas matrices triangulares como entrada y tratarlas como replicaciones (la solución mostrará una solución común a ambas, así como el grado de acuerdo entre las presentaciones derivadas de ambas matrices). No obstante, existen modelos de MDS apropiados para trabajar con datos asimétricos. Los más importantes y utilizados son: el modelo ASCAL (*Asymmetric SCALing*) para datos en dos vías y un modo, y el modelo AINDS (*Asymmetric Individual Differences Scaling*), para datos en tres vías y dos modos.

10.9.1 Modelo ASCAL

Este modelo toma como entrada una matriz de proximidades asimétrica en dos vías y un modo. La distancia entre los estímulos i y j viene dada por:

$$d_{ij} = \sqrt{\sum_{a=1}^{m} v_{ia} \left(x_{ia} - x_{ja} \right)^2} \qquad v_{ia} = \text{matriz de pesos de dimensiones } n \times m$$

Las celdillas de v_{ia} indican el peso de cada uno de los n estímulos en cada una de las m dimensiones. La salida del modelo ASCAL contendrá una matriz X de coordenadas de los n estímulos en las m dimensiones y una matriz V de pesos de los n estímulos en las m dimensiones.

10.9.2 Modelo AINDS

Este modelo toma como entrada una matriz de proximidades asimétrica en tres vías y dos modos. Se asume que las distancia entre los estímulos i y j para la matriz k (k-ésima fuente de datos) viene dada por la siguiente expresión:

$$d_{ij,k} = \sqrt{\sum_{a=1}^{m} v_{ia} w_{ka} \left(x_{ia} - x_{ja} \right)^2}$$

v_{ia} es una matriz de pesos, de dimensiones $n \times m$ cuyas celdas indican el peso de cada uno de los n estímulos en cada una de las m dimensiones.

w_{ka} es una matriz de dimensiones $r \times m$ cuyas celdas indican el peso otorgado por cada sujeto (o fuente de datos) a cada dimensión. Esta matriz tiene una interpretación similar a la matriz correspondiente del modelo INDSCAL.

La salida del procedimiento AINDS presenta una matriz X de coordenadas de los n estímulos en las m dimensiones, una matriz V de pesos de los n estímulos en las m dimensiones y una matriz W de pesos de los r sujetos en las m dimensiones.

10.9.3 Ejemplo de modelo PROXCAL con Python

Consideramos el fichero de datos *proxcal.xlsx* que contiene 10 datos sobre 5 puntos de ventas de una empresa para el estudio de su similaridad. Se trata de segmentar por afinidad los puntos de venta.

punto1	punto2	punto3	punto4	punto5
,00	2,50	3,50	3,00	4,00
2,50	,00	2,80	2,70	4,50
3,50	2,80	,00	1,50	1,00
3,00	2,70	1,50	,00	2,00
4,00	4,50	1,00	2,00	,00
,00	2,50	3,50	3,00	4,00
,00	2,50	3,50	3,00	4,00
2,50	,00	2,80	2,70	4,50
3,50	2,80	,00	1,50	1,00
4,00	4,50	1,00	2,00	,00

Comenzaremos trasponiendo los datos para que sean susceptibles de aplicación del escalamiento multidimensional. La Figura siguiente presenta los datos traspuestos y preparados ya para aplicar el escalamiento que se almacenan en el archivo *PROXCALT.xlsx*.

PUNTOS	DATO1	DATO2	DATO3	DATO4	DATO5	DATO6	DATO7	DATO8	DATO9	DATO10
punto1	,00	2,50	3,50	3,00	4,00	,00	,00	2,50	3,50	4,00
punto2	2,50	,00	2,80	2,70	4,50	2,50	2,50	,00	2,80	4,50
punto3	3,50	2,80	,00	1,50	1,00	3,50	3,50	2,80	,00	1,00
punto4	3,00	2,70	1,50	,00	2,00	3,00	3,00	2,70	1,50	2,00
punto5	4,00	4,50	1,00	2,00	,00	4,00	4,00	4,50	1,00	,00

Para realizar el escalamiento utilizaremos la siguiente sintaxis:

```
import numpy as np
import pandas as pd
import matplotlib.pyplot as plt
from sklearn.manifold import MDS
from sklearn.metrics import pairwise_distances

data=pd.read_excel('C:\DATOSAM\PROXCALT.xlsx')
df = pd.DataFrame(data)
print(df)

X=df.drop(columns=['PUNTOS'])
y=df['PUNTOS']
print(X)
print(y)

dissimilarity_matrix = pairwise_distances(X, metric='euclidean')
print(dissimilarity_matrix)

df_dissimilarity = pd.DataFrame(dissimilarity_matrix, index=X.index, columns=X.index)
print(df_dissimilarity)
```

```python
mds = MDS(n_components=2, dissimilarity='precomputed', random_state=42)
mds_result = mds.fit_transform(dissimilarity_matrix)
print(mds_result)

X_mds = pd.DataFrame(mds_result, columns=['Dim1', 'Dim2'],
                     index=['Punto1', 'Punto2', 'Punto3', 'Punto4', 'Punto5'])

print(X_mds)

plt.figure(figsize=(8, 6))
plt.scatter(X_mds['Dim1'], X_mds['Dim2'])

for label, x, y in zip(X_mds.index, X_mds['Dim1'], X_mds['Dim2']):
    plt.annotate(label, xy=(x, y), xytext=(5, 5), textcoords='offset points')

plt.title('Multidimensioanl Scaling (MDS)')
plt.xlabel('Dimensi0n 1')
plt.ylabel('Dimension 2')
plt.grid(True)
plt.show()
```

El mapa perceptual es el siguiente:

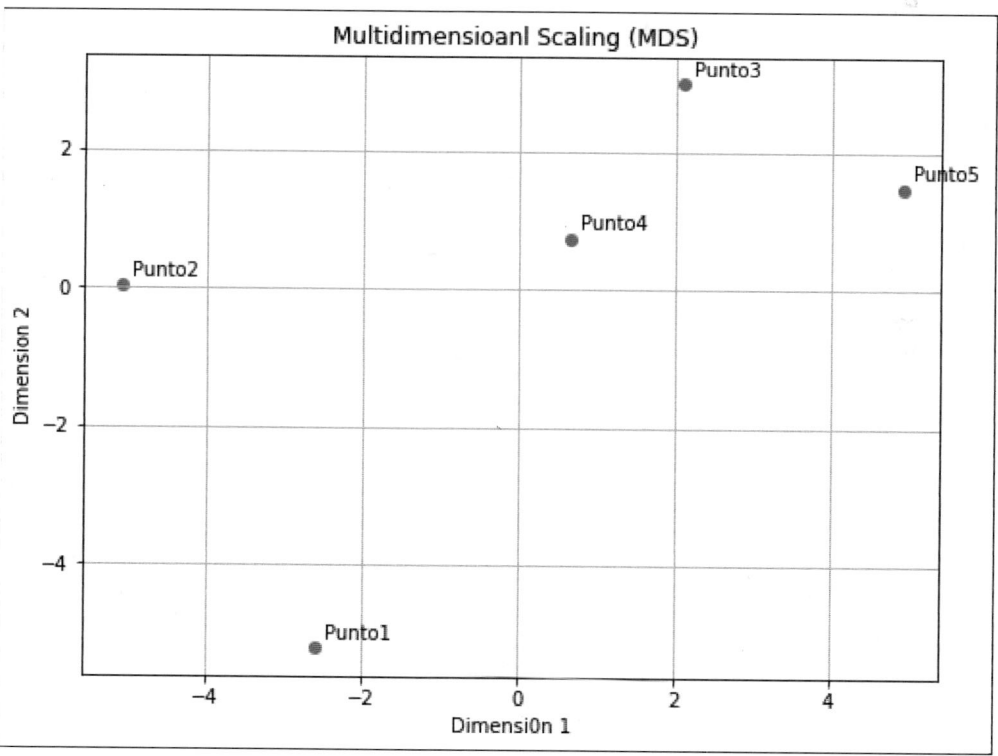

El mapa perceptual muestra bastante disimilaridad entre los distintos puntos de venta (todos ellos están muy dispersos en el gráfico). Quizá los puntos de venta 3, 4 y 5 presenten algo de similitud.

Ejercicio 10-1. El archivo zonasmad.sav contiene datos relativos a variables económicas y de población de los barrios de Madrid. Las variables son población total (pt), población menor de 14 (p14), población mayor de 10 años (p10), jubilados (p65), analfabetos (anal), nivel de educación superior (nes), ocupados (ocu), ocupados en la industria (ocuin), ocupador en servicios (ocuser), técnicos (tec), personal directivo (pd) y trabajadores manuales (tm). Con esta información se trata de realizar una segmentación de los barrios de Madrid por nivel de desarrollo económico utilizando escalamiento multidimensional.

Utilizaremos escalamiento multidimensional para matrices no simétricas mediante la siguiente sintaxis:

```
import numpy as np
import pandas as pd
import matplotlib.pyplot as plt
from sklearn.manifold import MDS
from sklearn.metrics import pairwise_distances

data=pd.read_excel('C:\DATOSAM\zonasmad.xlsx')
df = pd.DataFrame(data)
print(df)

X=df.drop(columns=['b'])
y=df['b']
print(X)
print(y)

dissimilarity_matrix = pairwise_distances(X, metric='euclidean')
print(dissimilarity_matrix)

df_dissimilarity = pd.DataFrame(dissimilarity_matrix, index=X.index, columns=X.index)
print(df_dissimilarity)

mds = MDS(n_components=2, dissimilarity='precomputed', random_state=42)
mds_result = mds.fit_transform(dissimilarity_matrix)
print(mds_result)

X_mds = pd.DataFrame(mds_result, columns=['Dim1', 'Dim2'],
                index=['Centro', 'Arganzuela', 'Retiro', 'Salamanca',
                       'Chamartin', 'Tetuán', 'Chamberí', 'Fuencarral',
                       'Moncloa', 'Latina', 'Carabanchel', 'Villaverde',
                       'Mediodía', 'Vallecas', 'Moratalaz', 'C_lineal',
                       'San Blas', 'Hortaleza'])

print(X_mds)
```

```
plt.figure(figsize=(8, 6))
plt.scatter(X_mds['Dim1'], X_mds['Dim2'])

for label, x, y in zip(X_mds.index, X_mds['Dim1'], X_mds['Dim2']):
    plt.annotate(label, xy=(x, y), xytext=(5, 5), textcoords='offset points')

plt.title('Multidimensioanl Scaling (MDS)')
plt.xlabel('Dimensi0n 1')
plt.ylabel('Dimension 2')
plt.grid(True)
plt.show()
```

El mapa perceptual obtenido es el siguiente

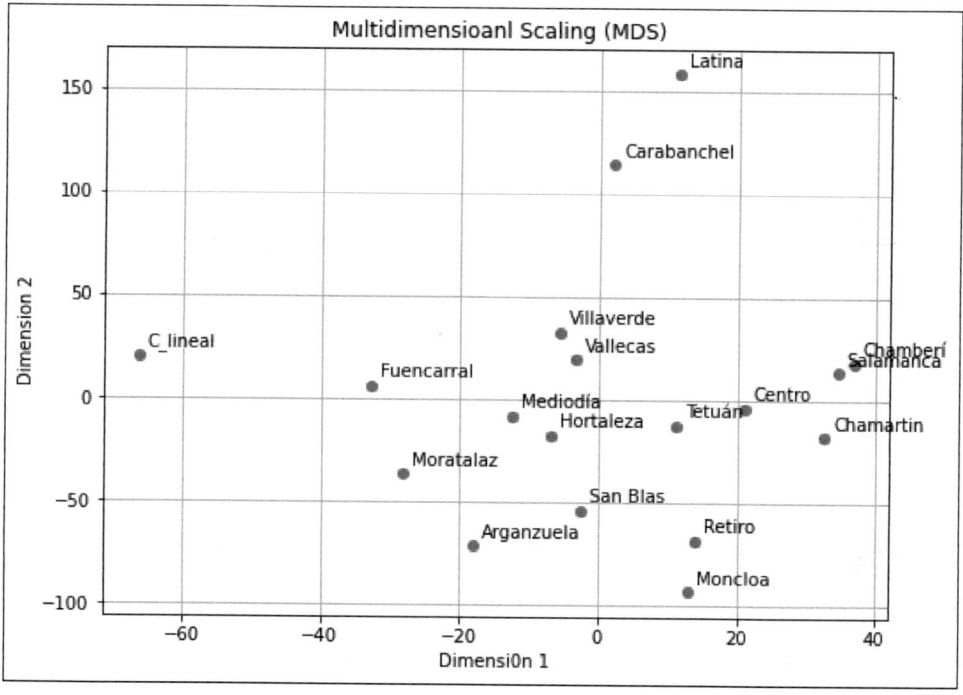

En el mapa perceptual observamos que Ciudad Lineal constituye un segmento aislado, Chamberí, Salamanca y quizás Chamartín forman otro segmento. Centro y Tetuán podrían formar otro segmento. Lo mismo ocurre con Fuencarral y Moratalaz. Moncloa y Retiro forman otro segmento. Carabanchel y Latina también forman otro segmento. San Blas y Arganzuela forman otro segmento. Hortaleza y Mediodía forman otro segmento y finalmente, Vallecas y Villaverde forman el último segmento. Se supone que los distritos que están en el mismo segmento tienen un nivel de desarrollo similar. De esta forma hemos segmentado los barrios de Madrid por nivel de desarrollo.

Ejercicio 10-2. El archivo DELITOSSIMETRICO.xlsx contiene las frecuencias simultáneas de ocurrencia de distintos delitos. A partir de estos datos se trata de realizar un escalamiento multidimensional que segmente los distintos delitos por similitud entre sí. La matriz de datos es la siguiente:

Delito	Homic	Atraco	Robo	Violación	Agresi	Desfal	Chant	Secues	Contra	Terr
Homic	0	.	.	.	.	.	.	.	.	.
Atraco	21	0	.	.	.	.	.	.	.	.
Robo	11	2	0	.	.	.	.	.	.	.
Violaci	3	7	9	0	.	.	.	.	.	.
Agresi	6	4	12	5	0	.	.	.	.	.
Desfalc	45	26	13	40	36	0	.	.	.	.
Chantaj	29	28	25	20	22	37	0	.	.	.
Secues	18	23	16	15	14	41	10	0	.	.
Contrab	34	31	24	30	27	43	42	38	0	.
Terroris	8	35	33	32	17	44	19	1	39	0

Comenzamos completando la parte superior de la matriz simétrica de datos en el archivo *DELITOSSIMETRICO.xlsx*. Como los datos constituyen una matriz simétrica, utilizaremos la siguiente sintaxis de Python:

```python
import numpy as np
import pandas as pd
import matplotlib.pyplot as plt
from sklearn.manifold import MDS

data=pd.read_excel('C:\DATOSAM\DELITOSSIMETRICO.xlsx')
df = pd.DataFrame(data)
print(df)

X=df.drop(columns=['delito'])
y=df['delito']
print(X)
print(y)

mds = MDS(n_components=2, dissimilarity='precomputed', random_state=42)
mds_result = mds.fit_transform(X)

df_mds = pd.DataFrame(mds_result, columns=['Dim1', 'Dim2'],
                index=['Homicidio', 'Atraco', 'Robo', 'Violación',
                       'Agresión', 'Desfalco', 'Chantaje', 'Secuestro',
                       'Contrabando', 'Terrorismo'])
print(df_mds)

plt.figure(figsize=(8, 6))
plt.scatter(df_mds['Dim1'], df_mds['Dim2'])

for label, x, y in zip(df_mds.index, df_mds['Dim1'], df_mds['Dim2']):
    plt.annotate(label, xy=(x, y), xytext=(5, 5), textcoords='offset points')

plt.title('Multidimensional Scaling (MDS)')
plt.xlabel('Dimension 1')
plt.ylabel('Dimension 2')
plt.grid(True)
plt.show()
```

El mapa perceptual obtenido es el siguiente:

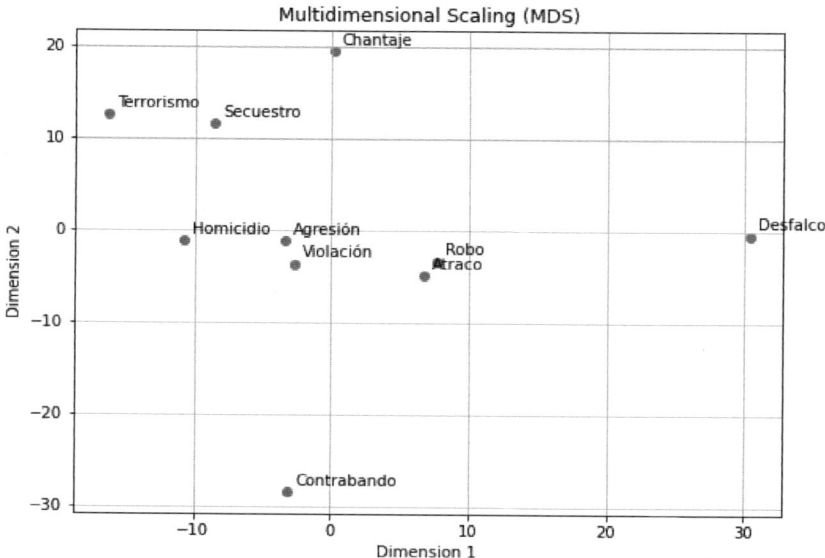

Se observa que tanto el desfalco como el contrabando no se relacionan con ningún otro delito al formar segmentos unitarios. El secuestro y el terrorismo están muy relacionados y no están lejos del chantaje, así que estos tres tipos de delitos podrían formar otro segmento. Lo mismo ocurre con la agresión, la violación y el homicidio, que forman otro segmento. Finalmente, también están muy relacionados el robo y el atraco, que forman también un segmento.

Ejercicio 10-3. El archivo CIUDADESEUROPEAS.sav contiene las distancias en kilómetros entre las distintas capitales europeas y presenta el siguiente aspecto.

ciudades	atenas	berlín	estoco...	londres	madrid	moscú	parís	roma	varso...	viena
Atenas	,00	.	.	.	.	.	.	.	.	.
Berlín	1774,00	,00	.	.	.	.	.	.	.	.
Estoco	2371,00	806,00	,00	.	.	.	.	.	.	.
Londre	2355,00	919,00	1387,00	,00	.	.	.	.	.	.
Madrid	2387,00	1855,00	2548,00	1258,00	,00	.	.	.	.	.
Moscú	2177,00	1565,00	1210,00	2419,00	3371,00	,00	.	.	.	.
París	2065,00	871,00	1516,00	339,00	1048,00	2419,00	,00	.	.	.
Roma	1048,00	1177,00	1952,00	1419,00	1371,00	2323,00	1097,00	,00	.	.
Varsov	1581,00	484,00	790,00	1403,00	2258,00	1129,00	1323,00	1290,00	,00	.
Viena	1274,00	516,00	1226,00	1210,00	1806,00	1613,00	1016,00	758,00	548,00	,00

Se trata de construir un mapa perceptual que sitúe las ciudades en el mapa real europeo utilizando escalamiento multidimensional.

Comenzamos completando la parte superior de la matriz simétrica de datos para formar el archivo *CIUDADESEUROPEASSIMETRICO.sav*. Como los datos constituyen una matriz simétrica, utilizaremos la siguiente sintaxis de Python:

```python
import numpy as np
import pandas as pd
import matplotlib.pyplot as plt
from sklearn.manifold import MDS

data=pd.read_excel('C:\DATOSAM\CIUDADESSIMETRICO.xlsx')
df = pd.DataFrame(data)
print(df)

X=df.drop(columns=['ciudades'])
y=df['ciudades']
print(X)
print(y)

mds = MDS(n_components=2, dissimilarity='precomputed', random_state=42)
mds_result = mds.fit_transform(X)

df_mds = pd.DataFrame(mds_result, columns=['Dim1', 'Dim2'],
                      index=['Atenas', 'Berín', 'Estocolmo', 'Londres', 'Madrid',
                             'Moscú', 'París', 'Roma', 'Varsovia', 'Viena'])
print(df_mds)

plt.figure(figsize=(8, 6))
plt.scatter(df_mds['Dim1'], df_mds['Dim2'])

for label, x, y in zip(df_mds.index, df_mds['Dim1'], df_mds['Dim2']):
    plt.annotate(label, xy=(x, y), xytext=(5, 5), textcoords='offset points')

plt.title('Multidimensional Scaling (MDS)')
plt.xlabel('Dimension 1')
plt.ylabel('Dimension 2')
plt.grid(True)
plt.show()
```

En la figura siguiente se muestra el mapa perceptual. Se observa que el mapa sitúa las ciudades europeas en el lugar que les corresponde, salvo un giro de 90 grados hacia la izquierda.

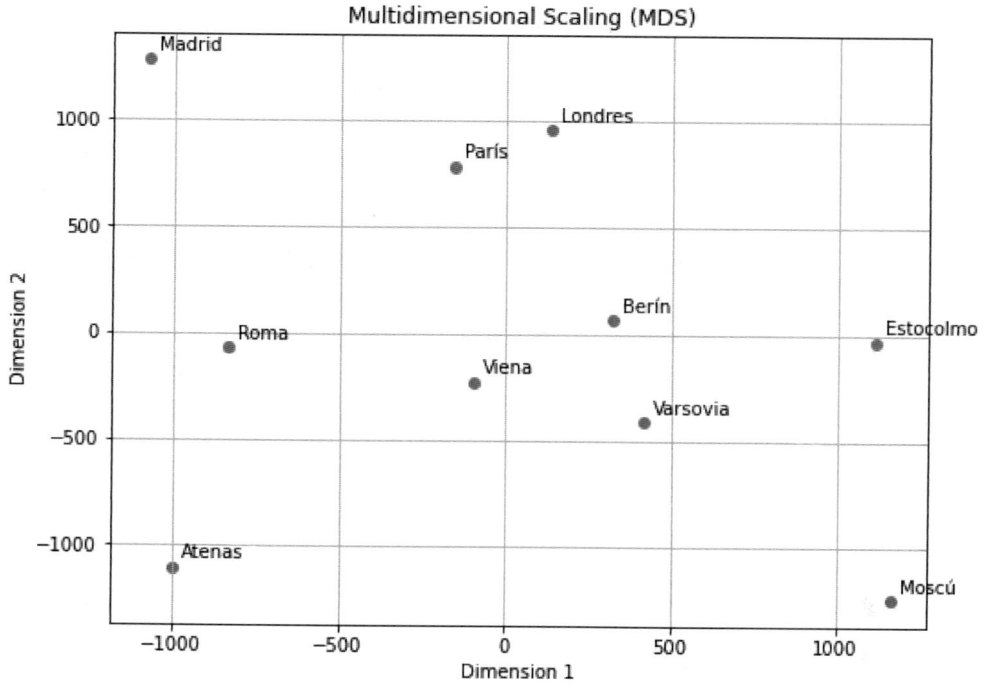

Figura 10-12

ANÁLISIS CLÚSTER CON REDES NEURONALES A TRAVÉS DE PYTHON. REDES SOM DE KOHONEN Y AUTOENCODERS

11.1 ANÁLISIS CLÚSTER CON REDES NEURONALES: RED NEURONAL DE KOHONEN

La Red Neuronal de Kohonen o Mapas Autoorganizados (Self-Organizing Maps, SOM) es una técnica de aprendizaje no supervisado utilizada comúnmente para realizar análisis de clústeres. Este tipo de red es útil para la reducción de la dimensionalidad y la visualización de patrones complejos en los datos. Para realizar un análisis de clúster usando una red de Kohonen en Python, podemos usar la librería `MiniSom`, que facilita la implementación de un SOM.

A continuación, vamos a ilustrar esta red neuronal con un ejemplo en el que se trata de construir clústeres con los barrios de Madrid de acuerdo a varias variables de clasificación que se almacenan en el archivo *zonasmad1.xlsx*.

Comenzamos cargando las librerías de Python necesarias, cargando los datos y estandarizándolos.

```
pip install minisom
import numpy as np
import pandas as pd
from minisom import MiniSom
import matplotlib.pyplot as plt
from sklearn.preprocessing import MinMaxScaler

archivo = 'C:\DATOSAM\zonasmad1.xlsx'
datos = pd.read_excel(archivo)
print(datos.head())

scaler = MinMaxScaler()
datos_normalizados = scaler.fit_transform(datos)
```

	pt	p14	p65	p10	anal	nes	ocu	ocuin	ocuser	tec	pd	tm
0	166.5	23.3	38.1	152.8	4.2	21.4	54.1	7.6	41.7	8.8	0.8	10.3
1	121.1	23.5	18.4	106.1	2.0	16.5	69.4	7.6	28.6	7.2	0.6	8.4
2	126.0	27.2	16.8	109.2	1.2	28.1	39.9	6.3	30.1	10.4	1.9	4.7
3	180.0	30.5	33.4	162.1	1.2	45.3	57.5	7.6	45.1	16.1	2.6	5.4
4	180.0	30.5	16.1	130.3	1.3	39.3	48.1	7.2	35.8	14.5	2.8	4.8

A continuación, definimos el tamaño de la red, la inicializamos, la entrenamos, graficar el mapa de calor de las frecuencias.

```
som_filas, som_columnas = 10, 10

som = MiniSom(som_filas, som_columnas, datos_normalizados.shape[1], sigma=0.5, learning_rate=0.5)
som.train_random(datos_normalizados, 1000)

ganadores = np.array([som.winner(x) for x in datos_normalizados])

frecuencia_neuronas = np.zeros((som_filas, som_columnas))

for ganador in ganadores:
    frecuencia_neuronas[ganador] += 1

plt.figure(figsize=(7, 7))
plt.pcolor(frecuencia_neuronas.T, cmap='Blues')
plt.colorbar()
```

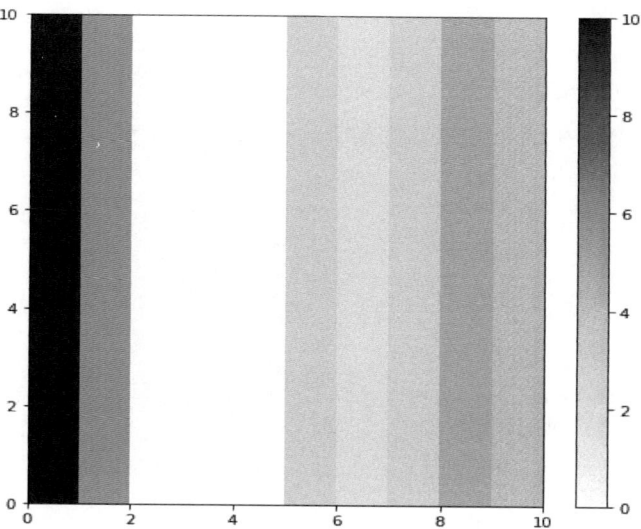

A continuación, se etiquetan los clústeres y se obtienen las coordenadas de los mismos.

```
for x, t in zip(ganadores, datos.index):
    plt.text(x[0] + 0.5, x[1] + 0.5, str(t), fontsize=10, ha='center', va='center', color='red')

plt.title('Mapa SOM - Distribución de Clústeres')
plt.show()

clústeres = pd.DataFrame(ganadores, columns=['Cluster X', 'Cluster Y'])
datos_con_clústeres = pd.concat([datos, clústeres], axis=1)
print(datos_con_clústeres)
```

	pt	p14	p65	p10	anal	...	tec	pd	tm	Cluster X	Cluster Y
0	166.5	23.3	38.1	152.8	4.2	...	8.8	0.8	10.3	1	9
1	121.1	23.5	18.4	106.1	2.0	...	7.2	0.6	8.4	1	7
2	126.0	27.2	16.8	109.2	1.2	...	10.4	1.9	4.7	5	6
3	180.0	30.5	33.4	162.1	1.2	...	16.1	2.6	5.4	0	9
4	180.0	30.5	16.1	130.3	1.3	...	14.5	2.8	4.8	5	7
5	164.2	31.3	23.5	145.1	4.2	...	9.6	1.1	12.2	1	9
6	182.7	29.4	35.0	165.4	1.8	...	17.1	2.4	6.1	0	9
7	176.2	51.3	15.6	142.2	3.6	...	11.1	1.6	14.3	0	8
8	108.4	23.4	13.4	94.2	1.5	...	8.7	1.4	5.5	5	6
9	289.5	79.5	23.1	239.7	6.0	...	10.4	1.3	26.4	1	8
10	255.9	60.5	24.1	218.3	7.3	...	7.5	1.0	28.2	1	8
11	195.0	48.5	16.1	166.1	8.3	...	3.7	0.5	26.3	0	0
12	171.7	49.3	11.1	139.9	9.8	...	2.9	0.3	22.9	0	0
13	186.2	42.2	20.3	159.8	10.3	...	3.1	0.3	23.8	0	0
14	145.9	40.8	10.9	121.4	3.9	...	11.6	2.1	19.7	0	8
15	135.1	55.3	21.9	201.5	4.3	...	11.6	2.1	19.7	0	8
16	137.7	32.1	10.3	118.5	6.0	...	2.9	0.2	18.2	0	1
17	167.9	51.4	10.1	132.6	4.0	...	7.9	1.4	15.8	0	7

La sintaxis completa sería la siguiente:

```
pip install minisom
import numpy as np
import pandas as pd
from minisom import MiniSom
import matplotlib.pyplot as plt
from sklearn.preprocessing import MinMaxScaler

archivo = 'C:\DATOSAM\zonasmad1.xlsx'
datos = pd.read_excel(archivo)
print(datos.head())

scaler = MinMaxScaler()
datos_normalizados = scaler.fit_transform(datos)

som_filas, som_columnas = 10, 10

som = MiniSom(som_filas, som_columnas, datos_normalizados.shape[1], sigma=0.5, learning_rate=0.5)
som.train_random(datos_normalizados, 1000)

ganadores = np.array([som.winner(x) for x in datos_normalizados])

frecuencia_neuronas = np.zeros((som_filas, som_columnas))

for ganador in ganadores:
    frecuencia_neuronas[ganador] += 1

plt.figure(figsize=(7, 7))
plt.pcolor(frecuencia_neuronas.T, cmap='Blues')
plt.colorbar()

for x, t in zip(ganadores, datos.index):
    plt.text(x[0] + 0.5, x[1] + 0.5, str(t), fontsize=10, ha='center', va='center', color='red')

plt.title('Mapa SOM - Distribución de Clústeres')
plt.show()

clústeres = pd.DataFrame(ganadores, columns=['Cluster X', 'Cluster Y'])
datos_con_clústeres = pd.concat([datos, clústeres], axis=1)
print(datos_con_clústeres)
```

11.2 REDES NEURONALES AUTOENCODERS CON PYTHON

Para realizar un análisis de clúster utilizando redes neuronales en Python, puedes usar una variante llamada **Redes Neuronales Autoencoders** o algoritmos de clustering tradicionales como **K-Means** combinados con redes neuronales. El enfoque común es usar un **autoencoder** para reducir la dimensionalidad de los datos y luego aplicar un algoritmo de clustering como K-Means sobre los datos comprimidos.

Para realizar análisis de clúster con autoencoders y K-Means:

1. **Cargar los datos desde un archivo.**

2. **Preprocesar los datos.**

3. **Construir y entrenar un autoencoder para reducir la dimensionalidad.**

4. **Aplicar K-Means sobre las características aprendidas.**

5. **Visualizar los resultados del clustering.**

Como ejemplo, queremos clasificar los barrios de Madrid por nivel de desarrollo en función de las variables del archivo *zonasmad.xlsx*. Los datos ya son conocidos de capítulos anteriores y se presentan a continuación.

		b	pt	p14	p65	p10	anal	nes	ocu	ocuin	ocuser	tec	pd	tm
1	Centro		166.5	23.3	38.1	152.8	4.2	21.4	54.1	7.6	41.7	8.8	0.8	10.3
2	Arganzuela		121.1	23.5	18.4	106.1	2.0	16.5	69.4	7.6	28.6	7.2	0.6	8.4
3	Retiro		126.0	27.2	16.8	109.2	1.2	28.1	39.9	6.3	30.1	10.4	1.9	4.7
4	Salamanca		180.0	30.5	33.4	162.1	1.0	45.3	57.5	7.6	45.1	16.1	2.6	5.4
5	Chamartín		180.0	30.5	16.1	130.3	1.3	39.3	48.1	7.2	35.8	14.5	2.8	4.8
6	Tetuán		164.2	31.3	23.5	145.1	4.2	24.2	52.3	9.6	37.9	9.6	1.1	12.2
7	Chamberi		182.7	29.4	35.0	165.4	1.8	47.2	59.4	7.5	46.4	17.1	2.4	6.1
8	Fuencarral		176.2	51.3	15.6	142.2	3.6	21.6	95.6	10.3	38.7	11.1	1.6	14.3
9	Moncloa		108.4	23.4	13.4	94.2	1.5	32.5	34.6	5.3	26.0	8.7	1.4	5.5
10	Latina		289.5	79.5	23.1	239.7	6.0	22.7	86.6	17.7	59.8	10.4	1.3	26.4
11	Carabanchel		255.6	60.5	24.1	218.3	7.3	16.6	77.4	19.4	50.1	7.5	1.0	28.2
12	Villaverde		195.0	48.5	16.1	166.1	8.3	9.0	56.6	19.3	30.7	3.7	0.5	26.3
13	Mediodía		171.7	49.3	11.1	139.9	9.8	5.5	48.5	13.3	28.1	2.9	0.3	22.9
14	Vallecas		186.2	42.2	20.3	159.8	10.3	7.2	53.7	13.6	32.5	3.1	0.3	23.8
15	Moratalaz		145.9	40.8	10.9	121.4	3.9	10.1	73.7	16.5	49.0	11.6	2.1	19.7
16	Ciudad Lineal		135.1	55.3	21.9	201.5	4.3	28.2	73.7	16.5	49.0	11.6	2.1	19.7
17	San Blas		137.7	32.1	10.3	118.5	6.0	6.3	41.4	12.2	24.1	2.9	0.2	18.2
18	Hortaleza		167.9	51.4	10.1	132.6	4.0	15.5	51.6	12.3	33.7	7.9	1.4	15.8

La primera tarea será eliminar del archivo la variable b, para que todas las variables sean cuantitativas.

Comenzamos cargando las bibliotecas de Python necesarias, importando los datos y estandarizándolos.

```
import pandas as pd
from sklearn.preprocessing import StandardScaler

data = pd.read_excel('C:\DATOSAM\zonasmad1.xlsx')

X = data.values

scaler = StandardScaler()
X_scaled = scaler.fit_transform(X)
```

La siguiente tarea es definir la arquitectura del Autoencoder (capa de entrada, capa de codificación, capa de decodificación).

```python
import tensorflow as tf
from tensorflow.keras.models import Model
from tensorflow.keras.layers import Input, Dense

input_dim = X_scaled.shape[1]
encoding_dim = 2

input_layer = Input(shape=(input_dim,))

encoded = Dense(encoding_dim, activation='relu')(input_layer)

decoded = Dense(input_dim, activation='sigmoid')(encoded)
```

Ahora creamos el autoencoder y el codificador, compilamos el modelo, entrenamos el autoencoder y obtenemos las características codificadas.

```python
autoencoder = Model(input_layer, decoded)

encoder = Model(input_layer, encoded)

autoencoder.compile(optimizer='adam', loss='binary_crossentropy')

autoencoder.fit(X_scaled, X_scaled, epochs=50, batch_size=256, shuffle=True, validation_split=0.2)

X_encoded = encoder.predict(X_scaled)
```

La siguiente tarea es aplicar k-means y obtener los clústeres.

```python
from sklearn.cluster import KMeans

kmeans = KMeans(n_clusters=3, random_state=42)
clusters = kmeans.fit_predict(X_encoded)

data['Cluster'] = clusters
print(data.head())

print(data)
```

```
       pt    p14    p65    p10   anal  ...  ocuser    tec    pd     tm  Cluster
0   166.5   23.3   38.1  152.8    4.2  ...    41.7    8.8   0.8   10.3        1
1   121.1   23.5   18.4  106.1    2.0  ...    28.6    7.2   0.6    8.4        1
2   126.0   27.2   16.8  109.2    1.2  ...    30.1   10.4   1.9    4.7        0
3   180.0   30.5   33.4  162.1    1.2  ...    45.1   16.1   2.6    5.4        0
4   180.0   30.5   16.1  130.3    1.3  ...    35.8   14.5   2.8    4.8        0
5   164.2   31.3   23.5  145.1    4.2  ...    37.9    9.6   1.1   12.2        1
6   182.7   29.4   35.0  165.4    1.8  ...    46.4   17.1   2.4    6.1        0
7   176.2   51.3   15.6  142.2    3.6  ...    38.7   11.1   1.6   14.3        1
8   108.4   23.4   13.4   94.2    1.5  ...    26.0    8.7   1.4    5.5        0
9   289.5   79.5   23.1  239.7    6.0  ...    59.8   10.4   1.3   26.4        2
10  255.9   60.5   24.1  218.3    7.3  ...    50.1    7.5   1.0   28.2        2
11  195.0   48.5   16.1  166.1    8.3  ...    30.7    3.7   0.5   26.3        1
12  171.7   49.3   11.1  139.9    9.8  ...    28.1    2.9   0.3   22.9        1
13  186.2   42.2   20.3  159.8   10.3  ...    32.5    3.1   0.3   23.8        1
14  145.9   40.8   10.9  121.4    3.9  ...    49.0   11.6   2.1   19.7        1
15  135.1   55.3   21.9  201.5    4.3  ...    49.0   11.6   2.1   19.7        1
16  137.7   32.1   10.3  118.5    6.0  ...    24.1    2.9   0.2   18.2        1
17  167.9   51.4   10.1  132.6    4.0  ...    33.7    7.9   1.4   15.8        1
```

La sintaxis completa sería la siguiente:

```python
import pandas as pd
from sklearn.preprocessing import StandardScaler

data = pd.read_excel('C:\DATOSAM\zonasmad1.xlsx')

X = data.values

scaler = StandardScaler()
X_scaled = scaler.fit_transform(X)

import tensorflow as tf
from tensorflow.keras.models import Model
from tensorflow.keras.layers import Input, Dense

input_dim = X_scaled.shape[1]
encoding_dim = 2

input_layer = Input(shape=(input_dim,))

encoded = Dense(encoding_dim, activation='relu')(input_layer)

decoded = Dense(input_dim, activation='sigmoid')(encoded)


autoencoder = Model(input_layer, decoded)

encoder = Model(input_layer, encoded)

autoencoder.compile(optimizer='adam', loss='binary_crossentropy')

autoencoder.fit(X_scaled, X_scaled, epochs=50, batch_size=256, shuffle=True,
                validation_split=0.2)

X_encoded = encoder.predict(X_scaled)

from sklearn.cluster import KMeans

kmeans = KMeans(n_clusters=3, random_state=42)
clusters = kmeans.fit_predict(X_encoded)

data['Cluster'] = clusters
print(data.head())
```

Ejercicio 11-1. Consideremos los datos relativos a la cantidad de proteínas consumidas en cada uno de 25 estados europeos en nueve grupos de comidas (archivo PROTEINAS.xlsx).

Estado	Carne roja	Carne blanca	Huevos	Leche	Pescado	Cereal	Fécula	Secos	Fruta
Albania	10.1	1.4	0.5	8.9	0.2	42.3	0.6	5.5	1.7
Austria	8.9	14.0	4.3	19.9	2.1	28.0	3.6	1.3	4.3
Belgica	13.5	9.3	4.1	17.5	4.5	26.6	5.7	2.1	4.0
Bulgaria	7.8	6.0	1.6	8.3	1.2	56.7	1.1	3.7	4.2
Checoslovaquia	9.7	11.4	2.8	13.5	2.0	34.3	5.0	1.1	4.0
Dinamarca	10.6	10.8	3.7	25.0	9.9	21.9	4.8	0.7	2.4
Alemania	8.4	11.6	3.7	11.1	5.4	24.6	6.5	0.8	3.6
Finlandia	9.5	4.9	2.7	33.7	5.8	26.3	5.1	1.0	1.4
Francia	18.0	9.9	3.3	19.5	5.7	28.1	4.8	2.4	6.5
Grecia	10.2	3.0	2.8	17.6	5.9	41.7	2.2	7.8	6.5
Hungria	5.3	13.4	2.9	9.7	0.3	40.1	4.0	5.4	4.2
Irlanda	13.9	10.0	4.7	25.8	2.2	24.0	6.2	1.6	2.9
Italia	9.0	5.1	2.9	13.7	3.4	36.8	2.1	4.3	6.7
Holanda	9.5	13.6	3.6	23.4	2.5	22.4	4.2	1.8	3.7
Noruega	9.4	4.7	2.7	23.3	9.7	23.0	4.6	1.6	2.7
Polonia	6.9	10.2	2.7	19.3	3.0	36.1	5.9	2.0	6.6
Portugal	6.2	3.7	1.1	4.9	14.2	27.0	5.9	4.7	7.9
Rumania	6.2	6.3	1.5	11.1	1.0	49.6	3.1	5.3	2.8
Spana	7.1	3.4	3.1	8.6	7.0	29.2	5.7	5.9	7.2
Suecia	9.9	7.8	3.5	4.7	7.5	19.5	3.7	1.4	2.0
Suiza	13.1	10.1	3.1	23.8	2.3	25.6	2.8	2.4	4.9
UK	17.4	5.7	4.7	20.6	4.3	24.3	4.7	3.4	3.3
USSR	9.3	4.6	2.1	16.6	3.0	43.6	6.4	3.4	2.9
Luxemburgo	11.4	13.5	4.1	18.8	3.4	18.6	5.2	1.5	3.8
Yugoslavia	4.4	5.0	1.2	9.5	0.6	55.9	3.0	5.7	3.2

Clasificar los países europeos en grupos similares de acuerdo a las proteínas consumidas en las distintas comidas utilizando una red neuronal de Kohonen.

Construiremos clústeres con los países europeos de acuerdo a varias variables de clasificación que se almacenan en el archivo *PROTEINAS11.xlsx*. En este conjunto se ha prescindido de la variable con el nombre el estado para que todas las variables de clasificación sean de tipo numérico.

Comenzamos cargando las librerías de Python necesarias, cargando los datos y estandarizándolos.

```
pip install minisom
import numpy as np
import pandas as pd
from minisom import MiniSom
import matplotlib.pyplot as plt
from sklearn.preprocessing import MinMaxScaler

archivo = 'C:\DATOSAM\PROTEINAS1.xlsx'
datos = pd.read_excel(archivo)
print(datos.head())

scaler = MinMaxScaler()
datos_normalizados = scaler.fit_transform(datos)
```

A continuación, definimos el tamaño de la red, la inicializamos, la entrenamos y graficamos el mapa de calor de las frecuencias.

```
som_filas, som_columnas = 10, 10

som = MiniSom(som_filas, som_columnas, datos_normalizados.shape[1], sigma=0.5, learning_rate=0.5)
som.train_random(datos_normalizados, 1000)

ganadores = np.array([som.winner(x) for x in datos_normalizados])

frecuencia_neuronas = np.zeros((som_filas, som_columnas))

for ganador in ganadores:
    frecuencia_neuronas[ganador] += 1

plt.figure(figsize=(7, 7))
plt.pcolor(frecuencia_neuronas.T, cmap='Blues')
plt.colorbar()
```

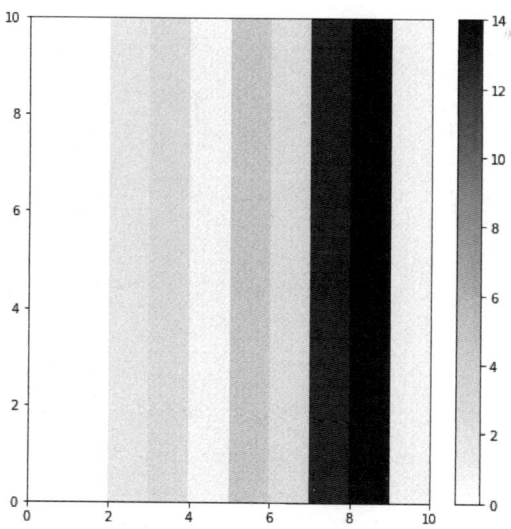

A continuación, se etiquetan los clústeres y se obtienen las coordenadas de los mismos.

```python
for x, t in zip(ganadores, datos.index):
    plt.text(x[0] + 0.5, x[1] + 0.5, str(t), fontsize=10, ha='center', va='center', color='red')

plt.title('Mapa SOM - Distribución de Clústeres')
plt.show()

clústeres = pd.DataFrame(ganadores, columns=['Cluster X', 'Cluster Y'])
datos_con_clústeres = pd.concat([datos, clústeres], axis=1)
print(datos_con_clústeres)
```

Obtenemos la siguiente salida con la clasificación clúster

	CarneR	CarneB	Huevos	Leche	...	Secos	Fruta	Cluster X	Cluster Y
0	10.1	1.4	0.5	8.9	...	5.5	1.7	4	7
1	8.9	14.0	4.3	19.9	...	1.3	4.3	8	7
2	13.5	9.3	4.1	17.5	...	2.1	4.0	7	8
3	7.8	6.0	1.6	8.3	...	3.7	4.2	5	8
4	9.7	11.4	2.8	13.5	...	1.1	4.0	6	7
5	10.6	10.8	3.7	25.0	...	0.7	2.4	8	8
6	8.4	11.6	3.7	11.1	...	0.8	3.6	7	8
7	9.5	4.9	2.7	33.7	...	1.0	1.4	8	8
8	18.0	9.9	3.3	19.5	...	2.4	6.5	7	7
9	5.3	13.4	2.9	9.7	...	5.4	4.2	5	7
10	13.9	10.0	4.7	25.8	...	1.6	2.9	7	8
11	9.0	5.1	2.9	13.7	...	4.3	6.7	6	6
12	9.5	13.6	3.6	23.4	...	1.8	3.7	8	7
13	9.4	4.7	2.7	23.3	...	1.6	2.7	8	8
14	6.9	10.2	2.7	19.3	...	2.0	6.6	6	7
15	6.2	3.7	1.1	4.9	...	4.7	7.9	2	3
16	6.2	6.3	1.5	11.1	...	5.3	2.8	5	8
17	7.1	3.4	3.1	8.6	...	5.9	7.2	2	3
18	9.9	7.8	3.5	4.7	...	1.4	2.0	5	3
19	13.1	10.1	3.1	23.8	...	2.4	4.9	8	7
20	17.4	5.7	4.7	20.6	...	3.4	3.3	7	7
21	9.3	4.6	2.1	16.6	...	3.4	2.9	9	8
22	11.4	13.5	4.1	18.8	...	1.5	3.8	7	8
23	4.4	5.0	1.2	9.5	...	5.7	3.2	5	8

La sintaxis completa sería la siguiente:

```
pip install minisom
import numpy as np
import pandas as pd
from minisom import MiniSom
import matplotlib.pyplot as plt
from sklearn.preprocessing import MinMaxScaler

archivo = 'C:\DATOSAM\PROTEINAS1.xlsx'
datos = pd.read_excel(archivo)
print(datos.head())

scaler = MinMaxScaler()
datos_normalizados = scaler.fit_transform(datos)

som_filas, som_columnas = 10, 10

som = MiniSom(som_filas, som_columnas, datos_normalizados.shape[1], sigma=0.5, learning_rate=0.5)
som.train_random(datos_normalizados, 1000)

ganadores = np.array([som.winner(x) for x in datos_normalizados])

frecuencia_neuronas = np.zeros((som_filas, som_columnas))

for ganador in ganadores:
    frecuencia_neuronas[ganador] += 1

plt.figure(figsize=(7, 7))
plt.pcolor(frecuencia_neuronas.T, cmap='Blues')
plt.colorbar()

for x, t in zip(ganadores, datos.index):
    plt.text(x[0] + 0.5, x[1] + 0.5, str(t), fontsize=10, ha='center', va='center', color='red')

plt.title('Mapa SOM - Distribución de Clústeres')
plt.show()

clústeres = pd.DataFrame(ganadores, columns=['Cluster X', 'Cluster Y'])
datos_con_clústeres = pd.concat([datos, clústeres], axis=1)
print(datos_con_clústeres)
```

Ejercicio 11-2. Consideremos los datos del ejercicio anterior relativos a la cantidad de proteínas consumidas en cada uno de 25 estados europeos en nueve grupos de comidas (archivo PROTEINAS1.xlsx, clasificar los países europeos en grupos similares de acuerdo a las proteínas consumidas en las distintas comidas utilizando una red neuronal Autoencoder.

La primera tarea será eliminar del archivo la variable Estado, para que todas las variables sean cuantitativas.

Comenzamos cargando las bibliotecas de Python necesarias, importando los datos y estandarizándolos.

```python
import pandas as pd
from sklearn.preprocessing import StandardScaler

data = pd.read_excel('C:\DATOSAM\PROTEINAS1.xlsx')

X = data.values

scaler = StandardScaler()
X_scaled = scaler.fit_transform(X)
```

La siguiente tarea es definir la arquitectura del Autoencoder (capa de entrada, capa de codificación, capa de decodificación).

```python
import tensorflow as tf
from tensorflow.keras.models import Model
from tensorflow.keras.layers import Input, Dense

input_dim = X_scaled.shape[1]
encoding_dim = 2

input_layer = Input(shape=(input_dim,))

encoded = Dense(encoding_dim, activation='relu')(input_layer)

decoded = Dense(input_dim, activation='sigmoid')(encoded)
```

Ahora creamos el autoencoder y el codificador, compilamos el modelo, entrenamos el autoencoder y obtenemos las características codificadas.

```python
autoencoder = Model(input_layer, decoded)

encoder = Model(input_layer, encoded)

autoencoder.compile(optimizer='adam', loss='binary_crossentropy')

autoencoder.fit(X_scaled, X_scaled, epochs=50, batch_size=256, shuffle=True,
                validation_split=0.2)

X_encoded = encoder.predict(X_scaled)
```

La siguiente tarea es aplicar k-means y obtener los clústeres.

```python
from sklearn.cluster import KMeans

kmeans = KMeans(n_clusters=3, random_state=42)
clusters = kmeans.fit_predict(X_encoded)

data['Cluster'] = clusters
print(data.head())
```

Los clústeres obtenidos se presentan a continuación.

	CarneR	CarneB	Huevos	Leche	...	Fecula	Secos	Fruta	Cluster
0	10.1	1.4	0.5	8.9	...	0.6	5.5	1.7	1
1	8.9	14.0	4.3	19.9	...	3.6	1.3	4.3	2
2	13.5	9.3	4.1	17.5	...	5.7	2.1	4.0	0
3	7.8	6.0	1.6	8.3	...	1.1	3.7	4.2	0
4	9.7	11.4	2.8	13.5	...	5.0	1.1	4.0	2
5	10.6	10.8	3.7	25.0	...	4.8	0.7	2.4	1
6	8.4	11.6	3.7	11.1	...	6.5	0.8	3.6	2
7	9.5	4.9	2.7	33.7	...	5.1	1.0	1.4	1
8	18.0	9.9	3.3	19.5	...	4.8	2.4	6.5	0
9	5.3	13.4	2.9	9.7	...	4.0	5.4	4.2	0
10	13.9	10.0	4.7	25.8	...	6.2	1.6	2.9	0
11	9.0	5.1	2.9	13.7	...	2.1	4.3	6.7	0
12	9.5	13.6	3.6	23.4	...	4.2	1.8	3.7	2
13	9.4	4.7	2.7	23.3	...	4.6	1.6	2.7	1
14	6.9	10.2	2.7	19.3	...	5.9	2.0	6.6	2
15	6.2	3.7	1.1	4.9	...	5.9	4.7	7.9	1
16	6.2	6.3	1.5	11.1	...	3.1	5.3	2.8	0
17	7.1	3.4	3.1	8.6	...	5.7	5.9	7.2	0
18	9.9	7.8	3.5	4.7	...	3.7	1.4	2.0	0
19	13.1	10.1	3.1	23.8	...	2.8	2.4	4.9	0
20	17.4	5.7	4.7	20.6	...	4.7	3.4	3.3	0
21	9.3	4.6	2.1	16.6	...	6.4	3.4	2.9	0
22	11.4	13.5	4.1	18.8	...	5.2	1.5	3.8	2
23	4.4	5.0	1.2	9.5	...	3.0	5.7	3.2	0

Finalmente se realiza la representación de los clústeres.

```
import matplotlib.pyplot as plt

plt.scatter(X_encoded[:, 0], X_encoded[:, 1], c=clusters, cmap='viridis')
plt.xlabel('Dimensión 1')
plt.ylabel('Dimensión 2')
plt.title('Clustering con Autoencoder y K-Means')
plt.colorbar()
plt.show()
```

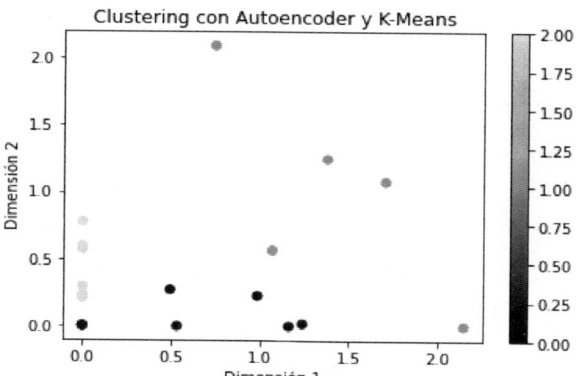

La sintaxis completa sería la siguiente:

```python
import pandas as pd
from sklearn.preprocessing import StandardScaler

data = pd.read_excel('C:\DATOSAM\PROTEINAS1.xlsx')

X = data.values

scaler = StandardScaler()
X_scaled = scaler.fit_transform(X)

import tensorflow as tf
from tensorflow.keras.models import Model
from tensorflow.keras.layers import Input, Dense

input_dim = X_scaled.shape[1]
encoding_dim = 2

input_layer = Input(shape=(input_dim,))

encoded = Dense(encoding_dim, activation='relu')(input_layer)

decoded = Dense(input_dim, activation='sigmoid')(encoded)

autoencoder = Model(input_layer, decoded)

encoder = Model(input_layer, encoded)

autoencoder.compile(optimizer='adam', loss='binary_crossentropy')

autoencoder.fit(X_scaled, X_scaled, epochs=50, batch_size=256, shuffle=True,
                validation_split=0.2)

X_encoded = encoder.predict(X_scaled)

from sklearn.cluster import KMeans

kmeans = KMeans(n_clusters=3, random_state=42)
clusters = kmeans.fit_predict(X_encoded)

data['Cluster'] = clusters
print(data.head())

print(data)

import matplotlib.pyplot as plt

plt.scatter(X_encoded[:, 0], X_encoded[:, 1], c=clusters, cmap='viridis')
plt.xlabel('Dimensión 1')
plt.ylabel('Dimensión 2')
plt.title('Clustering con Autoencoder y K-Means')
plt.colorbar()
plt.show()
```

## Capítulo 12

RECONOCIMIENTO DE PATRONES, DETECCIÓN DE ANOMALÍAS Y REDES NEURONALES CONVOLUCIONALES A TRAVÉS DE PYTHON

12.1 RECONOCIMIENTO DE PATRONES CON PYTHON

El reconocimiento de patrones es una tarea común en el aprendizaje automático que abarca una variedad de técnicas y algoritmos para identificar patrones y regularidades en los datos.

El reconocimiento de patrones es un método de análisis de datos que busca patrones de datos recurrentes que ocurren en conjuntos de datos mediante el aprendizaje automático. Clasifica datos basándose en el conocimiento existente y ayuda a familiarizar a las computadoras con tendencias recurrentes en el lenguaje, imágenes y otra información que ayudaría a reconocer cosas. A medida que la tecnología se utiliza cada vez más para ayudar en la vida cotidiana en aplicaciones que van desde la automatización a escala empresarial hasta la asistencia de inteligencia artificial, el reconocimiento de patrones ayuda a enseñar a las máquinas conceptos comunes que les ayudarían a anticipar lo que las personas pueden necesitar de ellas.

Existe una amplia gama de aplicaciones en las que se emplea el reconocimiento de patrones, por ejemplo, muchos campos técnicos de estadística, aprendizaje automático, investigación médica, informática y análisis de imágenes.

12.2 REDES NEURONALES DE HOPFIELD PARA RECONOCIMIENTO DE PATRONES EN PYTHON

La red de Hopfield es una red autoasociativa no lineal que fue desarrollada por Hopfield en 1982 basándose en los modelos de redes de McCulloch y Pitts y los símiles de los campos magnéticos con spin de Amit, Gutfreund, & Sompolinsky. El algoritmo de Hopfield es una red recurrente que se utiliza comúnmente para el almacenamiento de patrones, recuperación de memoria asociativa y optimización.

Una red neuronal de Hopfield es un sistema que se utiliza para replicar patrones de información que ha aprendido. Ejecutar un patrón en la red de Hopfield consiste en enviar un patrón en la red y actualizar las neuronas repetidamente hasta que se estabilicen los estados de las neuronas a un patrón memorizado. La red de Hopfield es una red monocapa, esto es, de una sola capa. Aunque también se puede mostrar como una red bicapa donde la primera capa sería una capa de sensores y la segunda capa será la capa donde se realiza el procesamiento. La red de Hopfield toma valores bipolares esto es, {-1,1}, sin embargo, se pueden usar también valores binarios {0,1}. Antes de que una red neuronal de Hopfield pueda hacer eco de un patrón, primero se le debe enseñar el patrón que está buscando. Una vez que un sistema conoce un patrón determinado, podrá repetirlo cada vez que lo reconozca nuevamente. Esto hace que estas redes sean útiles para encontrar patrones en grandes cantidades de datos.

Vamos a implementar en Python una red de reconocimiento de patrones. Para ello, en primer lugar, definimos la red con sus fases de inicialización, entrenamiento, normalización de pesos y realización de predicciones. También se tendrá en cuenta el cáculo de la energía de los patrones.

```python
import numpy as np
class HopfieldNetwork:
    def __init__(self, n_units):
        self.n_units = n_units
        self.weights = np.zeros((n_units, n_units))

    def train(self, patterns):
        """Entrena la red de Hopfield con una lista de patrones"""
        for pattern in patterns:
            self.weights += np.outer(pattern, pattern)
        # Hacer que la diagonal sea cero
        np.fill_diagonal(self.weights, 0)
        # Normalizar los pesos dividiéndolos por el número de neuronas
        self.weights /= len(patterns)

    def predict(self, pattern, max_iterations=10):
        """Realiza una predicción del patrón más cercano"""
        for _ in range(max_iterations):
            pattern = np.sign(np.dot(self.weights, pattern))
        return pattern

    def energy(self, pattern):
        """Calcula la energía del patrón"""
        return -0.5 * np.dot(pattern.T, np.dot(self.weights, pattern))
```

Supongamos que tienes los patrones almacenados en un archivo de nombre *patrones.txt* donde cada línea representa un patrón y cada valor está separado por espacios. Los primeros registros del archivo se muestran a continuación:

1	-1	-1	1
-1	1	-1	-1
-1	1	1	1
1	-1	-1	-1
1	-1	1	-1
1	-1	1	1
1	-1	3	-1
-1	-1	1	-1
-1	1	1	-1
-1	1	1	-1
-	-	-	-

Podemos cargar los datos de la siguiente manera:

```python
def load_patterns_from_file(file_path):
    patterns = []
    with open(file_path, 'r') as file:
        for line in file:
            pattern = np.array([int(x) for x in line.split()])
            patterns.append(pattern)
    return np.array(patterns)

file_patch= 'C:\DATOSAM\PATRONES.txt'
patterns = load_patterns_from_file(file_path)
```

A continuación, creamos la red de Hopfield, la entrenamos y calculamos la predicción del primer patrón.

```python
n_units = patterns.shape[1]
hopfield_net = HopfieldNetwork(n_units)
hopfield_net.train(patterns)

test_pattern = patterns[0]
predicted_pattern = hopfield_net.predict(test_pattern)
print("Predicted pattern:", predicted_pattern)
```

La salida nos ofrece el primer patrón predicho.

```
Predicted pattern: [ 1. -1. -1.  1.]
```

La sintaxis completa sería la siguiente:

```python
import numpy as np
class HopfieldNetwork:
    def __init__(self, n_units):
        self.n_units = n_units
        self.weights = np.zeros((n_units, n_units))

    def train(self, patterns):
        """Entrena la red de Hopfield con una lista de patrones"""
        for pattern in patterns:
            self.weights += np.outer(pattern, pattern)
        # Hacer que la diagonal sea cero
        np.fill_diagonal(self.weights, 0)
        # Normalizar los pesos dividiéndolos por el número de neuronas
        self.weights /= len(patterns)

    def predict(self, pattern, max_iterations=10):
        """Realiza una predicción del patrón más cercano"""
        for _ in range(max_iterations):
            pattern = np.sign(np.dot(self.weights, pattern))
        return pattern

    def energy(self, pattern):
        """Calcula la energía del patrón"""
        return -0.5 * np.dot(pattern.T, np.dot(self.weights, pattern))


def load_patterns_from_file(file_path):
    patterns = []
    with open(file_path, 'r') as file:
        for line in file:
            pattern = np.array([int(x) for x in line.split()])
            patterns.append(pattern)
    return np.array(patterns)

file_patch= 'C:\DATOSAM\PATRONES.txt'
patterns = load_patterns_from_file(file_path)

n_units = patterns.shape[1]
hopfield_net = HopfieldNetwork(n_units)
hopfield_net.train(patterns)

test_pattern = patterns[0]
predicted_pattern = hopfield_net.predict(test_pattern)
print("Predicted pattern:", predicted_pattern)
```

12.3 REDES NEURONALES DE RECONOCIMIENTO DE PATRONES EN PYTHON

Vamos a usar una red neuronal para la clasificación de patrones a partir de un conjunto de datos de dígitos manuscritos.

Comenzamos cargando librerías necesarias, cargando el conjunto de datos manuscritos, dividiendo los datos en entrenamiento y prueba y normalizándolos.

```python
import numpy as np
from sklearn.datasets import load_digits
from sklearn.model_selection import train_test_split
from sklearn.preprocessing import StandardScaler

digits = load_digits()
X = digits.data
y = digits.target

X_train, X_test, y_train, y_test = train_test_split(X, y, test_size=0.2, random_state=42)

scaler = StandardScaler()
X_train = scaler.fit_transform(X_train)
X_test = scaler.transform(X_test)
```

A continuación, construimos, entrenamos, complilamos y evaluamos la red.

```python
import tensorflow as tf
from tensorflow.keras.models import Sequential
from tensorflow.keras.layers import Dense

model = Sequential([
    Dense(64, activation='relu', input_shape=(X_train.shape[1],)),
    Dense(32, activation='relu'),
    Dense(10, activation='softmax')  # 10 clases para los dígitos del 0 al 9
])

model.compile(optimizer='adam',
              loss='sparse_categorical_crossentropy',
              metrics=['accuracy'])

model.fit(X_train, y_train, epochs=10, batch_size=32, validation_split=0.2)

loss, accuracy = model.evaluate(X_test, y_test)
print(f'Loss: {loss:.4f}')
print(f'Accuracy: {accuracy:.4f}')


Loss: 0.1138
Accuracy: 0.9722
```

Observamos una pérdida pequeña y una precisión alta.

El código completo es el siguiente:

```python
import numpy as np
from sklearn.datasets import load_digits
from sklearn.model_selection import train_test_split
from sklearn.preprocessing import StandardScaler

digits = load_digits()
X = digits.data
y = digits.target

X_train, X_test, y_train, y_test = train_test_split(X, y, test_size=0.2, random_state=42)

scaler = StandardScaler()
X_train = scaler.fit_transform(X_train)
X_test = scaler.transform(X_test)

import tensorflow as tf
from tensorflow.keras.models import Sequential
from tensorflow.keras.layers import Dense

model = Sequential([
    Dense(64, activation='relu', input_shape=(X_train.shape[1],)),
    Dense(32, activation='relu'),
    Dense(10, activation='softmax')  # 10 clases para los dígitos del 0 al 9
])

model.compile(optimizer='adam',
              loss='sparse_categorical_crossentropy',
              metrics=['accuracy'])

model.fit(X_train, y_train, epochs=10, batch_size=32, validation_split=0.2)

loss, accuracy = model.evaluate(X_test, y_test)
print(f'Loss: {loss:.4f}')
print(f'Accuracy: {accuracy:.4f}')
```

12.4 DETECCIÓN DE ANOMALÍAS

La detección de anomalías es útil para identificar patrones inusuales en los datos. A continuación, vamos a ver un ejemplo.

Comenzamos cargando bibliotecas necesarias, generando datos sintéticos para detección de anomalías y normalizando los datos.

A continuación, creamos el modelo de Isolation Forest, convertimos las predicciones a 1 para anomalías y 0 para normales y creamos el gráfico de dispersión.

La sintaxis completa será la siguiente:

```
from sklearn.datasets import make_classification
from sklearn.preprocessing import StandardScaler

X, _ = make_classification(n_samples=1000, n_features=20, n_informative=2,
                           n_redundant=10, random_state=42)

scaler = StandardScaler()
X_scaled = scaler.fit_transform(X)

from sklearn.ensemble import IsolationForest

# Crear el modelo de Isolation Forest
iso_forest = IsolationForest(contamination=0.1, random_state=42)
anomalies = iso_forest.fit_predict(X_scaled)

# Convertir las predicciones a 1 para anomalías y 0 para normales
anomalies = np.where(anomalies == -1, 1, 0)

import matplotlib.pyplot as plt

plt.scatter(X_scaled[:, 0], X_scaled[:, 1], c=anomalies, cmap='coolwarm')
plt.xlabel('Feature 1')
plt.ylabel('Feature 2')
plt.title('Anomalies detection with Isolation Forest')
plt.show()
```

Se muestra el gráfico de dispersión de detección de anomalías.

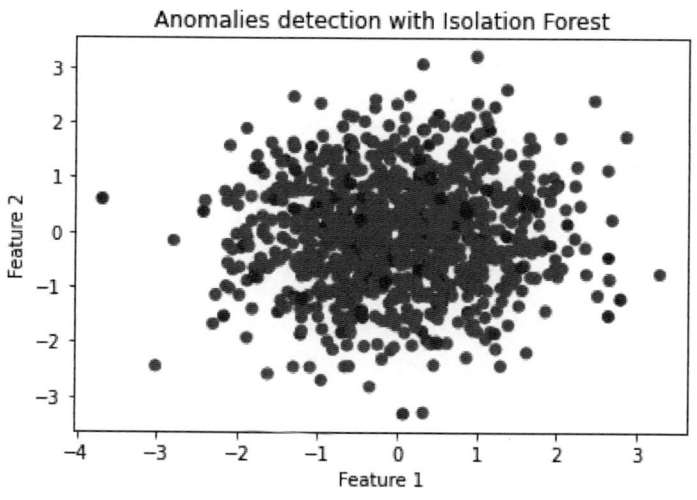

12.5 RECONOCIMIENTO DE PATRONES EN IMÁGENES

El reconocimiento de patrones en imágenes es una tarea compleja que involucra técnicas de procesamiento de imágenes y aprendizaje automático. A continuación, te detallo algunas de las principales técnicas y herramientas que puedes utilizar en Python para el reconocimiento de patrones en imágenes.

12.5.1 Reconocimiento de Patrones con Aprendizaje Automático

El Descriptor de Gradiente Orientado (HOG) combinado con una Máquina de Soporte Vectorial (SVM) puede ser utilizado para detección de objetos, como en la detección de peatones. Veamos un ejemplo.

Comenzamos cargando las librerías necesarias y leyendo y preprocesando la imagen. A continuación, extraemos características HOG, normalizamos la imagen HOG para mejor visualización y mostramos la imagen.

El código completo es el siguiente:

```python
from sklearn.svm import SVC
from skimage.feature import hog
from skimage import color, exposure
from skimage.io import imread
import numpy as np

image = imread('C:\DATOSAM\IMAGEN.jpg')
gray_image = color.rgb2gray(image)

features, hog_image = hog(gray_image, pixels_per_cell=(16, 16),
                          cells_per_block=(4, 4), visualize=True)

hog_image_rescaled = exposure.rescale_intensity(hog_image, in_range=(0, 10))

import matplotlib.pyplot as plt
plt.imshow(hog_image_rescaled, cmap=plt.cm.gray)
plt.title('HOG Image')
plt.show()
```

12.5.2 Redes Neuronales convolucionales (CNN)

Las CNN son extremadamente efectivas para el reconocimiento de patrones en imágenes. Usualmente se usan con bibliotecas como TensorFlow y Keras para construir y entrenar modelos. Veamos un ejemplo.

Cargamos las bibliotecas necesarias, creamos el modelo, lo compilamos y lo resumimos. La sintaxis completa es la siguiente:

```python
from tensorflow.keras.models import Sequential
from tensorflow.keras.layers import Conv2D, MaxPooling2D, Flatten, Dense
from tensorflow.keras.optimizers import Adam

model = Sequential([
    Conv2D(32, kernel_size=(3, 3), activation='relu', input_shape=(64, 64, 3)),
    MaxPooling2D(pool_size=(2, 2)),
    Conv2D(64, kernel_size=(3, 3), activation='relu'),
    MaxPooling2D(pool_size=(2, 2)),
    Flatten(),
    Dense(128, activation='relu'),
    Dense(10, activation='softmax')
])

model.compile(optimizer=Adam(), loss='categorical_crossentropy', metrics=['accuracy'])

model.summary()
```

12.5.3 Aprendizaje por transferencia o Transfer Learning

Cuando tenemos un conjunto de datos pequeño, podemos utilizar modelos preentrenados como **VGG16**, **ResNet**, o **Inception** y ajustar (fine-tune) estos modelos a un problema específico. Veamos un ejemplo.

Cargamos las bibliotecas necesarias, cargamos el modelo VGG16 preentrenado sin las capas superiores y añadimos capas personalizadas. A continuación definimos el modelo, lo compilamos y lo resumimos. La sintaxis es:

```python
from tensorflow.keras.applications import VGG16
from tensorflow.keras.models import Model
from tensorflow.keras.layers import Dense, GlobalAveragePooling2D
from tensorflow.keras.optimizers import Adam

base_model = VGG16(weights='imagenet', include_top=False, input_shape=(224, 224, 3))

x = base_model.output
x = GlobalAveragePooling2D()(x)
x = Dense(1024, activation='relu')(x)
predictions = Dense(10, activation='softmax')(x)

model = Model(inputs=base_model.input, outputs=predictions)

model.compile(optimizer=Adam(), loss='categorical_crossentropy', metrics=['accuracy'])

model.summary()
```

Ejercicio 12-1. Se trata de clasificar un conjunto de lirios entre tres especies (setosa con valor 0, versicolor con valor 1 y virgínica con valor2) según la longitud y anchura de sus pétalos y sépalos. Los datos se encuentran en el archivo de nombre iris de Python. Se utilizará un clasificador SVM (Support Vector Machine)

El camino a seguir será cargar las bibliotecas necesarias, cargar los datos, dividirlos en conjunto de entrenamiento y prueba, crear el clasificador SVM, entrenar el modelo, hacer predicciones con él y evaluarlo.

La sintaxis sería la siguiente:

```python
from sklearn.datasets import load_iris
from sklearn.model_selection import train_test_split
from sklearn.svm import SVC
from sklearn.metrics import accuracy_score

iris = load_iris()
X, y = iris.data, iris.target

X_train, X_test, y_train, y_test = train_test_split(X, y, test_size=0.3, random_state=42)

clf = SVC(kernel='linear')

clf.fit(X_train, y_train)

y_pred = clf.predict(X_test)

print(f'Accuracy: {accuracy_score(y_test, y_pred)}')
```

Se obtiene una precisión cercana a la unidad y la clasificación de los lirios de base de datos en las variedades correspondientes.

```
Accuracy: 1.0
[1 0 2 1 1 0 1 2 1 1 2 0 0 0 0 1 2 1 1 2 0 2 0 2 2 2 2 2 0 0 0 0 1 0 0 2 1
 0 0 0 2 1 1 0 0]
```

Ejercicio 12-2. Optimizar el modelo anterior mediante una red neuronal secuencial para clasificación

Cargamos las librerías necesarias, creamos un modelo de red secuencial y lo compilamos, entrenamos y evaluamos.

La sintaxis sería la siguiente:

```
from tensorflow.keras.models import Sequential
from tensorflow.keras.layers import Dense
from tensorflow.keras.optimizers import Adam

model = Sequential([
    Dense(64, activation='relu', input_shape=(X_train.shape[1],)),
    Dense(32, activation='relu'),
    Dense(3, activation='softmax')
])

model.compile(optimizer=Adam(), loss='sparse_categorical_crossentropy', metrics=['accuracy'])

model.fit(X_train, y_train, epochs=10, validation_split=0.2)

_, accuracy = model.evaluate(X_test, y_test)
print(f'Accuracy: {accuracy}')
```

Se obtiene una precisión del 71%

```
Accuracy: 0.7111111283302307
```

También podemos calcular las probabilidades de pertenencia de los lirios a las tres categorías según la red neuronal secuencial de clasificación.

```
y_pred=model.predict(X_test)
print(y_pred)
```

```
[[0.20316015 0.35340258 0.4434372 ]
 [0.44709894 0.30173427 0.2511668 ]
 [0.11482377 0.30372748 0.5814487 ]
 [0.2126578  0.35211748 0.4352248 ]
 [0.2052197  0.34993324 0.444847  ]
 [0.44074178 0.30291548 0.25634274]
 [0.26460737 0.3580315  0.37736112]
 [0.18453033 0.33834535 0.47712433]
 [0.19764121 0.3371157  0.46524307]
 [0.2440995  0.35619935 0.39970115]
 [0.18684417 0.34494066 0.4682152 ]
 [0.43514714 0.30220485 0.2626481 ]
 [0.46022183 0.29502928 0.24474886]
 [0.4332469  0.30280414 0.26394904]
 [0.44635117 0.30331668 0.2503321 ]
```
....